AMRA

Maike Maja Nowak

OHNE SCHULD

DIE GANZE GESCHICHTE

AMRA

Eine Originalausgabe im AMRA Verlag
Auf der Reitbahn 8, D-63452 Hanau
Hotline: + 49 (0) 61 81 – 18 93 92
Service: Info@AmraVerlag.de

Herausgeber & Lektor	Michael Nagula
Einbandgestaltung	Guter Punkt
Layout & Satz	Birgit Letsch
Coverfoto	Astrid de Boer
Druck	CPI books GmbH

ISBN Printausgabe 978-3-95447-483-7
ISBN eBook 978-3-95447-484-4

Inhalt

Ich widme dieses Buch
den Kindern in kleinen und
großen Menschen.

Am Anfang wollte ich das Kind in mir an die Hand nehmen. Doch es vertraute mir nicht. Ganz langsam schrieb ich mich an sein Vertrauen heran. Es brauchte viel Mut, um wieder sprechen zu lernen und seine eigene Geschichte zu erzählen. Sie ist anders als die, die ihm erzählt wurde. Es verlangte eine freie Form. Keine Autobiografie, keinen Roman, keinen Bericht – eine Form, die aus seiner eigenen inneren Welt entstand. Diese Freiheit ermöglichte es ihm, von seiner Gefangenschaft zu erzählen.

Weil ich ihm die Führung überließ, nahm mich das Kind irgendwann an die Hand, und ich stolperte hinter ihm her – nie wissend, was mich hinter der nächsten Kurve beim Aufschreiben erwartet. Für das Kind gibt es keine Schuldigen. Nur Menschen, die alle gaben, was sie jeweils konnten und vermochten.

Es ist pulsierend, fantasievoll, magisch und schön – wie jedes Kind in allen kleinen und großen Menschen. Ich danke ihm für die Reise meines Lebens und dafür, dass es nie aufgehört hat, mich an sich zu erinnern.

1

Der Unfall

Die zehnjährige Mascha blickt erwartungsvoll hinunter in den Treppenschacht. Jedes Mal, wenn sich die schwere Haustür des fünfgeschossigen Hauses öffnet, huscht ein Ausdruck von Hoffnung über ihr Gesicht. Stufe für Stufe nimmt sie aufmerksam die Eigenart der sich nähernden Schritte wahr. Immer mutloser lässt sie den Kopf hängen, weil es wieder nicht der Vater ist, auf den sie doch wartet mit dem Kostbarsten, was sie sich je gewünscht hat – einem kleinen Hund. Sie setzt sich ganz oben auf die Treppe und beobachtet ein paar tanzende Lichtstrahlen, die die helle Sommersonne durch das Fenster wirft.

Zur selben Zeit reckt ein Welpe seiner Mutter den gut gefüllten Bauch entgegen. Sie massiert ihn kräftig mit ihrer Zunge, und der junge Hund schmatzt zufrieden. Während seine Geschwister rotbraunes Fell haben, sind bei ihm nur die Ohren und eine Maske um die Augen von dieser Farbe. Sonst ist er schneeweiß.

Plötzlich hebt die Mutterhündin den Kopf und stellt alarmiert die Ohren auf. Fremde Schritte nähern sich. Sie erhebt sich und lauscht beunruhigt. Die Welpen drängen sich näher an sie heran und schauen nach oben zur Öffnung der Wurfkiste. Unwillkürlich stellen sich der Mutterhündin die Nackenhaare auf, als sich an der Seite der Frau, die sie kennt, ein fremder Mann nähert. Sie gibt einen leisen knurrenden Ton von sich, und ihr Körper vibriert.

»Molly, es ist alles gut. Einer deiner Racker findet jetzt vielleicht ein neues Zuhause.«

Die Hündin wedelt beim vertrauten Klang der Frauenstimme leicht mit der Rute und knurrt weiter den Mann an, der ihre Jungen betrachtet. Die Welpen beginnen unruhig zu fiepen und sich noch enger aneinander zu drängen.

»Hier ist unser Unfall«, sagt die Frau salopp.

Der Mann reagiert nicht und starrt eine Weile auf die Welpen. »Ich nehme die weiße Hündin, wenn sie lieb ist!« Seine Stimme klingt seltsam gereizt.

»Sie sind alle lieb und brauchen nur etwas Erziehung.« Die Frau betrachtet den Mann mit einem verwunderten Blick. »Sind Sie sicher, dass Sie einen Hund möchten?«

Seine Augen verengen sich, als würde er noch etwas abwägen, dann sagt er: »Ja, auf jeden Fall. Ich nehme sie!«

Im Auto legt der Mann die kleine Hündin auf den Beifahrersitz. Sie schrickt zusammen, als er den Motor startet, und drückt sich eng in die Sitzpolster. Der Welpe hat die Beine, soweit es ihm möglich ist, unter den Körper gezogen und seine Rute eingeklemmt. Er gleicht nun einer winzigen Kugel.

»Hast du Schiss?!« Der Mann sieht mit einem Seitenblick auf den Hund, der daraufhin seinen Kopf noch etwas tiefer duckt. »Tja, so ist das Leben! Schiss haben alle.« Er atmet geräuschvoll aus. »Aber wenn du hörst, wirst du auch keinen Ärger bekommen. Klar?«

Der Hund sieht ihn an und leckt sich beschwichtigend über das Maul.

Während der Mann seinen Blick wieder auf die Fahrbahn richtet, robbt der Hund ganz langsam näher an ihn heran.

Vorsichtig leckt er jetzt die Hand des Mannes, die gerade nach dem Schaltknüppel greift.

»Baaah!!! Lass das! Das ist eklig.« Der Mann fuchtelt mit dem Arm in der Luft, als wolle er die Berührung schnell wieder loswerden.

»Du lässt mich in Ruhe! Ist das klar!« Er bekräftigt seine Aussage mit einem Wegwischen des Welpen vom Beifahrersitz in den Fußraum. »Du kümmerst dich um die Göre zu Hause. Das ist alles!«

Der Hund verkriecht sich in die dunkelste Ecke des Fußraums und fiept.

»Halt dein Maul! Ruhe! Das nervt!« Das Fiepen des Hundes wird lauter.

Der Mann bückt sich neben das Lenkrad, und seine Hand sucht nach dem Hund. »Willst du mich verarschen? Komm her!« Er schlägt wahllos in jede Richtung, weil er ihn nicht zu fassen bekommt. »Das kann doch wohl nicht wahr sein. Das fängt ja gut an.«

Er bremst, steigt aus dem Auto aus und läuft auf die andere Seite. Wut hat sein Gesicht rot gefärbt, als er die Tür aufreißt. Der Hund schlüpft an seiner Hand vorbei ins Freie und läuft mit weit aufgerissenen Augen vor ein Auto, das ihm gerade entgegenkommt.

Die Bremsen des Wagens quietschen, und es ist nicht auszumachen, ob der Hund stürzt, weil das Fahrzeug ihn getroffen hat oder weil er sich totstellt vor Angst.

Ein älterer Mann öffnet mit betroffenem Gesichtsausdruck die Wagentür und zieht sich daran nach oben. »Ich habe ihn nicht kommen sehen! Ist ihm etwas passiert?«

Seine Augen sind weit aufgerissen, und seine Stimme klingt besorgt. Er geht um das Auto herum und sieht mit hängenden Schultern auf den Hund hinunter.

Eine junge Frau kommt atemlos angerannt und lässt sich vor dem Hund auf die Knie fallen. »Hallo, mein Kleiner, was hast du?« Sie streicht dem Welpen vorsichtig über die Seite von der Schulter bis zur Flanke. Der Hund beginnt zu hecheln.

»Er lebt!« Sie atmet erleichtert aus. »Vielleicht sollten Sie so schnell wie möglich mit ihm zum Tierarzt fahren, er kann ja innere Verletzungen haben«, ruft sie dem Mann zu, aus dessen Auto sie den Hund hat springen sehen. Der Mann reagiert mit einem Achselzucken, und seine Miene wirkt abwesend.

In dem Moment springt der Welpe auf und schüttelt sich.

»Oooh …« Der ältere Fahrer, der so hart bremsen musste, weist freudig auf den Hund. »Es geht ihm gut!«

Die Augen der jungen Frau strahlen. »Ist alles in Ordnung, mein Schatz?« Sie bringt ihr Gesicht auf Augenhöhe des Hundes, und ihre Wange berührt dabei fast die Straße. Der Hund leckt ihr das Gesicht und wedelt mit der Rute. »Bist du süß, du kleine Maus. Dich würde ich am liebsten mitnehmen.« Der Hund drückt sich an ihre Beine.

Sie hebt ihn vom Boden hoch, und der ältere Fahrer tritt hinzu. Er klopft dem Welpen mit den Fingerspitzen anerkennend mehrfach auf den Rücken. Die junge Frau lächelt, denn es wirkt rührend unbeholfen, so als hätte er noch nicht oft in seinem Leben ein Tier berührt.

»Machen Sie sich keine Vorwürfe. Ich habe ja gesehen, dass Sie nichts dafür konnten. Er ist genau vor Ihr Auto gesprungen.«

Der ältere Herr blickt sie mit einem dankbaren Lächeln an und wendet sich dann an den Mann, dem der Hund gehört. »Brauchen Sie vielleicht einen Arzt? Vielleicht haben Sie einen Schock?« Mit besorgtem Blick betrachtet er den teilnahmslos wirkenden Mann, der ihn ohne jeden Ausdruck ansieht.

Abwehrend hebt dieser plötzlich die Hände und schüttelt den Kopf. Dann gibt er sich einen Ruck und geht entschlossen auf den Hund zu. Seine muskulöse, mächtige Statur bildet einen auffälligen Gegensatz zu dem winzigen Hund, den er der Frau aus dem Arm nimmt. Mit verschlossenem Gesichtsausdruck nickt er zum Abschied und murmelt knapp: »Danke.«

Dann steigt er in sein Auto und fährt davon.

2

Unschuld

Ungläubig betrachtet Mascha den Hund. Sie möchte den Vater umarmen, doch sie weiß, dass er Berührungen nicht mag. Deshalb ruft sie mit strahlenden Augen: »Danke, Papa, ich freue mich so sehr!« Der Vater nickt und wendet sich ab.

»Du warst lange weg«, sagt die Mutter und sieht ihn fragend an.

»Ja, ja. Es ist etwas dazwischengekommen.« Der Vater entfernt sich mit abweisender Miene.

»Darf ich in mein Zimmer gehen?« Mascha drückt den Hund fest an ihre Brust. Sie schaut die Mutter erwartungsfroh an, die lächelnd ihre Tochter anblickt. »Freust du dich?«

Mascha hat einen Kloß im Hals und räuspert sich. »Mama, das werde ich euch nie vergessen.« Sie stürmt in ihr Zimmer.

Nachdem sie die Tür hinter sich geschlossen hat, schießt eine Flut an Tränen aus ihren Augen, als hätte sich eine Schleuse geöffnet. Das Gefühl, jetzt einen Gefährten zu haben, überwältigt sie. Instinktiv wiegt sie den kleinen Hund in ihren Armen.

»Du bist jetzt mein Freund«, bringt sie zwischen zwei Schluchzern hervor.

Der Hund liegt regungslos wie ein Steiftier auf dem Rücken und sieht sie benommen an.

Sie verstärkt das Schaukeln. »Und ich werde dich niemals anschreien oder hauen. Das verspreche ich dir«, bekräftigt sie in einem fast feierlichen Tonfall, der den Hund zu erreichen scheint, denn er hebt seinen Blick und sieht sie aufmerksam an.

Als ihre Blicke sich begegnen, spürt Mascha ein freudiges Ziehen in ihrem Herzen. Es ist schmerzhaft und zugleich schön. »Tinkapur, so nenne ich dich.« Der Einfall überrascht sie, wie viele ihrer Ideen. »TIN-KA-PUR …«, sie lauscht dem Klang des Wortes hinterher und nickt. »Das ist ein schöner Name, nicht wahr?«

Sie schaut auf den Hund, und er beginnt mit den Beinen zu strampeln.

Mascha setzt ihn auf den Boden und beobachtet ihn gespannt, den Oberkörper nach vorn gebeugt. Auf noch wackeligen Pfoten tapst der Welpe umher und schnüffelt an Möbelbeinen, am Teppich und an Maschas Spielsachen, die auf dem Boden liegen. Sein Blick fällt auf einen hinuntergefallenen Bleistift. Vorsichtig stupst er ihn mit der Nase an und macht einen erschrockenen Hopser zur Seite, als dieser sich bewegt.

Dann entdeckt er ein blaues Band, das über dem Rand des Papierkorbes hängt. Er muss sich auf die Hinterbeine stellen und mit den Vorderpfoten am Korb abstützen, um heranzukommen. Als er das Band zu fassen bekommt, schüttelt er es so kräftig, dass seine Schlappohren fliegen.

Mascha hält sich den Bauch vor Lachen. Die rotbraune Zeichnung um die Augen des Hundes erinnert sie an eine Räubermaske, die sie einmal zum Fasching trug, auch wenn die schwarz gewesen war. Die Schlappohren des Hundes sind von der gleichen kastanienbraunen Farbe, und auf seinem Kopf steht ein wenig Flaum nach oben wie zartes Gefieder. Es ist weiß, wie auch der Rest des Hundes. Am schönsten findet Mascha jedoch seine Nase. Sie sieht aus wie ein Herz. Obwohl Mascha bei genauerer Betrachtung feststellt, dass der Haut an der Nasenwurzel nur ein wenig schwarze Farbe fehlt, bleibt sie bei ihrem Eindruck.

Sie kann nicht aufhören zu lächeln, während sie den Hund betrachtet, und ihre Augen glänzen in stiller Freude.

Jetzt streift der Blick des Welpen Maschas grüne Hauslatschen, und übergangslos lässt er das Band fallen. Mit einem unerwartet großen Satz springt er nach vorn und taucht mit seinem Kopf in die Öffnung eines Schuhs. Der Schuh gibt seinen Kopf nicht wieder frei, und Mascha hört das aufgeregte Fiepen des Hundes dumpf hinter der Dämmung des Filzes.

Sie eilt ihm zu Hilfe und befreit ihn, und darauf schüttelt sich der Welpe und wedelt freudig mit der Rute, die dabei einem weißen zarten Flügel gleicht, denn das Fell hängt von ihr herunter wie ein Federschweif.

»Tinkapur, du bist so schön!« Mascha klatscht in die Hände, und ihre Augen strahlen.

»Mama! Ich habe den besten Namen der Welt für meinen Hund!« Das Mädchen kommt in die Küche gerannt. Die dunkelhaarige, schlanke Frau sieht vom Abwasch auf und lächelt gelöst. So hat sie Mascha schon lange nicht mehr erlebt. Bevor sie nach dem Namen fragen kann, schmettert ihr das Kind triumphierend seinen Einfall entgegen: »Sie heißt Tinkapur!!!«

Die Augen der Mutter vergrößern sich zu einem ungläubigen Staunen. »Tinkapur? Was soll denn das für ein Name sein, Mascha? So nennt man doch keinen Hund. Niemand tut das!« Sie runzelt die Stirn und spürt Unmut wie einen vagen Schatten in sich aufsteigen.

Mascha weicht instinktiv einen Schritt zurück, um sich in Sicherheit zu bringen. »Nenn die Hündin doch Tinka, das ist ein hübscher Name«, schlägt die Mutter vor, und Mascha bemerkt, wie sich ihre Stirnfalten wieder glätten bei dieser Idee.

»Niemals, mein Hund heißt TINKAPUR!« Mascha stampft mit dem Fuß auf und betont: »In Groß-buch-staben!« Dann verschränkt sie die Arme.

Die Mutter sieht sie mit zusammengekniffenen Augen und gerümpfter Nase an. »Du hast immer Ideen …« Sie lässt offen, was sie damit meint, doch man spürt den Tadel darin. »Also, da diskutiere ich gar nicht. Der Hund heißt entweder Tinka, oder du gibst ihm einen anderen vernünftigen Namen.«

Mascha spürt, wie etwas in ihrem Hals sich bedrohlich eng zusammenzieht. »Das ist *mein* Hund! Ihr habt ihn mir geschenkt. Dann darf ich auch den Namen aussuchen!«, presst sie fast schreiend heraus. Um einem erneuten Widerspruch zuvorzukommen, dreht sich Mascha um und läuft schnell in ihr Zimmer.

In der Küche zieht die Mutter die Hände aus dem Spülbecken und lässt die Arme sinken. Sie merkt nicht, wie das Wasser langsam von ihren Händen auf das graue Linoleum tropft. Sie versucht den Zorn zurückzuhalten, der in ihr aufsteigt.

Kann das Kind nicht EINMAL auf mich hören, wenn ich ihm sage, dass etwas unsinnig ist, denkt sie verärgert. *Warum muss es immer weiter auf seinen Vorstellungen beharren?*

Das ist so zermürbend und kräftezehrend.

Vielleicht war es doch ein Fehler gewesen, noch einmal ein Kind durchzusetzen gegen einen Mann, der keine Kinder will und sie damit allein lässt. Sie hatte fest daran geglaubt, Werner würde seine Meinung ändern, wenn es erst einmal da ist. Aber wie schon bei ihrem verstorbenen Jungen war es nicht so gewesen.

Sie weiß nicht, was er gegen das Kind hat. Sie braucht es jedenfalls unbedingt. Mit Mascha fühlt sie sich nicht mehr so verloren und leer. Das Kind hat ihr Leben mit seinem Leben erfüllt. Und wenn sie ihm nicht ständig die Flausen austreiben müsste, damit es sich nicht so unangenehm anfühlte ... So schön war es gewesen im ersten Jahr mit Mascha. Das hatte sie genossen, auch wenn sie das Baby tagsüber in eine Pflegestelle geben musste, um zu arbeiten. Am Abend hatte es mit seinen kleinen Händen in ihr Gesicht gepatscht und gelacht, wenn sie es in die Speckfalte im Nacken küsste.

Erst als Mascha zu krabbeln und zu laufen begann, hatten die Schwierigkeiten angefangen. Ständig hatte sie ihr etwas verbieten müssen, und selten hatte das Mädchen dann einfach getan, was man ihm sagte. Immer hatte es wissen wollen warum und weshalb und über jede Kleinigkeit diskutiert.

Nach einem Arbeitstag war sie oft müde, denn auch der Haushalt wartete noch auf sie. Das Kind verlangte ihr viel ab. Sie war froh gewesen, als es sich dann immer mehr mit sich selbst zu beschäftigen begann und stundenlang in seinem Zimmer verschwunden blieb. Dennoch empfindet sie seine immer wieder auftauchenden seltsamen Einfälle oft als beängstigend.

Da war zum Beispiel die Sache mit den Indianerfiguren, die sie auch nach Jahren noch beschäftigte. Am liebsten spielte das Kind mit diesen Gummifiguren, und als es drei Jahre alt war, wurde sie einmal von lauten, wehklagenden Schreien aufgeschreckt, die aus seinem Zimmer kamen. Sie hatte erschrocken die Tür aufgerissen und Mascha mit gespreizten Beinen auf dem Boden liegend vorgefunden. Das Mädchen hielt eine Indianerfigur über sich, die sie ihr kurz zuvor geschenkt hatte, und brüllte laut.

Auf ihre entsetzte Frage, was sie da tue, war Mascha verstummt, hatte sie erstaunt angeblickt und geantwortet: »Ich bringe den Indianer zur Welt, sonst kann er doch nicht leben.«

Solcher Art Einfälle erschreckten sie. Warum konnte ihr Kind nicht so sein wie Carola, die Tochter ihrer Freundin. Sie war einfach ein nettes Kind und tat, was man ihm sagte. »Tinkapur, in Großbuchstaben.« Sie stößt empört die Luft aus, während sie die Worte ihres Kindes wiederholt. »O Mann, das ist doch vollkommen verrückt!«

»*Tinkapuuuuuur!*«, hört sie Mascha in ihrer Vorstellung auf der Straße rufen.

Und Mascha hat nicht nur eine laute Stimme, sie stellt auch mit ihrem Körper stets ausdrucksvoll dar, was sie erzählt. Oft genug hatte sie sie ermahnt: »Sprich doch leiser. Fuchtel nicht so mit den Armen herum! Alle schauen bereits her!« Doch das Mädchen änderte sich einfach nicht. Und jetzt noch dieser dumme Name.

Die Mutter hasst es, aufzufallen. Jegliche Blicke verunsichern sie. Oft ist ihr bereits übel, wenn sie das Haus verlässt und zur Straßenbahn geht. Wird sie von jemandem länger angesehen, macht ihr das ein flaues Gefühl im Magen, und alles in ihr verkrampft sich. Schon die Vorstellung, durch den Namen des Hundes Aufsehen zu erregen, lässt Panik in ihr aufsteigen.

Sie stürmt in das Zimmer ihres Kindes.

»Du kannst hier nicht machen, was du willst! Der Hund bekommt einen normalen Namen, das sag ich dir!«

Mascha reißt erschrocken die Augen auf und lässt überrascht das Band fallen, das sie gerade spielerisch vor der Schnauze des Hundes über den Boden gezogen hat. »Ich möchte aber über meinen Hund bestimmen«, sagt sie trotzig.

»Das werden wir ja sehen, Fräulein!« Die Stimme der Mutter kippt über. Ihre erhobene Hand bleibt in der Luft hängen.

Es ist nicht der angstvoll flackernde Blick des Mädchens, der sie vom Zuschlagen abhält. Es ist der Blick des Hundes, der sie mit großen Augen direkt ansieht.

In ihnen liegt ein Ausdruck von Unschuld, der etwas in ihr berührt, das ebenfalls unschuldig ist.

3

Trauer

»Abendessen!« Mascha freut sich wie jeden Tag über diesen Ruf der Mutter. Alle kommen dann zusammen. Auch der Vater. Wenn die Mutter eine Kerze oder ein paar Blümchen auf den Tisch stellt, fühlt sich Mascha so kostbar wie ihr großer Bruder. Mutter bringt ihm oft Blumen und eine Kerze auf den Friedhof. Doch darüber darf man nicht sprechen. Die Worte »Sterben«, »Tod« und »Grab« sind *Eisworte*, wie Mascha sie nennt, denn das Gesicht der Mutter friert ein, wenn sie eines davon verwendet.

Gerne würde sie noch einmal mit der Mutter zusammen auf den Friedhof gehen. Als Richard vor sieben Jahren in einer Kiste in die Erde hinabgelassen wurde, konnte Mascha ihn dort gar nicht spüren. Im Gegenteil. In der Kapelle aufgebahrt hatte er ausgesehen wie eine Porzellanpuppe und nicht mehr wie ihr Bruder, mit dem sie so gerne gespielt hatte und an den gekuschelt sie jede Nacht eingeschlafen war. Dafür spürt sie ihn jetzt unter ihrem Lieblingsbaum, der Trauerweide, am Fluss.

Unter dem wogenden langen Blättermantel ist es oft so, als fülle sich die Luft mit etwas, das sich anfühlt wie ihr Bruder, nur eben ohne Körper.

Mascha beobachtet, wie die Mutter eine kleine weiße Kerze auf dem Abendbrottisch anzündet. »Setz den Hund auf den Boden, wenn wir essen, er ist keine Puppe«, hört sie die Stimme des Vaters hinter sich sagen. Sie klingt eigentlich nicht tadelnd, eher wie eine sachliche Zurechtweisung.

Mascha dreht sich zu ihm um, und die Dankbarkeit über ihren neuen Gefährten zaubert ein warmes Leuchten in ihre Augen. »Papa, sie heißt Tinkapur!«, ruft sie enthusiastisch, während sie den Hund auf dem Küchenboden absetzt. Doch die verschlossene Miene des Vaters öffnet sich nicht.

Der Welpe beginnt neugierig die Umgebung zu untersuchen. Alle Blicke folgen ihm, und das Klackern seiner Krallen auf dem Linolium ist für kurze Zeit das einzige Geräusch im Raum.

Plötzlich senkt er das Hinterteil und setzt ein Pfützchen auf den Boden. Dann schüttelt er sich.

»Schnell, einen Lappen!«, ruft die Mutter Mascha hastig zu. Sie wirft einen besorgten Seitenblick auf den Vater.

Noch bevor Mascha den Lappen ergreifen kann, hat der Vater den Hund im Nackenfell gegriffen und seine Schnauze in die Pfütze gestoßen. »Das passiert, wenn du in die Wohnung machst! Merke es dir!« Er sagt es mit strenger Stimme, und Mascha spürt seine Empörung und dahinter eine Verärgerung, die sich jeden Moment noch mehr Luft machen könnte.

»Werner, sie ist doch noch ein Hundebaby und muss das erst lernen!«, ruft die Mutter beschwichtigend und sieht ihn dabei flehentlich an.

Das Gesicht des Vaters beginnt sich zu verschließen, und Mascha springt schnell auf ihn zu. Sie greift wieder mit beiden Händen nach der Hand des Vaters. »Papa, nicht böse sein. Tinkapur wird alles ganz brav machen, wenn sie es gelernt hat.« Sie drückt ihre Wange an den Handrücken des Vaters, doch er zieht die Hand zurück, als hätte er sich am Gesicht des Kindes verbrannt. Wie eine Fremde starrt er sie an und sagt fast tonlos: »Du bringst jetzt den Hund in dein Zimmer. Dort bleibt er, und du auch!«

Die Stimme des Vaters duldet keinen Widerspruch mehr. Mitunter empfindet ihn Mascha wie eine verwunschene Festung. Selbst wenn sich seine Zugbrücke einmal senkt, reicht es, dass sie diese betreten will, und schon schnappt sie wieder hoch.

Was mache ich denn falsch, denkt sie, während sie Tinkapur zurück in ihr Zimmer bringt. *Wenn ich doch nur herausfinden könnte, wie ich mich verhalten müsste. Wie ich richtig für ihn wäre.*

Eng drückt sie den kleinen Hund an ihre Brust und wirft sich rücklings auf ihr Bett. Es tut gut, das pochende Hundeherz zu spüren. Es erinnert sie daran, wie sie damals eng aneinander liegend ihre Traurigkeit mit ihrem Bruder teilen konnte.

Seit er fort ist, hat sie auch ihr eigenes Herz nicht mehr so stark schlagen gespürt. Jetzt ist dieses Gefühl wieder da.

»Tinkapur, du magst mich doch, nicht wahr?«

Der Hund sieht sie an, und Mascha hat das Gefühl, sein Blick könne ungehindert tief in sie hineinsehen.

»Du verstehst mich, stimmt's?«

Tinkapur leckt ihr übers Kinn und legt ihre Schnauze auf ihre Brust.

4

Fragen über Fragen

Ich werde zu spät kommen! Maschas Schritte werden schneller. Sie hat verschlafen. Die Brücke vor ihrem Haus liegt zwar schon hinter ihr, aber die Hauptstraße zur Schule ist noch lang. Wäre sie doch nur mit der Straßenbahn gefahren. Nun ist es zu spät.

Sie beginnt zu rennen.

Der Ranzen hopst im Takt ihrer Schritte an ihrem Rücken hoch und runter. Die Dinge darin machen: »Plom, Plürr, Krrr, Happ«, wenn sie auf dem Boden des Ranzens aufschlagen.

Ob sie in der Klasse von ihrem Hund erzählen soll? Sie ist sich unschlüssig, wie so oft, wenn sie etwas erzählen möchte. Nie weiß sie, ob es ihr Ärger einbringt oder nicht.

Gerade vor zwei Tagen hatten ihre Klassenkameraden sich über die Berufe ihrer Väter unterhalten.

Mascha hatte auf dem Schulhof am Rand der Gruppe gestanden und immer mehr Herzklopfen verspürt, weil ihr klar wurde, dass sie mit den Erzählungen der anderen nicht hätte mithalten können. Die Berufe waren immer bedeutsamer geworden und die Einzelheiten immer erstaunlicher. Als dann Sascha von den Rockkonzerten seines Vaters berichtet hatte, waren alle ganz still geworden, und einige hatten mit offenem Mund zugehört.

Die Gruppe wollte sich gerade auflösen, als Matthias auf einmal behauptet hatte, sein Vater wäre Pilot und hätte ihm einen Fallschirm geschenkt. »Du lügst, dann zeig uns den Fallschirm doch!« Sascha war drohend auf den Jungen zugegangen.

Matthias hatte die Arme ausgebreitet und mit einem Blick in die Ferne eine ausladende Kreisbewegung gemacht: »Der Fallschirm ist soooo groß und aus goldenem Stoff.«

Seine Übertreibung war so offensichtlich, dass Sascha ihm eine Ohrfeige gegeben und ausgerufen hatte: »Du Lügner!«

Matthias hatte sich verteidigt: »Ihr seid selber Lügner, ihr habt doch auch alle geschwindelt.«

Plötzlich waren sämtliche Kinder auf ihn losgegangen, und Matthias hatte es gerade noch geschafft fortzulaufen, bevor er Prügel bezog. Seitdem sprach niemand mehr mit ihm.

Unschlüssig wägt Mascha ab, ob die anderen es nun gleichfalls für eine Lüge halten würden, wenn sie erzählte, dass sie einen Hund geschenkt bekommen hatte. Schließlich war sie damit die Erste in der Klasse. Doch sie kommt zu keinem Ergebnis und atmet resigniert aus beim Laufen.

»*Wuh! Wwwwwuh! Wuh!*« Mascha stoppt am Garten des Dobermannes. Wie jeden Tag schnauzt er sie an, obwohl sie ihm seit einem Jahr ihr Pausenbrot gibt. Schnell zieht sie den Ranzen vom Rücken und holt ihre Brotbüchse heraus.

Der Hund starrt sie mit gelben Augen drohend an, und seine Ohren sind steil aufgerichtet wie zwei Ausrufezeichen. »Nun gib schon her!«, scheint er sagen zu wollen.

Manchmal vermutet sie, er könnte wissen, dass sie das Brot nur loswerden möchte, und ist ihr deshalb nicht dankbar.

Sie öffnet die silberne Brotbüchse, und die Stulle bricht sofort in drei Teile auseinander, als sie auf den Boden des Gartens fällt.

Zwei dicke Scheiben Vollkornbrot und eine Scheibe Blutwurst. Ohne Butter.

Um das Schulbrot kümmert sich immer der Vater, damit die Mutter ihr keinen »Schmackes« mitgibt, wie er es nennt. »Man wird dick, wenn man so ein Zeug wie Misch- und Weißbrot isst«, sagt er. »Auch von Butter wird man fett, und von Salami und von Leberwurst. Sülzwurst, Blutwurst und Schabefleisch vom Rind sind mager. Davon bekommst du Muskeln und keinen Speck auf die Rippen!«, erklärt er gern.

Anfangs hatte Mascha angeführt: »Aber in meiner Klasse sind nur zwei Kinder dick, alle anderen sind dünn und essen solche Sachen jeden Tag. Sie essen sogar Kuchen, Schokolade und Kekse!« Doch der Vater hatte nur die Nase gerümpft und zurückgegeben: »Die Kinder in deiner Klasse werden schon noch dick. Du wirst es sehen. Und dicke Leute sind Weicheier und haben keine Disziplin. Willst du so jemand sein?«

Für Papa war damit das Thema erledigt gewesen, und seine Pausenbrote blieben weiterhin ohne Butter. Jedes Mal, wenn sie in der Schule ankam, wölbte es sich bereits an den Rändern nach außen, und Mascha bekam es nicht hinunter, selbst wenn sie Hunger hatte. Es war zu trocken, und Blutwurst wie Sülzwurst ekelten sie, denn das Gedärm darin sah aus wie lebendige Würmer.

Der Dobermann schlingt das Pausenbrot unbeeindruckt in sich hinein und schnauzt sie weiter an: »*Wwwwwwwwuh, Wuh! Wuh!* – Los, da geht doch noch was!«

Seine kalten Augen glitzern sie ohne Dankbarkeit an.

Mascha streckt den Kopf nach vorn und sagt in auftrumpfendem Ton: »Ich habe jetzt auch einen Hund!« Heiße Freude durchfährt sie bei dem Gedanken an Tinkapur.

Der Dobermann legt sich auf die Wiese und gähnt.

Sie klemmt ihre Daumen unter die Riemen des Ranzens, damit er nicht mehr so auf- und abschlägt, und läuft hastig weiter.

Maschas Deutschlehrerin, Frau Weishaupt, schimpft nicht. Sie sieht nur verwundert auf, als Mascha mit verlegenem Gesichtsausdruck hereinhuscht.

Es ist still in der Klasse, und die Kinder sind konzentriert über ihre Schulhefte gebeugt. Flüsternd erklärt die Lehrerin Mascha die Aufgabe. »Schreibe ein Gedicht mit nur einer Strophe über einen Ort, an dem du dich wohlfühlst.« Aufmunternd lächelt sie dem Mädchen zu, denn sie weiß, wie gerne es schreibt.

Mascha blickt ihr erleichtert nach, als sie weitergeht. Die blonden Haare der Lehrerin sind heute wie ein kleines Nest auf dem Hinterkopf zusammengesteckt. *Was für ein Glück ich doch habe*, denkt sie. *Ausgerechnet heute habe ich die erste Stunde bei meiner Lieblingslehrerin.* Frau Weishaupt ermutigte sie oft, auch außerhalb der Schule Gedichte und Geschichten zu schreiben. »Du bist wirklich begabt«, sagte sie dann, und Mascha spürt an ihrem anerkennenden Tonfall, dass eine Begabung offenbar etwas Schönes und Besonderes ist. Deshalb zeigt sie Frau Weishaupt auch manchmal Texte, die sie zu Hause geschrieben hat, und sie kann gar nicht sagen, was sie mehr freut, das Lob der Lehrerin oder die Zeit, die sie sich für sie nimmt.

Mama hatte ihr bereits vor der Schule Lesen und Schreiben beigebracht, denn wenn Mascha früher vor dem Einschlafen nicht nur eine, sondern noch eine und noch eine Geschichte hören wollte, hatte Mama oft gestöhnt: »Mascha, ich bin Kindergärtnerin und habe heute schon so viele Geschichten erzählt. Nimm bitte etwas Rücksicht, ja?«

Mit vier Jahren hatte Mascha dann vorgeschlagen: »Erklär mir doch die Buchstaben, dann kann ich selbst lesen.« So war es gekommen, dass sie mit nicht einmal fünf Jahren bereits lesen konnte. Das Schreiben war dann wie von allein dazugekommen. Ihr erstes eigenes Gedicht hatte sie vor drei Jahren mit Sieben im Ferienlager geschrieben. Es hatte von Heimweh gehandelt und von einem langen Regentag.

Mascha besinnt sich auf ihre Aufgabe. Ein Gedicht über ihren Lieblingsort also ... Sie konzentriert sich, sieht mit offenen Augen in die Luft und wartet. Ein Bild taucht auf. Es ist ihr Lieblingsbaum, die Trauerweide. Und ein weiteres Bild, Tinkapur. OK. Aber ist ein Hund ein Ort, wenn man sich mit ihm wohlfühlt? Hm, sie darf sich nicht verzetteln. Ob sie einfach *zwei* Gedichte schreibt? Das ist eine super Idee, freut sie sich.

Gespannt stellt sie ihr inneres Radar auf Empfang. Sie nennt das so, seit sie einen Film über die Flugüberwachung am Flughafen gesehen hat. Das Radar sendet ein Signal aus und empfängt dann die Echosignale von allen Objekten, die in seinem Umkreis sind. Mascha fühlt sich auch so, wenn sie an ein Thema denkt. Sie konzentriert sich dann darauf und übt sich in Geduld. Irgendwann tauchen die Einfälle auf, und ihr kommt es oft so vor, als würden sie nur darauf warten, dass man sie einfängt.

Jetzt denkt sie fest an ihren Lieblingsbaum und schreibt den Titel ihres Verses: »Mein Lieblingsort, der Baum.« Dann wartet sie. Es ist nicht so ein Warten wie auf den Bus, denn sie weiß gar nicht, auf welche Worte sie wartet. Sie vertraut einfach darauf, dass etwas Passendes zu ihr kommt. Manchmal erscheint ein Wort, das richtig scheint, doch sein Klang liegt ihr beim Lesen wie ein Stein im Weg. Stolpert sie darüber, wartet sie auf ein anderes. Umgekehrt gibt es auch Worte mit einem schönen Klang, die leider nicht passen. Maschas Lieblingswort ist zum Beispiel »nimmermehr«, und sie würde es am liebsten in jedem zweiten Satz verwenden, weil sie es so gern sagt. Aber wie komisch würde es klingen zu fragen: »Hast du schon nimmermehr gefrühstückt?«

»Mein Lieblingsort, der Baum«, flüstert sie die Überschrift noch einmal leise vor sich hin und spürt, wie sich ein Einfall nähert. Sie erkennt es daran, dass sich in ihrer Umgebung die Luft zu verändern scheint, auch wenn sie das niemandem so erzählen würde. »Du hast ein Funkeln in der Krone ... weil deine Blätter ... sich regen ...«, nein, besser »bewegen«. Noch bevor die nächsten Worte kommen, wird Mascha heiß, und sie weiß aus Erfahrung, dass dann ein Treffer bevorsteht, also etwas, was sie richtig mag: »Ich möchte so ein Funkeln sein!« Sie ist begeistert, auch wenn sie noch gar nicht weiß, wie es damit weitergeht. Hm, was macht man am besten mit einem Funkeln? Sehr hell sein – langweilig. Tanzen? – Quatsch mit Soße.

Mascha spürt, wie sie den Faden verliert, weil sie nachdenkt. Deshalb fühlt sie hin, wie es ist zu funkeln. »Jaaaaa, das ist es. Ich kann es verschenken«, flüstert sie begeistert, und Hilde, ihre Banknachbarin, sieht verwundert herüber.

Mit Feuereifer schreibt Mascha auf:

Mein Lieblingsort, der Baum
Du hast ein Funkeln in der Krone,
weil deine Blätter sich bewegen.
Ich möchte so ein Funkeln sein
und es an alles weitergeben.

Das fühlt sich gut an, beschließt Mascha. Sie sieht auf und prüft, ob noch Zeit ist für einen zweiten Vers über Tinkapur, auch wenn sie kein Ort ist. Alle Kinder sind über ihre Hefte gebeugt, und Hilde nagt mit rotem Kopf angespannt an ihrem Stift. Ihr Blatt ist leer, bis auf einen Satz: »Mein Lieblingsort ist mein Bett.«

Als sie Maschas Blick bemerkt, schaut sie sie hilfesuchend an. Mascha zögert. Tinkapur oder Hilde?

In den Augen des Mädchens leuchtet Angst. Mascha schluckt und schließt für einen Moment die Augen. Sie weiß genau, wie es sich anfühlt, etwas nicht zu können wie die anderen. Hilde kann zum Beispiel gut sehen und braucht keine Brille wie Mascha. Deshalb wird sie auch nicht so oft gehänselt.

Mascha nimmt ein neues Blatt Papier, legt es etwas näher an Hilde heran und schreibt: »Mein Lieblingsort ist mein Bett. Simsalabim, in dir kommen Träume.« Sie wirft einen Seitenblick zu Hilde, um zu erfahren, wie diese den Anfang findet. Ihre blauen

Augen werden groß, und sie lächelt. *Gut*, denkt Mascha und wartet erneut. Sie stellt sich fest vor, wie es sich anfühlt, Kleider zu tragen und so still und zaghaft wie Hilde zu sein.

Zack, schon kommen die restlichen Worte …

Simsalabim, in dir kommen Träume.
Mit ihnen fliege ich dann zum Mond.
Im Traum kann ich alles, weil in mir
nachts eine Zauberfee

Hier sieht Mascha zu ihrer Banknachbarin hinüber und lässt das letzte Wort weg, um es dem Mädchen zu schenken. Es ist ja sein Gedicht. Sie zeigt auf die leere Stelle und blickt Hilde fragend an; »wohnt« formen die Lippen des Mädchens, und seine Augen glänzen.

Das Pausenklingeln zerreißt diesen Moment. Alle Kinder geben am Lehrerpult ihre Arbeiten ab, und Maschas Gedicht verschwindet zwischen vierundzwanzig anderen Blättern.

Eigentlich weiß sie, was im Pausenhof passiert, wenn der beliebteste Junge aus ihrer Klasse auf sie zukommt. »Na Brillenschlange, Hässling!«, ruft Torsten und sieht sie herausfordernd, mit zusammengekniffenen Augen, an. Betont lässig streicht er sich durch das dichte, blonde Haar und wartet auf ihre Reaktion.

Sie entschließt sich wegzugehen und so zu tun, als hätte sie es nicht gehört. Etwas anderes fällt ihr nicht ein, um zu verbergen, wie die Scham ihren Kopf rot färbt.

»He, bist du auch noch eingebildet, oder was?!« Torsten stampft empört mit dem Fuß auf, weil das Mädchen ihn stehenlässt.

Mascha drückt ihr Kreuz durch und geht mit festem Schritt auf die andere Seite des Schulhofes.

Er sollte nicht denken, sie hätte Angst.

An die Schulhofmauer gelehnt, wartet sie. Doch Torsten ist ihr heute nicht gefolgt. Erleichtert atmet sie aus und tastet in Gedanken ihren Körper ab. Gab es denn außer der Brille noch etwas, was den Jungen an ihr so aufbrachte?

Sie ist schlankgewachsen und hat welliges, rotbraunes Haar, das ihrem Gesicht etwas Verwegenes gibt, wie Mama sagt. Die Sommersprossen und die kleinen, enganliegenden Ohren hat sie von ihrem Vater. Ihre Augen hinter den Brillengläsern schimmern grün und haben bernsteinfarbene Sprenkel wie die ihrer Mutter. Auch die kräftigen schlanken Hände und Füße der Mutter hat sie.

Was war nicht in Ordnung an ihr?

Wenn sie die Eltern fragte, schaute die Mutter sie kopfschüttelnd an und sagte fast immer: »Wieso, du bist doch ein ganz niedliches Mädchen.« Der Vater dagegen schaute verständnislos. Für ihn war es ganz einfach. Wenn man schlank war und muskulös, war man auch schön. Oder ist sie vielleicht nicht dünn genug?

Neulich hatte sie mit den Eltern ein Ballett im Fernsehen angesehen, und der Vater hatte gesagt: »Die Tänzerin links hat aber ganz schön dicke Stamper!« Seine Stimme hatte dabei denselben verächtlichen Tonfall gehabt wie der von Torsten, wenn er »Brillenschlange« sagte. Vielleicht ist sie ja auch noch nicht dünn genug? Mascha reibt sich den Kopf und atmet tief aus in Anbetracht von so vielen unbeantworteten Fragen.

»Wollen wir zusammen in die Klasse gehen?« Mascha dreht sich überrascht um und sieht Hilde, die seitlich hinter ihr steht und sie schüchtern ansieht.

Heiße Freude durchfährt Mascha, aber kurz darauf stellen sich Bedenken ein und sie senkt den Kopf. *Vielleicht tue ich ihr ja nur leid?* Papa sagt, nur Schwächlinge bedauert man. Und ich bin kein Schwächling. »Danke, ich komme klar!«, hört sie sich sagen und wendet sich hastig ab, um allein zurück in die Schule zu gehen.

Doch der betroffene Blick von Hilde bleibt an ihr kleben. Sie dreht sich nach dem Mädchen um und sieht Tränen in ihren Augen. Der Anblick ihrer Verletzung trifft Mascha so tief, dass sie zurückläuft und Hilde unbeholfen umarmt.

5

Bitte sei lieb

Sonnenstrahlen fluten den Wald. Sie blinzeln überraschend hinter den Bäumen hervor und tanzen in den lichten Stellen des Unterholzes. Die Luft sieht aus wie mit goldenem Staub gefüllt.

Im Schatten ist es angenehm kühl in der Julihitze.

Immer wieder kommt Tinkapur auf sie zugelaufen und stupst sie mit ihrer kleinen herzförmigen Nase an die Hand. Es ist, als wolle sie Mascha zeigen, was sie gerade erlebt. Eine Eichel, ein Blatt, einen Ast, ein Stück Papier, einen Stein. Begeistert stöbert sie im Geruch einer Fährte und im Rest einer weggeworfenen Semmel. Eine Pfütze erkundet sie mit demselben begeisterten Ausdruck wie ein Grasbüschel oder die Höhle in einer Baumwurzel.

Mascha sieht in ihren glänzenden Augen alle Wunder, die sie gerade erlebt, und an ihren ausgelassenen Sprüngen die Freude.

Jetzt nimmt Tinkapur Anlauf und landet mit einem ungelenken Satz in einem Laubhaufen. Sie beißt in die aufgewirbelten, trockenen Blätter, die knistern wie ein kleines Feuer, und sieht Mascha auffordernd an: »*Spring! Das macht Spaß!*«

Mascha springt tief in den Haufen hinein und versinkt darin bis zu den Hüften. Lachend wirft sie ein paar Blätter in die Luft, die der Hund zu fangen versucht.

»*Das ist ein Spaß!*«, offenbaren seine strahlenden Augen.

»Jaaaaa!«, stimmt das Mädchen zu und reißt die Arme nach oben.

Beide genießen dieses einfache Vergnügen, bis Mascha sich rücklings auf die Blätter fallenlässt und zu den Baumkronen aufschaut. *Wie schön es sich anfühlt, so ausgelassen zu sein*, denkt sie.

»*Wuwuwu, wuwuwu!*« Das schrille Bellen des Hundes zerreißt die Stille. »Was ist denn?« Überrascht sieht sie auf.

Tinkapur fixiert einen Schäferhund, der sich mit einer Frau nähert, und reagiert nicht auf sie. Ihr Fell ist gesträubt, und Mascha klickt schnell die Leine an ihr Geschirr und zieht sie zu sich heran. »Tinkapur, hör auf!«

Der Hund springt in die Leine, und sein Bellen verstärkt sich. Die Frau und der Schäferhund bleiben stehen. »Was hat er denn? Warum ist er denn so aggressiv?« Die Frau fragt es nicht unfreundlich, doch in Mascha regt sich Protest.

»Mein Hund ist nicht aggressiv. Er ist nur jung. Vielleicht hat er ja Angst vor dem großen Hund?«

»Was hast du gesagt?« Die Frau ruft jetzt lauter, denn unter dem Bellen versteht sie nicht, was das Mädchen sagt.

Mascha kämpft mit den Tränen und schreit: »Vielleicht hat sie Angst vor dem großen Hund?!«

Die Frau zieht die Augenbrauen nach oben und deutet auf ihren Hund. »Meiner ist lieb, wie du siehst.« Sie betont das Wort »meiner«, und ihre Stimme klingt jetzt verstimmt.

Tinkapur wühlt mit den Pfoten Laub auf bei ihrem Versuch, näher an den Hund heranzukommen. Ihr Nackenfell ist gesträubt. »Sie kann doch trotzdem Angst haben?«, entgegnet das Mädchen mit betont fester Stimme, um ihre Unsicherheit zu verbergen.

»Wenn sie Angst hätte, wäre ihre Rute eingeklemmt und sie würde weglaufen wollen! Sie will meinen Hund aber angreifen! Ich hoffe, deine Eltern gehen mit ihm in eine Hundeschule! So jung, wie er ist, sollte das nicht noch schlimmer werden …«

Die Frau schüttelt mit dem Kopf, während sie sich entfernt.

Mascha ist bleich. Tinkapur bellt, bis der fremde Hund außer Sichtweite ist und schüttelt sich dann.

Erst jetzt spürt Mascha, wie schnell ihr Herz schlägt und dass ihre Beine zittern. »Tinkapur, warum hast du das getan?! So etwas macht man nicht! Du hast uns echt blamiert!«

Der Hund legt die Ohren an. Mascha hatte gehofft, alles würde fröhlicher werden, wenn sie einen Hund hätte, doch jetzt fühlt sie nur Ärger auf ihn. Sie fasst einen Stock ins Auge, um damit auf den Laubhaufen zu hauen, doch dann strömen Tränen aus ihr heraus, und sie hockt sich hin.

Der Hund legt den Kopf schief und wirbelt wedelnd mit seiner Rute ein paar Blätter auf. Mascha sieht ihn bang an. Ob er sie jetzt noch mag, obwohl sie ihn so angeschrien hat? Tinkapur leckt eifrig ihre nassen Wangen, und Mascha blickt ungläubig in das freundliche Hundegesicht. Wenn sie selbst angeschrien wurde, fühlte sie oft Ärger auf sich oder ihre Eltern. Doch in den Augen des Hundes kann sie keinen Ausdruck von Zorn entdecken, und das beschämt sie. Ihr fällt ihr Vorhaben ein, immer gut zu dem Hund zu sein, und sie fühlt Verzweiflung darüber, dass sie es nicht einhalten konnte.

»Tinkapur, bitte verzeih mir. Ich werde dich nicht mehr anschreien«, sagt sie leise und spürt dabei vage Zweifel in sich aufsteigen.

»Mama, kann ich mit Tinkapur in eine Hundeschule gehen, damit sie etwas lernt?« Die Mutter sieht vom Bügeln auf und fragt: »Warum denn? Dein Vater kann dir zeigen, wie das geht. Er hatte als Kind auch einen Hund. Aber wieso fragst du?« Sie beobachtet beunruhigt das Kind, das mit eingezogenem Kopf vor ihr steht. Skeptisch verzieht sie den Mund, denn ihr ist klar, dass sie den Ärger abbekommt, wenn etwas schiefläuft mit dem Hund. Schließlich hat sie Werner dazu überredet, ihn anzuschaffen. »Ist etwas passiert?«

Mascha spürt die Unruhe der Mutter und beißt sich auf die Lippen. «Nein, ich will sie nur erziehen. Dann frage ich also Papa.« Sie wendet sich ab, um ihn zu suchen.

»Pass aber auf, ob er gerade liest. Du weißt, dass er dann nicht gestört werden möchte!« Die Mutter wirft dem Kind einen besorgten Blick hinterher.

Leise drückt Mascha die Türklinke zur Wohnstube herunter und öffnet die Tür. Wenn die Eltern abends Fernsehen schauen, tut sie das oft. Sie haben sie bisher noch nie bemerkt. Mascha kann das TV-Programm in den Scheiben der Schrankwand sehen, die dem Fernseher und dem Sofa gegenübersteht. Wenn sie wahrnimmt, dass Mutter oder Vater sich auf der Couch bewegen, schrickt sie zusammen, läuft auf nackten Füßen zurück in ihr Zimmer und lauscht. Sicher würde es mehrere Tage Stubenarrest oder Schläge geben, würden sie Mascha erwischen.

Jetzt sieht sie in den Scheiben der Schrankwand ihren Vater auf dem Sofa liegen und lesen, ohne dass er sie bemerkt. Sein Anblick dort ist Mascha so vertraut, als wäre er mit dem Möbelstück verwachsen.

Sie will sich unbemerkt wieder zurückziehen, doch in diesem Moment schlüpft Tinkapur an ihr vorbei und läuft in das Wohnzimmer. Mascha beobachtet sie in der Scheibe und hält die Luft an. Der Hund steigt mit den Vorderbeinen am Sofa hoch und winselt leise.

»Wer hat die Tür aufgemacht?! Hund raus, Tür zu!«, herrscht die Stimme des Vaters.

»Komm, Tinkapur, komm her, schnell!«, ruft Mascha mit angstvoller Stimme. Der Hund verschwindet jedoch aus ihrem Blickfeld und taucht nach kurzem mit Vaters Latschen im Maul wieder auf. »Gib das sofort wieder her, sonst setzt es was!«

Mascha läuft, jede Vorsicht außer Acht lassend, in die Stube und versucht, dem Hund die Beute wieder abzunehmen. Doch Tinkapur weicht ihr geschickt aus und versteckt sich unter dem Sofa. Der Vater wendet, ohne das Buch sinken zu lassen, Mascha sein Gesicht zu. »Wenn du mit dem Köter nicht gleich verschwindest, passiert etwas. Ich will hier meine Ruhe haben, ist das klar!?«

»Entschuldige, Papa. Mama hat gesagt, du kannst mir zeigen, wie ich Tinkapur erziehen kann, weil du dich gut auskennst mit Hunden!«

Im Gesicht des Vaters leuchtet Überraschung auf über diese Anerkennung. Er zieht die Augenbrauen hoch, setzt sich auf und antwortet in fast gönnerhaftem Ton: »Also, als Erstes kannst du mal diesen Namen ändern. Darauf hört tatsächlich kein Hund. Und wenn du wissen willst, wie man ihm beibringt zu hören? Bitte!« Er erhebt sich, geht vor dem Sofa auf die Knie und sagt in barschem Tonfall: »Hierher. Dalli!«

Der Hund rührt sich nicht.

Mascha steht neben dem Vater und sieht, wie sein Gesicht auf einmal rot anläuft.

»Aber dalli, mein Freundchen. Ich sage es ein letztes Mal.«

Sein Tonfall ist angespannt. Mit dem rechten Arm greift er unter das Sofa und tastet mit der Hand nach dem Hund. Mascha hört das Trippeln der Hundepfoten, die hin und her laufen, um der Hand auszuweichen. Der Vater richtet sich mit zornigem Blick wieder auf und zieht die Stirn kraus. Plötzlich greift er nach seinem zweiten Hauslatschen. Dann bückt er sich so tief, bis er unter das Sofa sehen und die Position des Hundes prüfen kann. Er pfeffert den Schuh mit Schwung auf den Hund, und Tinkapur jault in einem hohen Schmerzlaut laut auf. Mascha zuckt zusammen. Mit panischem Blick rennt Tinkapur aus ihrer Deckung hervor und bringt sich zwischen Maschas Beinen in Sicherheit. Ihre Ohren liegen eng an, und ihr ganzer Körper ist zusammengeduckt.

»Siehst du, so erzieht man einen Hund, der nicht hören will. Und jetzt raus!«

Werners Laune ist nun restlos verdorben. Nicht einmal das Kind und der Hund haben Respekt vor seinen Bedürfnissen. Gerade heute empfindet er das als besonders frustrierend, denn er hat bereits einen schwarzen Tag hinter sich.

Wie immer hatte er am Morgen eine Gruppe Sportstudenten im Kraftsport trainiert. Bisher hatte er sich bei den jungen Männern gut mit seiner Unnahbarkeit durchgesetzt. Heute jedoch war etwas geschehen, was ihn an ihrem Respekt zweifeln ließ.

Jeder wusste, dass er keinen Alkohol trank und Menschen verachtete, die es taten. Schließlich verkündete er seine Ansicht dazu bei jeder Gelegenheit: »Wer Alkohol oder Zigaretten braucht und seinen Körper vernachlässigt, hat keine Disziplin. Das sind Menschen ohne Willen.« Er empfindet es als angemessen, bewundert zu werden, weil er nicht so ein Schlappschwanz ist.

Heute Morgen nun hatte er während des Trainings aus seiner Saftflasche trinken wollen, und der Geschmack von Bier war in seinen Mund gelaufen. Angewidert hatte er es auf den Boden gespuckt und sich schockiert umgesehen. Die Studenten hatten ihn grinsend und mit offenem Hohn beobachtet.

Fast tonlos hatte er hervorgepresst: »Wer war das?!« Niemand hatte ihm geantwortet. Er hatte mit Strafen bis hin zur Exmatrikulation gedroht, doch das hochmütige Grinsen auf den Gesichtern einiger Studenten war geblieben.

Und dann noch die widersinnige Reaktion seiner Frau, als er ihr zu Hause davon berichtet hatte. »Aber Werner, das war doch nur ein dummer Jungenstreich. Was regst du dich denn so auf?« »Dumm! Ja! Saudumm! Das ist zutreffend!«, hatte er wütend zurückgegeben und war hinter ein Buch auf das Sofa geflüchtet.

Hundert Ideen gehen ihm seitdem durch den Kopf, wie er sein Ansehen wiederherstellen könnte. *Und dann noch dieser kleine Köter, der offenbar denkt, er kann machen, was er will.*

Genervt atmet er laut aus.

Musste er denn immer erst auf den Tisch hauen, damit die anderen wussten, wie sie sich zu benehmen hatten?

Mascha sitzt am Küchentisch und hat den Kopf in die Hände gestützt. Ihre Mutter rührt Fertigpudding an. »Das ist eine tolle Sache, dass hier alles schon komplett ist«, sagt sie begeistert, als sie das Pulver mit der Milch vermengt.

Sie würzt nicht gern. Die unterschiedlichen Varianten, die bei der Zubereitung mit Gewürzen möglich waren, ängstigten sie. Niemand hatte ihr gezeigt, wie man solche Dinge ausprobiert. Ihrem Mann reichten Pfeffer und Salz, und seine genauen Vorstellungen vom Essen erleichtern sie. Sie waren gleichbleibend und änderten sich nicht. Obst und Gemüse, Vollkornbrot ohne Butter oder Margarine, magere Wurst, geschabtes Rindfleisch mit rohem Ei, Magerpudding, Magermilch, magerer Käse, Kartoffeln, Ei, Steak – nichts Kompliziertes also.

Sie liebt Vorgaben, an die sie sich halten kann. Überraschungen und Neues erfüllen sie eher mit Schrecken. Sie könnte dann Fehler machen und Ablehnung erfahren. Durch die strikte, gesunde Ernährung erlebt sie außerdem, wie Menschen sich im Freibad nach ihr und Werner umdrehen und ihre schlanken, durchtrainierten Körper bewundern.

Das gibt ihr bis zum nächsten Tag ein wenig Selbstvertrauen, und ihre innere Unruhe legt sich etwas.

Werner weiß nichts von ihren gelegentlichen Anfällen, in denen sie eine unbändige Lust auf Kuchen hat. Um sich nicht so schuldig zu fühlen, lässt sie Mascha daran teilhaben. Sie kauft dann einen Familienkuchen und isst ihn zusammen mit dem Kind am Küchenfenster, um Werners Heimkehr nicht zu verpassen. Mascha bringt die leere Folie in den Hof und wirft sie in die Mülltonne, damit Werner die Verpackung nicht findet. Sie sind ein eingespieltes Team bei dieser Übertretung der Essensregeln.

Oft jedoch springt ihr kurze Zeit später die Angst in den Nacken. Sie könnte zunehmen, und Werner würde es auf der Waage sehen. Dann zieht sie sich die Sportsachen an und läuft durch den Wald. Das Kind fährt mit dem Fahrrad nebenher, und zusammen gleichen sie die Tat wieder aus.

Der Pudding schlägt Blasen, und sie nimmt ihn vom Herd.

»Mama, darf ich bitte in eine Hundeschule gehen? Ich kann es ja von meinem Taschengeld bezahlen.«

Die Mutter dreht sich zu dem Mädchen um und blickt es nachdenklich an. Vielleicht ist es doch keine so schlechte Idee. Sie müsste Werner nicht mit der Hundeerziehung belästigen, und das Kind wäre beschäftigt und hätte Spaß. »Ich rede heute Abend mit Papa darüber!«, sagt sie mit zuversichtlicher Stimme.

Mascha springt vom Tisch auf und umarmt die Mutter. Sie blickt auf den Hund, der zu ihren Füßen schläft, und denkt erleichtert: *Jetzt wird alles gut, Tinkapur! Ich kann dich wieder ganz liebhaben, wenn ich keine Angst mehr haben muss, was du tust.*

6

Lügen

Die Hundeschule liegt am Stadtrand in einem Waldstück. Vielfaches Hundegebell ist von weitem zu hören. Tinkapur reagiert darauf mit ohrenbetäubendem Gebell.

Mascha sieht bang zu ihrer Mutter. Die starrt überrascht auf den Hund und blickt sich dann peinlich berührt nach allen Seiten um. Sie nimmt Mascha die Leine aus der Hand und reißt den Hund zurück. »Hörst du auf! Still! Ruhe! Was soll denn das?!«

Tinkapurs Ohren wenden sich kurz nach hinten, doch an der Lautstärke ändert sich nichts. »Hörst du jetzt!? Was ist denn los? Aus!«, schreit die Mutter aufgebracht und sieht Mascha mit hochgezogenen Augenbrauen an. Mascha senkt betreten den Blick. Sie hat der Mutter verschwiegen, dass in den letzten Wochen alle Hundebegegnungen so verlaufen waren. Sie wusste, wie schnell die Mutter sich aufregte und was für Folgen es haben konnte, ihr Dinge mitzuteilen, die sie beunruhigten und ängstigten. Sie will den Hund auf jeden Fall behalten. »Mama, die Hundeschule wird uns helfen. Ich verspreche dir, dass ich gut lernen werde, und Tinkapur auch!«

Die Mutter verzieht ungehalten das Gesicht. »Du wirst auf keinen Fall Tinkapur sagen, sondern Tinka! Hast du das verstanden? Wir werden dort ohnehin schon Staub aufwirbeln, wenn Tinka sich so verhält.« Sie weist auf den bellenden Hund, der ruckartig in die Leine springt, um schneller voranzukommen.

Mascha spürt einen Stich im Herzen, schluckt aber die Widerrede hinunter. »Schau, da ist es.« Sie weist auf ein eingezäuntes Gelände, dem sie sich nähern. Auf einem Schild über dem Tor steht: *Hundeschule Passion.* Eine Frau sieht ihnen über den Zaun entgegen.

»Pfui, jetzt ist aber Ruhe«, presst die Mutter leise zwischen den Zähnen hervor. Mascha spürt die mühsam zurückgehaltene Wut der Mutter und zieht den Kopf zwischen die Schultern. Die Beobachterin am Zaun wird offenbar gerade angesprochen, denn sie wendet sich zustimmend nickend um. Die Mutter nutzt diesen Moment und bückt sich rasch zu dem Hund. Sie gibt ihm einen harten Klaps auf den Hintern. »Es reicht jetzt. Du blamierst mich hier vor allen.« Tinkapur jault überrascht auf und bellt ungebremst weiter.

»Na, da kommt ja ein kleiner Schreihals.« Die Frau, die sie beobachtet hat, kommt ihnen entgegen. Sie trägt ein rotkariertes Hemd und eine Weste, die wie die Hose aus derbem Stoff besteht mit auffallend vielen Taschen. Die Frau ist groß, dunkelhaarig, und ihr Blick ist einladend, als sie das Tor öffnet.

Ihre Freundlichkeit erleichtert nicht nur Mascha, auch ihre Mutter atmet hörbar auf. »Das kriegen wir schon hin, keine Angst!« Sie bückt sich zu Tinkapur hinunter, die inzwischen nur noch heiser fiept, und greift in eine prall gefüllte Tasche mit Futterstücken. Tatsächlich verstummt der Hund augenblicklich, als er den Duft von Wurst wahrnimmt. Die Frau gibt ihm ein Stück, und er schlingt es hinunter. Dann sieht er erwartungsvoll auf die Tasche. »Na, der Zwerg lernt ja schnell!« Die Frau lacht und spendiert noch ein Stück Wurst.

Mascha richtet sich hoffnungsvoll auf. Tinkapurs Aufmerksamkeit, die fast alles begleitet, was sie tut, macht sie stolz. Auch andere Menschen hat sie mit ihrer Pfiffigkeit schon eingenommen. Gestern, als Mascha mit ihr vor dem Fleischerladen wartete, waren immer wieder Passanten auf sie zugekommen, um den Hund zu streicheln. »Oooch, ist der süß.« »Wie alt ist er denn?« »Nein, wie entzückend!« »Der macht dir wohl viel Freude, was?« Tinkapur war auf jeden Umstehenden ausgelassen zugesprungen und hatte ihre lange, federgleiche Rute wie einen Propeller geschwungen.

Eine alte Dame mit Brille hatte sich zu Tinkapur hinuntergebeugt und in hohen Tönen ausgerufen: »Ja, was bist du denn für ein Feiner? Ja, du bist aber ein Guter!« Obwohl ihr Tonfall verlockend und einladend klang, hatte Tinkapur sie nur ruhig und aufmerksam gemustert. Die alte Dame war daraufhin noch etwas näher an sie herangekommen und holte gerade Luft, um den Hund erneut anzusprechen, da war Tinkapur nach vorn geschnellt und hatte der Frau die Brille von der Nase geschnappt.

Ob das unmittelbare Gelächter dem vorwitzigen Diebstahl des Hundes galt oder dem verdutzten Gesicht der alten Dame, konnte Mascha nicht ausmachen.

Im Junghundekurs sitzen alle Teilnehmer mit ihren Hunden im Kreis. Es ist ein warmer Tag im August, und drei Eichen spenden angenehmen Schatten. Mascha betrachtet die Hunde.

Tinkapur ist eine der Kleinsten unter den Junghunden. Alle sind zwischen vier und fünf Monate alt.

Verliebt lächelt Mascha einen kleinen weißen »Teddybär« mit Schlappohren und schwarzen Knopfaugen an. Er wird als Bichon Frisé vorgestellt. Dann fällt ihr Blick auf einen Dackel, der durch seine Stirnfalten kummervoll wirkt und immer wieder vorwurfsvoll auf einen Golden Retriever blickt, der näher an ihn heranzukommen versucht. Der viel größere Hund robbt jedes Mal, wenn sein Halter ihn zurückgezogen hat, wieder zu dem Dackel hin und bemüht sich, ihn mit seinen dicken Pfoten anzustupsen.

Mascha lacht, als sie einen kleinen Windhund erblickt, dessen riesige Stehohren sich in der Mitte lustig zueinander neigen. Er schaut mit genauso erstauntem Blick in die Runde wie Tina aus ihrer Klasse, wenn ein Lehrer sie etwas fragt. Ein junger Schäferhund hat sein linkes Ohr über dem Kopf liegen, und das rechte hängt als Schlappohr herab. Er erinnert Mascha an den Astronomielehrer,

Herrn Heinrich, der immer ein wenig durcheinander wirkt. Ein hellbrauner Cocker Spaniel hat an den Ohren Locken und sieht aus wie ein Mädchen mit welligen Zöpfen. Aus dem Kopf einer Französischen Bulldogge scheinen Fledermausflügel als Ohren zu wachsen, und ihre Zunge ist beim Hecheln aufgerollt.

Die anderen Hunde sind Mischlinge, und Mascha findet besonders einen bunt Gescheckten schön, dessen langes Fell wild absteht. Er hat seine Vorderpfoten übereinandergelegt und sieht gelassen in die Ferne. Der Hund strahlt eine große Ruhe aus, die Mascha beeindruckt.

Tinkapur wird als Terrier Mix eingeschätzt. Sie steht mit durchgedrückten Beinen und steil aufgerichteter Rute in der Runde und fiept. Die Frau, zu der der Cocker Spaniel gehört, sieht Tinkapur mit hochgezogenen Augenbrauen an. Ihr vorwurfsvoller Blick wandert weiter zu Maschas Mutter und bleibt dort haften. »Tinka, ruhig!«, ruft diese nervös und zieht den Hund näher zu sich heran. Der Zug verstärkt das Fiepen, und Tinkapur steigt zudem auf die Hinterbeine, um aufgeregt mit den Vorderpfoten in der Luft zu rudern. Alle Blicke richten sich auf sie, auf die Mutter und auf Mascha.

»Wir beginnen mit unseren Übungen«, fängt die Trainerin die Situation auf. »Das erste Signal, das euer Hund kennen muss, ist ›Schau!‹. Wenn ihr etwas von ihm wollt, braucht ihr seine Aufmerksamkeit. Die bekommt ihr, wenn er euch ansieht. Ihr könnt dazu am Anfang ein Futterstück zwischen Daumen und Zeigefinger klemmen, es dem Hund zeigen und es euch dann zwischen die Augen halten. Wenn der Hund dorthin blickt, sagt ihr ›Schau!‹ und gebt ihm das Stück. Ich demonstriere es euch einmal an dem kleinen, wilden Watz hier, dann wird er vielleicht ruhig.«

Sie lacht wie über einen gelungenen Scherz, und die Teilnehmer stimmen ein. Tinkapur versucht, der Frau entgegenzuspringen, und leckt sich dabei über das Maul.

»Sie erinnert sich an die Wurst«, kommentiert die Trainerin dieses Verhalten. »Das ist schon einmal gut.«

Sie übernimmt die Leine und geht mit dem Hund in die Mitte des Kreises. Während sie sich hinhockt, springt Tinkapur begeistert an ihr hoch, um an die Gürteltasche zu kommen. Die Trainerin schiebt sie mit Schwung zurück, bis der junge Hund von ihr wegbleibt. Dann holt sie langsam ein Futterstück aus der Tasche, dem der Blick des Hundes gebannt folgt. Als ihre Hand an der Stirn ankommt, ruft sie: »Schau!«, und gibt dem Hund das Leckerli.

Nach dem zehnten gelungenen Versuch, dem Tinkapur mit den Augen folgt, tippt sie sich nur noch mit den Fingern an die Stirn und sagt »Schau«, ohne ein Futterstück dazwischen zu halten. Tinkapur sieht hin und bekommt ein Futterstück aus der Tasche.

Mascha strahlt. Sie sieht zur Mutter hin und ist erleichtert. Auch auf deren Gesicht ist ein Lächeln zu sehen.

»Der Schreihals ist ja ein Schnelllerner!« Die Trainerin blickt erfreut auf und bringt Tinkapur zur Mutter zurück.

»Und für was mache ich das noch einmal genau?« Ein großer, dünner Mann, bei dem der Windhund sitzt, zieht fragend die Stirn in Falten.

»Das braucht ihr, wenn ihr dem Hund etwas sagen wollt und er euch gerade nicht anschaut«, antwortet die Trainerin. »Nach ein paar Malen könnt ihr den Finger dann weglassen, und er wird euch auch so ansehen, wenn ihr ›Schau‹ sagt. Weil die kleine Tinka hier so schnell war, kann ich ja mal ausprobieren, ob es bereits funktioniert. Dann seht ihr, worauf es hinausläuft.«

Erneut geht sie mit dem Hund in die Mitte des Kreises. Tinkapur setzt sich brav und erwartungsvoll hin. Die Trainerin tippt sich wie zuvor an die Stirn und gibt dem Hund Futter, wenn er hinsieht. Dann kündigt sie an: »Jetzt mache ich es einmal ohne den Fingerzeig, und wir werden sehen, ob sie mich ansieht.«

Die Trainerin wendet dem Hund ihr Gesicht wieder zu und sagt: »Schau!« Tinkapur jedoch sieht konzentriert auf deren herabhängende Hand und scheint zu warten. Als die Hand nicht nach oben wandert, springt sie auf und steigt am Bein der Trainerin hoch. Sie versucht, an die Hand zu stupsen, als wolle sie diese dazu bringen, sich zu bewegen. Doch es gelingt ihr nicht. Sie ist einfach zu klein und langt nicht heran.

Die Trainerin bleibt währenddessen ruhig stehen und wartet.

Tinkapur setzt sich hin und legt ratlos den Kopf schief. Sie wirkt überrascht und hat ihr Mäulchen leicht geöffnet. Einige Teilnehmer lachen gerührt. Abermals springt der Hund nach vorn und versucht, an die Hand der Frau zu stupsen.

Die Trainerin gibt dem Hund noch einmal Hilfe und führt ihre Hand nach oben. Tinkapur folgt ihr bis zur Stirn. »Fein!« lobt die Trainerin und sagt an die Menschen gerichtet: »Es war noch zu früh. Wenn euch das passiert, verwendet ihr das Fingerzeichen einfach so lange weiter, bis es auch ohne geht.«

»Aber verknüpft denn der Hund das Ganze wirklich mit Anschauen, jetzt hat er ja nur immer auf deine Hand gesehen?« Die Stimme des hereinrufenden Mannes klingt skeptisch. Zwischen seinen Beinen liegt der Golden Retriever und schläft. »Ja, er schaut euch später an, probiert es einfach aus. Das ist einfach eine Frage der Übung.«

»Toll hast du das gemacht!« Mascha streichelt Tinkapur und bekommt ein paar Hundeküsse an ihr Kinn, als sie sich hinunterbeugt.

Die anderen Teilnehmer beginnen mit der Übung, und Mascha beobachtet, wie die Teilnehmerin mit dem gescheckten ruhigen Hund diesen für die Wurst zu begeistern sucht. »Ja, das ist lecker. Hier …« Sie fuchtelt mit einem Futterstück vor seiner Nase herum, doch er wendet immer wieder entschieden den Kopf ab.

Dass er sich nicht einmal von Wurst verführen lässt, beeindruckt Mascha.

»Komisch, zu Hause frisst er Leckerli«, sagt die Halterin mit ratlosem Gesicht. Der Hund erhebt sich daraufhin wie auf ein Stichwort und dreht sich in Richtung Ausgang. Mascha betrachtet ihn nachdenklich mit halb offenem Mund.

Als ihre Mutter sie mit dem Ellenbogen anstößt, schrickt sie zusammen. »Träum nicht! Du musst jetzt auch anfangen.«

Mascha nickt und setzt sich auf ihrem Stuhl zurecht. Dann schnalzt sie mit der Zunge, wie sie es immer tut, um Tinkapurs Aufmerksamkeit zu gewinnen. Diese beobachtet gerade die Französische Bulldogge und fiept leise. Auf Maschas Schnalzen hin fährt Tinkapur herum und sieht sie fragend an. Dann folgt sie dem Weg des Futterstücks bis zur Stirn. »Schau.« Mascha belohnt sie …

Wie ging es jetzt weiter? Mascha blickt nach unten und überlegt. Die Mutter bemerkt es und sagt: »Du solltest als Nächstes nur die Finger an die Stirn legen ohne Leckerli. Frau Hartmann hat gesagt, das nennt man ›Futter ausschleichen‹.«

Tinkapur hat sich währenddessen wieder abgewandt, und Mascha schnalzt erneut, um ihre Aufmerksamkeit zurückzugewinnen. Der Hund sieht sie interessiert an und wartet.

»Aber Mama, was mache ich denn, wenn TINKAPU…«, sie unterbricht sich, »wenn Tinka mich immer schon anschaut, bevor ich ihr ›Schau‹ beibringen kann?«

Die Mutter hebt ratlos die Schultern. »Das musst du Frau Hartmann fragen.« Sie sagt nicht Beate wie die anderen, weil sie das »Duzen« in der Hundeschule nicht mag.

Mascha hebt die Hand. Die Trainerin unterstützt gerade das Ehepaar mit dem Dackel, der immer wieder mit einem Bichon Frisé neben sich raufen will. Mascha wartet auf Frau Hartmann und beobachtet in dieser Zeit die Frau mit dem Cocker Spaniel, die am Anfang so vorwurfsvoll auf Tinkapur gesehen hatte. »Aua! Das tut weh!«, moniert sie gerade das Schnappen des Cockers, der gierig nach dem Futter greift. Sie zieht die Hand mit dem Futter zurück, und der Cocker beginnt auffordernd zu bellen.

Die Frau sieht zu ihnen herüber, und Mascha registriert, wie ihre Mutter betont bedauernd die Augenbrauen hebt und einen spitzen Mund macht. Die Frau schaut daraufhin gereizt weg und hört auf zu üben.

Jetzt bemerkt die Trainerin Maschas erhobene Hand und kommt heran. »Na, wie kann ich dir helfen?« Sie stellt sich breitbeinig vor das Mädchen und sieht sie erwartungsvoll an.

»Was kann ich denn machen, wenn sie mich immer schon ansieht, bevor ich ›Schau‹ sage?« Tinkapur beschäftigt sich gerade mit einem winzigen Stöckchen, und Mascha schnalzt leise mit der Zunge, um das Problem zu illustrieren. Der Hund fährt zu ihr herum und sieht sie abwartend an.

»Nun, du könntest sie kurz ablenken. Wenn du zum Beispiel mit dem Fuß aufstampfst, wird sie dorthin sehen. Dann kannst du die Hand an die Stirn halten und ›Schau‹ sagen«, empfiehlt die Trainerin.

»Aber sie sieht mich doch gerade auch so an«, wirft Mascha ein.

»Ja, aber nur, weil du geschnalzt hast.« Die Trainerin bekräftigt ihre Aussage mit einem leichten Kopfnicken.

Mascha verinnerlicht das Gesagte. »Und wenn ich nun einfach immer nur schnalze und kein ›Schau‹ sage? Dann sieht sie mich ja auch an!«

»Ich verstehe dich nicht«, mischt sich die Mutter ein. »Frau Hartmann hat doch genau erklärt, wie es gemacht wird. Warum sagst du denn nicht ›Schau‹, wie es alle tun, und zeigst mit dem Finger an die Stirn?!« Ihre Stimme klingt vorwurfsvoll und verärgert.

Ohne die beiden Frauen anzusehen, verteidigt sich Mascha. »Aber ich glaube, bei ›Schau‹ sieht Tinkapur nur auf die Finger, und wenn ich schnalze, sieht sie mich wirklich an!« Mascha schlägt sich mit der Hand vor den Mund. Jetzt hatte sie den verbotenen Namen doch gesagt.

Die Trainerin reagiert aber nicht darauf, sie antwortet: »Wenn du alle Grundkommandos mit dem Hund sauber ausführen kannst, kannst du improvisieren. Jetzt wäre das so, als wenn du Klavier spielen lernst und gleich mit dem Improvisieren anfängst. Auf diese Weise lernst du nie Klavier spielen. Zuerst musst du die Regeln erlernen, und dann kannst du frei verfahren.«

Während die Frau spricht, starrt Mascha auf den Boden. Die Trainerin redet genau wie ihre Mutter. Als Mascha vor einem Jahr Melodien auf einer Gitarre zu spielen begann, hatte diese sie mit ähnlichen Worten zum Unterricht geschickt. »So ein Herumgeklimpere bringt nichts. Du musst erst einmal lernen, wie man das Instrument bedient und wie man Noten spielt.«

Ihre Gitarrenlehrerin, Frau Huber, hatte sie gemocht, denn sie war eine freundliche Frau, die ihr mitunter aufmunternd durchs Haar gefahren war. Mascha hatte sich schon immer Tage vor dem Unterricht auf diese Zuwendung gefreut. Doch so sehr sie sich auch bemüht hatte, es war ihr nicht gelungen, die Noten auf das Instrument zu übertragen. Sie konnte nicht gleichzeitig Noten denken und Töne fühlen. Das brachte sie nicht zusammen. Um die Zuwendung ihrer Gitarrenlehrerin nicht zu verlieren, hatte sie Frau Huber gebeten, ihr jedes Übungsstück erst einmal vorzuspielen. Dann hatte Mascha das Notenblatt vor sich hingelegt und so getan, als wenn sie von ihm abspielte. Als die Übungsstücke schwieriger wurden, war es ihr nicht mehr gelungen, nach Gehör auswendig zu spielen. Und nachdem Frau Huber Maschas erstes eigenes Musikstück in Notenschrift übersetzt hatte, war es für Mascha auf dem Papier verschwunden. Sie hätte es von dort nicht mehr abspielen können.

Es war ihr sehr schwergefallen, nicht mehr zu Frau Huber zu gehen, doch noch viel schlimmer wäre es gewesen, der Schwindel wäre herausgekommen und Frau Huber hätte sie nicht mehr gemocht. Seitdem konnte sie auch nicht mehr Gitarre spielen, denn dazu hätte sie die Mutter wieder zum Notenlernen geschickt. Wie hätte Mascha aber erklären können, dass sie Noten nicht fühlen und deshalb auch nicht verstehen konnte? Andere konnten es doch auch? Voller Scham hatte sie behauptet, sie hätte keine Lust mehr auf die Gitarre.

Sie hatte die Hoffnung gehabt, in Abwesenheit der Eltern darauf spielen zu können. Aber die Mutter hatte das Instrument kurze Zeit später verkauft.

Mascha hatte lange gebraucht, um ihr Verlangen, Musik zu erfinden, nicht mehr zu spüren. Doch jetzt muss sie die Tränen herunterschlucken, wenn sie daran denkt, und sie schämt sich für all diese Lügen.

»Verstehst du das Beispiel mit dem Klavier? Erst das Handwerkszeug, dann kannst du improvisieren. So ist es auch mit den Grundkommandos in der Hundeschule.«

Frau Hartmann beugt sich zu dem Mädchen hinunter, das niedergeschlagen wirkt.

»Ja, ich habe es verstanden.« Mascha schreckt hoch und spürt einen Kloß im Hals bei dieser erneuten Lüge.

7

Laut schweigen

Mascha betrachtet verstohlen die Mutter, die mit einem kleinen Spiegel am Küchentisch sitzt und sich die Augenbrauen nachzieht. Sie bewundert die Kunstfertigkeit, mit der diese das fehlende Ende ihrer Brauen imitiert. Sie weiß jedoch, dass Mutter dabei nicht gern beobachtet wird. »Unsere dünnen Brauen sind ein Familienerbe. Du hast Glück, deine sind etwas stärker«, ist alles, was Mascha darüber weiß.

Sie spürt die tägliche Missbilligung, mit der die Mutter am Morgen ihr Gesicht korrigiert und kann sich diese Ablehnung nicht erklären. Sie findet Mama wunderschön. Auch andere Menschen schienen das so zu erleben.

Erst vorgestern waren sie mit Tinkapur einen Waldweg entlanggegangen, und ein Mann hatte sie mit einem Fahrrad überholt. An seinem Lenker war ein großer, gelber Lampenschirm befestigt gewesen, der beim Fahren lustig auf und ab hopste. Der Mann hatte sich nach der Mutter umgedreht, und Mascha hatte ganz deutlich wahrgenommen, wie freudig überrascht er war und dass er den Blick von Mama nicht mehr abwenden konnte.

Kurz darauf hatte es geknallt, und er war mit dem Rad gegen ein Verkehrsschild gefahren, das den Weg als Fußgänger- und Radweg auswies. Der runde Lampenschirm wurde durch den Aufprall zusammengedrückt und hatte nun die Form einer Sanduhr bekommen. »Wenn man schon mal nach den Weibern guckt!«, hatte der Mann resigniert gesagt, und Mama hatte leise vor sich hin geprustet vor Lachen.

»Siehst du, du bist die schönste Mama auf der Welt«, hatte Mascha ausgerufen, nachdem der Radfahrer sich entfernt hatte. Mutter hatte zu lachen aufgehört und abwehrend den Kopf geschüttelt. »Nein, nein, mein Gesicht ist viel zu männlich.« Obwohl die Mutter diesen Satz schon häufiger gesagt hat, versteht Mascha ihn nicht. Mama hat ein zartes, schmales Gesicht, Papas Gesicht ist breit und kantig. Der Unterschied zwischen ihren Eltern ist für Mascha offensichtlich, doch als sie ihre Mutter einmal darauf hinwies, hatte diese nur geantwortet: »Das verstehst du noch nicht. Ich fühle mich einfach so.«

Hinzu kommt das Rätsel, warum sich die Mutter umgekehrt immer freut, wenn Mascha für einen Jungen gehalten wird. »Du bist aber ein netter Bub!«, war sie von einer Frau in der Hundeschule angesprochen worden. Für Mascha hatte es sich beschämend angefühlt, und sie hätte der Frau am liebsten zugeschrien: »Sie können wohl nicht gucken! Ich bin ein Mädchen!« Doch das erfreute Lächeln der Mutter hatte sie davon abgehalten.

»Mama, bin ich ein hübsches Mädchen?« Die Mutter sieht überrascht auf. »Natürlich. Du bist ein niedliches Kind. Warum fragst du mich das denn?«

Mascha versucht eine Antwort zu finden, doch sie weiß nicht, wie sie ihre Unsicherheiten formulieren könnte. Ihr fallen zwei Begebenheiten ein, die sie bis heute verunsichern. Vor einigen Jahren hatte sie am Strand der Ostsee nach schönen Steinen gesucht, und Mutter hatte ein Gespräch mit einem älteren Paar geführt. Nach einer Weile hatte der Ehemann gesagt: »Ihr kleiner Junge ist aber ruhig. Wie lange er schon so versunken sucht …«

»Ja, mein Kind kann sich stundenlang allein beschäftigen, seit es ganz klein ist«, hatte die Mutter stolz geantwortet, und alle hatten lächelnd auf Mascha gesehen.

Es hatte sie verstört, dass die Mutter den Irrtum nicht korrigierte, doch sie hatte gelächelt, um die Aufmerksamkeit und das Lob der Erwachsenen nicht aufs Spiel zu setzen. Das Ehepaar hatte ihr Lächeln erwidert, und die Frau hatte mit einem verschwörerischen Blick zu ihrem Mann hinzugefügt: »Wenn ich da an unsere Rabauken zurückdenke …«

Vielleicht hätte Mascha diesen Vorfall vergessen, wenn nicht am Nachmittag desselben Tages ein weiteres Ereignis hinzugekommen wäre. Die Begeisterungsschreie an einer Schaukel hatten sie magisch angezogen. Eigentlich wagte sich Mascha nicht in die Nähe anderer Kinder, weil sie den Umgang mit ihnen nicht ausreichend kannte und sich dadurch verunsichert fühlte.

Dennoch hatte sie sich an diesem Tag mutig in eine lange Warteschlange eingereiht und in die glänzenden Augen eines schaukelnden Mädchens gesehen.

Genauso würde sie sich auch gleich fühlen! Ihr Mund hatte sich geöffnet bei dieser Vorstellung. »Eh, du spinnst wohl! Vordrängeln gibt es hier nicht!« Ein etwas größerer Junge mit roten Haaren und Sommersprossen hatte sie an der Schulter gepackt und zurückgestoßen, so dass sie fast hingefallen wäre.

»Aber ich habe mich doch hinten angestellt …«, hatte sie fassungslos zurückgegeben.

»Plemplem, oder was? Denkst du, du kannst uns verarschen? Die Mädchen kommen zuerst dran, dann die Jungen.«

In diesem Moment hatte Mascha registriert, dass es zwei unterschiedliche Schlangen gab und der Junge sie offenbar für einen Jungen hielt.

»Ich bin aber ein Mädchen!«, hatte sie ihm zornig entgegengeschleudert.

Er hatte sich daraufhin an den Kopf getippt und erwidert: »Klar, und ich bin der Sandmann. Wenn du denkst, du kommst mit dieser Masche eher dran, dann hast du dich geschnitten. Verräter werden bestraft.«

Alle Mädchen vor ihr waren von Mascha abgerückt und hatten sie mit unangenehm berührten Blicken angesehen, so als ginge etwas Ungehöriges von ihr aus. Mascha hatte mit den Tränen gekämpft und erneut sagen wollen: »ICH BIN EIN MÄDCHEN«, doch es war nur ein krächzender Ton herausgekommen.

»Du kannst es ja beweisen!« Der Junge hatte auf ihre Shorts gezeigt und verlangt, dass sie ihre Hosen herunterlässt. Die Beschämung hatte ihr den Mund verschlossen. Sie war weggerannt und weinend in die Arme der Mutter gefallen.

»Mama, du musst mit mir zur Schaukel kommen. Alle Kinder denken, ich bin ein Junge, und wollen mich nicht schaukeln lassen. Sie sagen, ich will sie betrügen! Du musst ihnen sagen, dass ich ein Mädchen bin!«

Die Mutter hatte sie irritiert angesehen, und Mascha konnte erkennen, dass sie nicht verstand, worum es ging. Schluchzend hatte Mascha den Hergang berichtet und war tief erleichtert, als die Mutter ihre Hand genommen hatte und mit ihr zu den Kindern gegangen war. »Passt mal auf, ihr entschuldigt euch jetzt bei meiner Tochter und lasst sie schaukeln!«

Der rothaarige Junge hatte sie verdutzt angesehen. »Echt jetzt? Das ist wirklich ein Mädchen?« Er hatte die Lippen skeptisch übereinander gestülpt und Mascha intensiv betrachtet.

»Natürlich!«, hatte die Mutter spitz erwidert.

»Äh, okay. Na dann.« Er hatte ein Kind von der Schaukel gewunken und an Mascha gewandt auf das leere Brett gezeigt. Unter dem Druck dieser Aufforderung hatte Mascha sich auf die Schaukel gesetzt und zu schwingen begonnen.

Alle hatten sie skeptisch angestarrt, und Mascha hatte gespürt, dass die Kinder sie nun noch seltsamer fanden als zuvor.

»Mama, aber wenn du mich hübsch findest, warum kaufst du mir dann nicht auch einmal ein Kleid?« Sie weist dabei auf das Kleid, das ihre Mutter heute trägt. Die Mutter legt den Augenbrauenstift auf den Küchentisch und sagt erstaunt: »Was ist denn heute mit dir los? Du wolltest doch noch nie ein Kleid?«

Mascha räuspert sich verlegen und wird rot. Sie hatte den Eindruck, ihre Mutter mochte es, wenn sie wie ein Junge aussah. Doch sie kann der Antwort der Mutter nichts entgegensetzen, weil sie der Wahrheit entspricht, auch wenn sie sich für Mascha nicht richtig anfühlt. »Es fiel mir gerade so ein, Mama. Kann ich bitte ein Kleid haben?«, erneuert sie ihren Wunsch.

Die Mutter sieht auf die geblümte Decke und denkt nach. Sie kratzt mit dem Fingernagel an einem kleinen Loch des Wachstuches und sagt nach einer Weile: »Also gut, ich wollte sowieso ins Kaufhaus. Ich brauche auch etwas. Dann gehen wir heute nach der Schule einkaufen.« Sie scheint jetzt selbst von dieser Idee angetan zu sein, denn sie lächelt.

Maschas Gesicht hellt sich auf. »Wirklich?« Sie klatscht in die Hände und springt auf, um die Mutter zu umarmen. *Das wird ein schöner Tag werden*, denken beide.

Das Angebot im Kaufhaus ist groß, und Mascha weiß nicht, welches Kleid sie zuerst anprobieren soll. Voller Vorfreude sieht sie sich um und entdeckt ein rotes Kleid mit weißen Pünktchen. Es scheint vom Bügel gerutscht zu sein und kräuselt sich am Boden zu einer hübschen Rosette. »Mama, schau!«

Mascha läuft aufgeregt zu ihrem Fund und hält ihn vor sich. Sie stellt sich vor einen Spiegel an einer Wandsäule und blickt erstaunt auf ihr Spiegelbild. Bedeckt von diesem Stoff, der glatt und seidig an ihr herunterfällt, empfindet sie ein nicht gekanntes Gefühl von Kostbarkeit. Vor Überraschung öffnet sie den Mund. »Mama, dieses Kleid möchte ich. Bitte!« Sie sagt es mit so einer Dringlichkeit, dass ihre Mutter erstaunt lächelt. »Na, dann zieh es mal an. Es könnte dir sogar passen.«

In der Umkleidekabine betrachtet sich Mascha mit angehaltenem Atem. Das Kleid umschließt eng ihren Oberkörper und fällt an der

Taille in weichen Falten bis zu den Oberschenkeln. Ehrfürchtig tastet sie den Stoff ab, und plötzlich finden ihre Hände in Hüfthöhe einen Eingang. »Mama, es hat sogar eine geheime Agententasche hier in der Falte!« Die Mutter verzieht kurz das Gesicht, als hätte sie in etwas Säuerliches gebissen. »Was du immer für Sachen sagst!«

Mascha spürt den Unmut in ihrer Stimme und sieht betroffen auf das Spiegelbild der Mutter. Hat sie jetzt alles verdorben? Sie hält die Luft an. »Gut, dann kaufe ich es dir.«

Mascha atmet aus, und ein tiefes Glücksgefühl durchströmt sie.

»Du erzählst Papa nichts davon, dass ich mir eine Bluse gekauft habe, ja?« Die Mutter steht zuhause vor dem Spiegel und blickt zu Mascha, die sie bewundernd ansieht.

Mascha nickt eifrig. Sie ist stolz darauf, wenn Mama sie braucht. Sie fühlt sich dann zu etwas nütze. Über Mamas Einkäufe weiß nur sie Bescheid. Wenn Papa davon erfahren würde, würde er fragen, woher das Geld kommt. Dann käme heraus, dass Mama oft bei anderen Leuten malert, wenn er im Trainingslager ist. Dass die Mutter mit ihr dieses Geheimnis teilt, fühlte sich für Mascha an, als wäre auch sie wichtig, indem sie es bewahrt.

»Wenn dein Vater das erfährt, nimmt er uns das Geld noch weg, und ich kann uns nicht mehr versorgen«, sagt Mama, und Mascha glaubt ihr, weil sie die Streitigkeiten der Eltern oft hört. Mama sagt dann so etwas wie: »Du kannst dein Geld doch nicht an jedem Gehaltstag gleich ins *Exquisit* schaffen! Wir können von meinem Gehalt nicht alle leben. Denk doch auch mal an das Kind!«

Mascha wusste, das *Exquisit* war ein Geschäft, in dem es unglaublich teure Sachen gab. Papa hatte einmal sein ganzes Gehalt für eine Jacke ausgegeben, wie Mama berichtet hatte. Papa reagierte bei einem solchen Streit mit Schweigen, nur manchmal begann auch er zu schreien. »Das geht dich gar nichts an. Du hast mir den Balg angehängt. Also versorge ihn auch!« Die Mutter sucht nach so einem Streit oft in Maschas Armen Trost. »Dein Vater ist unmöglich. Er denkt nur an sich.« Mascha fühlt sich dabei hilflos und verloren. Besänftigt sie die Mutter, ist ihr, als verrate sie den Vater. Tröstet sie diese aber nicht, ist sie undankbar, weil die Mutter sich doch aufopfert. So streichelt und liebkost sie die Mutter und verspürt zugleich eine große Ungerechtigkeit dem Vater gegenüber.

Wie sollte er sie je liebhaben lernen, wenn sie immer zur Mutter hielt? Es war also besser, Mutters Einkäufe blieben geheim und die Eltern würden sich nicht streiten.

Mit Ehrfurcht betrachtet sie ihre Mutter. Die neue hellbraune Bluse bildet einen schönen Kontrast zu ihren dunklen Haaren. »Du bist so schön.«

Die Inbrunst in der Stimme des Mädchens rührt die Mutter. Sie versucht, sich mit den Augen des Kindes im Spiegel zu betrachten. Doch es gelingt ihr nicht. Gut, ihre Figur ist schlank, durchtrainiert und mit Polstern an den richtigen Stellen, wie Werner sagt. Doch ihre Haare sind nicht sehr dick, und das Schwierigste ist für sie ihr Gesicht. Angespannt und unnachgiebig sieht es ihr im Spiegel entgegen. Sie kann darauf nicht die Art von Weichheit entdecken, die sie für weiblich hält.

Die Mutter seufzt und schaut auf ihr Kind. Es steht in seinem neuen Kleid vor ihr, und sie verarbeitet den ungewohnten Anblick. Sie kann sich nicht mehr erinnern, wie es seinen Anfang genommen hatte, dass im Kleiderschrank des Mädchens nur Hosen, T-Shirts und Hemden waren. Sie hatte Mascha als Baby sogar rosa Sachen gekauft, und auch in der Kleinkinderzeit hatte sie ihr hübsche Kleidchen angezogen. Als Richard gestorben war, hatte sie das Mädchen seine Sachen auftragen lassen. Schließlich hatten sie wenig Geld, und es hatte sie auch gefreut, ein anderes Kind darin zu sehen, wo sie ihren Jungen doch nicht mehr wiedersehen würde. Mascha hatte auch nie nach einem Kleid gefragt, und sie hatte das als Einverständnis gewertet … Sie stößt mit einem tiefen Atemzug etwas Luft aus und macht eine Handbewegung, als wolle sie etwas verscheuchen.

»Was ist denn hier los?« Der Vater steht urplötzlich im Türrahmen. »Da jammerst du immer, du hättest kein Geld, und dann machst du hinter meinem Rücken Einkäufe?!« Er wedelt seiner Frau, die ihn erst später erwartet hatte, mit einer leeren Einkaufstüte vor der Nase herum.

Betroffen sieht das Kind zur Mutter, denn es hatte in der Freude über das Kleid die Tüte nicht weggeräumt und im Flur liegen lassen. »Ich ...« Schnell unterbricht die Mutter sie: »Werner, ich habe Mascha ein Kleid gekauft. Sie brauchte etwas Neues anzuziehen. Im Gegensatz zu dir denke ich auch an unser Kind und nicht nur an mich.«

Der Vater nimmt den Kopf ein Stück zurück und betrachtet prüfend das Bild, das sich ihm bietet. »Und das da?!« Es klingt weniger wie eine Frage als eine Drohung, mit der er auf die Bluse seiner Frau zeigt.

»Die? Da siehst du mal, wie unaufmerksam du bist. Die habe ich schon lange.« Die Mutter sagt es mit unbewegtem Gesicht und sieht ihrem Mann dabei direkt in die Augen. Mascha beobachtet die Szene mit geöffnetem Mund und schaut betroffen zu Boden.

»Willst du dazu etwas sagen?« Der Vater ist dicht an das Kind herangetreten. Heftig schüttelt es den Kopf und drückt Tinkapur an sich, die sie vom Boden aufgehoben hat, um sie in Sicherheit zu bringen. »Wenn ihr mich hier volllügt, kommt der Hund wieder weg!« Mascha kneift ihre Augen bereits fest zusammen, bevor sie die Wohnzimmertür knallen hört, die hinter dem Vater zuschlägt.

D*ie müssen mich doch für blöd halten*, denkt Werner und lässt sich, vor Empörung schwer atmend, auf das Sofa fallen. Alles ist ihm seit Langem zu viel.

Dass seine Frau das letzte Kind ohne sein Einverständnis empfangen und geboren hatte, erinnert ihn täglich an die Kränkungen seiner Kindheit. Obwohl sein Vater zu Hause nicht anwesend gewesen war, hatte er die Aufmerksamkeit der ganzen Familie erhalten. Es verging kaum ein Tag, an dem nicht jemand mit Stolz erwähnte:

»So weit muss man es erst einmal bringen … Als hoher Offizier … mutig … mit Auszeichnungen … ein Held für das deutsche Vaterland.« Ihn jedoch, den dünnen, blassen Sohn, hatte man nur selten beachtet, obwohl er doch dagewesen war.

Er hat den Vater groß, hager und muskulös in Erinnerung. Bei jedem Fronturlaub war er von ihm regungslos betrachtet worden wie ein bedeutungsloses Insekt. »An dem Jungen ist nichts dran – spillerich ist er und schissig. Wenn ihr ihn weiter so verzieht, wird er ein Weichling und kein Mann.« Seine Stimme hatte verächtlich geklungen, und die Demütigung war für Werner überwältigend. Er hatte vor einem unlösbaren Rätsel gestanden. Wie sollte er es jemals schaffen, diesen Mann einzuholen?

Aber schließlich hatte sich eine unerwartete Chance ergeben, als sein Vater kurz vor Kriegsende fiel. Werner hatte sich trotz der eigenen Trauer, dem Vater nun nie mehr beweisen zu können, dass er auch etwas taugte, um die Mutter gekümmert. Er unterstützte und tröstete sie. Sie hatte es mit distanzierter Kühle geduldet. Zuneigung oder Wärme bekam er nicht. Anfang der Fünfziger Jahre hatte ein Fleischermeister dann um seine Mutter zu werben begonnen. Die Abneigung des kräftigen Mannes gegen ihn war deutlich spürbar gewesen. Ständig hatte er Werner kritisiert oder bestraft. Und kurz vor der Hochzeit hatte sich die Mutter für eine gesicherte Existenz mit dem Fleischer entschieden und ihn zu den Großeltern gegeben. Niemand hatte ihn gefragt.

Nun war er selbst Vater, und wieder war er nicht gefragt worden. Barbara hatte bei Mascha offenbar einfach die Pille weggelassen und ihn auf diese Weise betrogen. Dabei hatte er nach der Geburt des Jungen sehr deutlich zum Ausdruck gebracht, dass er auf keinen Fall noch ein weiteres Kind wollte. Während der zweiten Schwangerschaft, die er wie einen Verrat empfand, hatte er also Affären mit sehr jungen Frauen begonnen. Ihre Bewunderung für seinen muskulösen Körper und sein gutgeschnittenes Gesicht sollten die Verletzung durch seine Frau ausgleichen.

Doch der Schock über Barbaras Verrat war geblieben.

Bisher hatte sich seine Frau immer gefügt, und ihre Unterwürfigkeit hatte der Anbetung geähnelt, die seine Mutter für den heldenhaften Vater gezeigt hatte. Aber seit der Geburt des Mädchens fühlte er sich schwer hintergangen und verletzt.

Heute ist ein großer Tag für Mascha. Sie darf in ihrem neuen Kleid jemanden besuchen. Jedes Mal, wenn Mascha sich den Moment in Erinnerung ruft, als die fremde Frau sagte: »Willst du mich einmal besuchen kommen? Ich würde dich gern kennenlernen«, spürt sie eine heiße Freude in ihrem Herzen und möchte, dass dieses Gefühl nicht aufhört.

Sie war in den letzten drei Tagen abends sehr früh ins Bett gegangen, um die Begegnung in ihrer Erinnerung immer wieder neu auszukosten. Sie erlebt jetzt abermals, wie sie mit Tinkapur in den kleinen Seitenstraßen ihres Blockes spazieren gegangen war. Eine freundliche, weibliche Stimme hatte aus einem Vorgarten gerufen: »Was für ein hübscher kleiner Hund! Und du führst ihn schon ganz allein aus!«

Mascha war heiß geworden bei diesem Lob, und sie hatte den Kopf gesenkt aus Verlegenheit und vor Freude. Dann war die Frau auf den Bürgersteig gekommen, hatte sich hingehockt und den freudigen Ansturm des kleinen Hundes lachend über sich ergehen lassen. Tinkapur hatte ihr Gesicht abgeleckt und sie sogar in die Nase gezwickt, doch die Frau hatte nur heiter schmunzelnd gefragt: »Wie alt ist denn der Kleine? Oder ist es eine Sie?«

Mascha hatte die Brust herausgereckt und stolz geantwortet: »Das ist Tinkapur. Sie ist jetzt achtzehn Wochen alt.«

Die Frau hatte sie mit offenem Blick angelächelt und erwidert: »Was für ein wunderschöner Name. Wer hat sich denn den ausgedacht?«

»Ich!« Mascha hatte sich hoch aufgerichtet vor Stolz und sich getraut, die Frau direkt anzusehen.

»Und wie heißt du?« Maschas Herz hatte stark zu pochen begonnen. So viel Aufmerksamkeit machte sie verlegen. Nachdem sie ihren Namen genannt hatte, hatte ihr die Frau die Hand entgegengestreckt: »Ich bin Susanne Becker.«

Mascha hatte ihre Hand sehr vorsichtig hineingelegt, und ihr waren Stellen aus Büchern eingefallen, in denen so etwas beschrieben wurde. Waren sie jetzt befreundet? Sie hatte diese Frage nicht gestellt, denn sie wusste nicht, ob das dumm war.

Zu ihren Eltern kamen nie Freunde. »Ich brauche nicht auch hier noch Schwachmaten, die mir die Zeit rauben«, hatte Vater geantwortet, als Mama einmal eine Kollegin einladen wollte.

In der ersten Klasse hatte Mascha erlebt, wie andere Kinder sich verabredeten, und so hatte sie ihre Mutter auch um die Erlaubnis gefragt, jemanden mitzubringen. Mama hatte sie damals traurig angesehen und gesagt: »Mascha, wir haben nicht viel Geld, und wenn andere Kinder sehen, wie wir wohnen, erzählen sie es ihren Eltern. Dabei hatte die Mutter auf ein paar Möbelstücke gezeigt, die sie vom Sperrmüll gerettet hatte. Du willst doch dafür nicht gehänselt werden, nicht wahr?« Mascha hatte diese Information erstaunt in sich aufgenommen.

Als die Mutter ihren bestürzten Blick wahrnahm, hatte sie hinzugefügt: »Bedanke dich bei deinem Vater, der unser ganzes Geld für Klamotten ausgibt. Sonst könnte es hier anders aussehen.«

Mascha hatte also nicht wieder nachgefragt. Durfte sie nun aber auf der Straße eine Freundschaft schließen? Darüber wusste sie nichts, und sie hoffte, dass Mama nichts dagegen hatte.

Tinkapur war der Frau sogar unter den Rock gekrochen, und der Stoff hatte Beulen geschlagen, wo sie sich bewegte. Die Frau hatte laut zu lachen begonnen, und Mascha hatte ihre Scheu verloren und laut mit eingestimmt. Die Frau hatte unter sich gegriffen und den Hund wieder hervorgeholt. »Du bist ja ein kleiner Schelm, was willst du denn da?« Dann war sie auf die Knie gegangen und hatte mit Tinkapur auf dem Bordstein zu spielen begonnen.

Mascha hatte den Mund geöffnet vor Erstaunen, denn so eine Erwachsene hatte sie noch nie kennengelernt. Der Hund war auf den Rücken der Frau gesprungen und hatte begeistert an deren halblangen braunen Haaren gezogen.

»Aua, aua«, hatte die Frau gelacht. »Das ziept.« Mascha hatte Tinkapur vom Rücken der Frau gehoben und mit der Zunge geschnalzt. Die kleine Hündin hatte sie angesehen und sich auf das Handzeichen für ›Sitz‹ hingesetzt.

»Gehst du in die Hundeschule?« Die Frau hatte sich beim Aufstehen die Knie abgeklopft und das Kind aufmerksam betrachtet.

»Ja. Und ich darf beim nächsten Mal sogar ohne Mama gehen, denn ich bin schon groß!«

Die Frau hatte Mascha mit einem eigenartigen Blick angesehen und ihr mit dem Handrücken kurz über die Wange gestrichen. »Du musst gar nicht so schnell groß werden. Auch ein Kind kann das gut machen.«

Das Mädchen hatte nicht verstanden, was sie damit meinte, doch es hatte sich so angefühlt, als ob etwas richtig an ihr wäre. Dann hatte sich Mascha gebückt, um Tinkapur zu loben, und dabei einen kleinen, verrosteten Schlüssel auf dem Boden entdeckt. Sie hatte ihn vorsichtig wie einen Schatz vom Schmutz befreit und in die Hosentasche gesteckt.

»Aber wozu willst du ihn denn verwenden?« Die Stimme der Frau hatte erstaunt geklungen. Mascha war nah an sie herangetreten und hatte ihr vertrauensvoll zugeflüstert: »Ich habe schon ganz viele Schlüssel gesammelt und sie alle in einem Loch in meinem Lieblingsbaum versteckt.«

Die Augen der Frau hatten sich vor Interesse geweitet. »Ja, und wozu brauchst du sie?«

Das Kind war noch näher herangetreten und hatte mit bedeutungsvollem Blick geraunt: »Na, die schließen doch alle irgendetwas auf!« Dabei hatte es die Frau triumphierend beobachtet und sich an ihrem Erstaunen gefreut.

»Möchtest du deine Mutter einmal fragen, ob du mich mit Tinkapur besuchen kommen darfst? Ich würde dich gern kennenlernen.« Die Frage hatte Mascha so überrascht, dass sie für einen Moment ganz sprachlos war. Als sie sich gefasst hatte, hatte sie begeistert gerufen: »Ja, ja, auf jeden Fall. Ich frage gleich!«

Die Frau hatte sie lächelnd zurückgehalten und ihr eine Telefonnummer auf einem Zettel mitgegeben.

»Deine Mama kann mich anrufen.«

»Du sollst fremde Leute doch nicht belästigen, Mascha!« Die Reaktion der Mutter hatte in Mascha Empörung und Widerstand ausgelöst. »Wenn du mich nicht dorthin gehen lässt, werde ich nie wieder artig sein und ich werde nie wieder mit dir reden!« Mascha hatte es hinausgeschrien, und Tränen der Verzweiflung waren ihr aus den Augen geschossen.

Die Mutter hatte unter ihrem herausfordernden Blick verunsichert nachgegeben. »Hat sie dich auch wirklich freiwillig eingeladen oder hast du dich aufgeschwatzt?«

Mascha hatte ihr mit stummer Wut und einem Vorwurf im Gesicht den Zettel mit der Telefonnummer hingelegt und war in ihr Zimmer gegangen.

»Und du isst auf jeden Fall nur zwei Stück Kuchen, ja? Versprichst du mir das? Die Frau soll nicht denken, du wärst gierig. Wenn man zu Besuch geht, muss man sich benehmen, sonst wird man nicht wieder eingeladen!«

Die Mutter sieht das Kind prüfend an, doch es nickt beflissen. Ihm ist alles gleich, wenn es jetzt nur losgehen darf. Mama hatte sich gestern mit Frau Becker getroffen und in den Besuch eingewilligt. »Hier hast du noch ein Taschentuch. Damit wischst du dir die Kuchenkrümel vom Mund ab. Das macht man so.«

Maschas Augen strahlen, während sie das Tuch entgegennimmt. »Ich kann es in die geheime Agententasche in meinem Kleid stecken!«, sagt sie begeistert und verbirgt es dort.

Die Mutter kneift die Augen leicht zusammen und erwidert: »Und sag dort keine seltsamen Sachen. Sonst denkt die Frau, mit dir stimmt etwas nicht.«

»Jaaaa, Mama. Ich gehe jetzt, sonst komme ich zu spät.«

Mascha nimmt Tinkapur auf den Arm und läuft mit ihr die vier Stockwerke die Treppe hinunter. Mit jeder Stufe spürt sie mehr Aufregung und Freude. »Tinkapur, wir müssen uns heute gut benehmen, damit wir wieder eingeladen werden, ja?«

Mascha rennt hüpfend auf die Straße und der Hund springt übermütig in die Leine. Ein paar Erwachsene lächeln ihnen, angesteckt von ihrer Freude, zu. Mascha bemerkt die Blicke und wundert sich über diese unverhoffte Zuwendung.

Sie sind in der Siedlung angekommen, und der Hund stemmt sich in die Leine, um an einer Gartenhecke zu schnüffeln. Seine Flanken bewegen sich dabei heftig, so als würde er mit dem ganzen Körper etwas einatmen. »Tinkapur, was hast du denn?«

Der Hund beginnt aufgeregt hin und her zu trippeln, und sein Leib folgt in ruckartigen Bewegungen der vorgereckten Nase. Das hohe Fiepen, das folgt, kennt Mascha bereits, doch sie kann es keinem Ereignis zuordnen. Ist hinter der Hecke ein Hund? Sie kann nicht hindurchschauen, so dicht ist sie.

»Komm, wir müssen weiter«, drängt sie. »Wir kommen sonst noch zu spät.«

Gerade als sie weitergehen will, streckt sich ein getigerter kleiner Arm durch die Hecke und versetzt Tinkapur einen Hieb in die Seite. Aufjaulend fährt sie zurück und springt mit allen vier Pfoten gleichzeitig in die Luft. Hätte Mascha die Pfote nicht gesehen, hätte sie sich wie der Hund ratlos umgeschaut. So aber bückt sie sich und sagt lachend: »Tinkapur, das war eine Katze.«

Der Hund schüttelt sich und dreht sich noch im Weitergehen mehrfach um. Dabei stößt er leise Wuffs aus, die wohl seine Empörung über den unsichtbaren Angreifer ausdrücken sollen. Das Erlebnis erzähle ich Frau Becker, freut sich Mascha, da wird sie lachen!

Wenige Minuten später steht sie in der Wohnstube der Frau und sieht sich fasziniert um. Bunte Masken hängen an der Wand, und der Tisch wird von einer Figur gehalten, die in das Tischbein geschnitzt ist. In den Regalen stehen viele Bücher, und ein dicker Orientteppich dämpft die Schritte. Auch der Hund scheint beeindruckt von den vielen neuen Eindrücken zu sein und läuft eifrig schnüffelnd umher.

Auf dem Tisch stehen zwei Teller mit vielen verschiedenen Kuchensorten. So viel Kuchen hat Mascha noch nie gesehen, außer im Schaufenster vom Bäcker. »Na, hast du Appetit mitgebracht?«, reagiert Frau Becker auf Maschas Blick. »Das ist alles für dich, such dir doch einen Platz aus.« Sie weist in Richtung des Tisches, und Mascha setzt sich in einer Mischung aus Freude und Angst auf einen Stuhl.

So viel Kuchen für mich, denkt sie. *Was mache ich jetzt?* Mascha nimmt ein Stück gefüllten Streuselkuchen, den sie am liebsten mag, und beginnt zu essen. »Du hast ein sehr hübsches Kleid an.« Mascha nimmt dieses Lob innerlich auf wie ein trockener Schwamm. Vielleicht könnte ihr ja die Geheimtasche noch eine weitere Anerkennung bringen?

Mascha hält im Essen inne und greift sehr bedacht in die Falte des Kleides. Simsalabim. Ein Taschentuch. Sie nimmt eine Ecke zwischen Daumen und Zeigefinger und spreizt die anderen Finger so ab, wie sie es einmal bei einer vornehmen Dame in einem Film gesehen hat. Aus den Augenwinkeln beobachtet sie die Wirkung, die dieses Zauberkunststück auf Frau Becker macht. Diese lässt die Kuchengabel sinken und sieht sie erstaunt an.

Mascha fühlt sich von dieser Aufmerksamkeit ermutigt. Sehr sorgfältig steckt sie das Taschentuch zurück, um es ein paar Bissen später, sie ist bereits bei einem Stück Käsekuchen, erneut hervorzuholen. Weil Frau Becker sie nur ungläubig ansieht und weiter schweigt, vermutet Mascha, sie hätte immer noch nicht ausreichend auf die Geheimtasche hingewiesen. Sie tupft sich zum dritten Mal den Mund ab.

Frau Beckers Stimme hat einen seltsam skeptischen Unterton, als sie fragt: »Wer hat dir denn das beigebracht?«

Verunsichert senkt Mascha den Kopf und spürt, wie sich alles in ihr verkrampft. Sie spürt, dass sich die Stimmung verändert. Mit irgendetwas hat sie Frau Becker offenbar verärgert, aber sie weiß nicht, was es sein könnte.

»Na, du brauchst dich doch nicht gleich so zu erschrecken. Ich kenne nur kein Kind, das so vornehm ist. Das ist ja auch einmal was Besonderes«, versucht Frau Becker die Situation aufzufangen.

Mascha atmet fast unhörbar erleichtert aus, und ihre hochgezogenen Schultern senken sich langsam.

Doch etwas in ihr bleibt angespannt und auf der Lauer. Noch einen Fehler darf sie nicht machen, dann würde Frau Becker sicher nicht mehr ihre Freundin sein wollen.

»Was macht dir denn Freude? Und was für Freunde hast du in der Schule?« Frau Becker beugt sich nach vorn und sieht ihr freundlich in die Augen.

Alle Antworten, auf die sich Mascha träumend in ihrem Bett vorbereitet hatte, waren plötzlich in einem gähnenden schwarzen Loch verschwunden. In ihrem Kopf herrschte vollkommene Leere. Sie fühlt sich wie ein stummer Fisch, der Frau Becker flehentlich anstarrt und auf Erlösung hofft.

Ihre Finger nesteln am Stoff des Kleides, doch plötzlich fällt ihr der getigerte Katzenarm ein. Davon könnte sie erzählen. Diese Geschichte würde Frau Becker sicher gefallen, und sie könnte auch keinen Fehler machen dabei. Oder doch? Mascha versucht zu beginnen, doch ihre Lippen sind wie zugeschnürt. Bestürzt sieht sie Frau Becker an, und diese sagt aufmunternd: »Na, vielleicht musst du dich erst noch weiter stärken, nicht wahr? Welches Stück Kuchen möchtest du denn noch?«

Mascha sinkt ein wenig tiefer auf dem Stuhl zusammen. »Danke, ich esse immer nur zwei Stück Kuchen. Ich bin nicht gierig«, presst sie heraus und ist froh, wieder sprechen zu können.

Nun habe ich meinen Fehler sicher wieder wettgemacht, hofft sie und lächelt zaghaft.

Frau Becker jedoch sieht sie ratlos an und sagt fast bittend: »Kind, ich habe den ganzen Kuchen wirklich nur für dich gekauft. Du kannst davon essen, so viel du willst.«

Mascha betrachtet für einen Moment die gefüllte Tafel und würde gerne alles in sich hineinschlingen. So viel leckerer Kuchen. Ihr läuft das Wasser im Mund zusammen, doch sie schluckt es in Erinnerung an Mutters Mahnung hinunter. »Danke, ich bin satt.«

Auf Frau Beckers Gesicht zeigt sich eine Mischung aus Ratlosigkeit und Enttäuschung, und sie lehnt sich tief ausatmend zurück. Mascha sieht unglücklich auf das weiße Tischtuch. Sie spürt, dass sie erneut etwas falsch macht, aber sie kann sich nicht erklären, was.

Für einen Moment tritt betretenes Schweigen ein, und beide sind froh, als Tinkapur in diesem Moment auf sich aufmerksam macht. Mit durchgedrückten Beinen und hoch erhobener Kopfhaltung kommt sie ins Zimmer stolziert und präsentiert ihren Fund. Sie trägt einen karierten Hauslatschen im Maul, und Frau Becker lacht. Mascha stimmt erleichtert ein. »Ich hatte als Kind auch einen Hund, dem habe ich Topfschlagen beigebracht. Wollen wir das mal mit Tinkapur versuchen?«

»Au ja!« Mascha rutscht vom Stuhl, und ihre Neugier und Begeisterung lässt sie das vorherige Ungemach vergessen.

Frau Becker geht aus dem Zimmer und kommt mit einem schwarzen Topf zurück. In der anderen Hand hat sie ein paar Käsestückchen. Den Topf stellt sie verkehrt herum auf den Boden, und eines der Käsestückchen zeigt sie dem Hund. Tinkapur springt nach vorn und will sofort hineinbeißen, doch Frau Becker ist schneller und schiebt das Leckerli flink unter den Topf. Mit schief gelegtem Kopf registriert der Hund das verschwundene Futterstück und blickt dann mit einem ratlosen Blick zu der Frau.

»Na hol es dir! Versuch es mal!«, ermuntert Frau Becker den jungen Hund. Tinkapur läuft um den Topf herum und sieht auf der anderen Seite nach. Weil sie dort nichts findet, versucht sie, mit der Schnauze unter den Topf zu kommen, doch er ist zu schwer. »Na weiter!«, ermutigt die Frau abermals.

Tinkapur verschiebt nun den Topf energisch mit ihrem Schädel, doch das Futter bleibt darunter. Sie beginnt leicht zu fiepen und nimmt eine Pfote, um den Topf zum Kippen zu bringen. Als sie die Pfote daraufsetzt, ruft Frau Becker: »Fein!«, hebt das Gefäß hoch und gibt den Käse frei. Tinkapur sieht ungläubig auf und schnappt sich den Käse.

Frau Becker wiederholt den Vorgang mit einem neuen Stück, und dieses Mal scheint Tinkapur schon in Betracht zu ziehen, dass es hier einen Zusammenhang gibt, den sie herausbekommen kann. Im Eiltempo probiert sie alles noch einmal aus: Um den Topf herumgehen, unter ihn kriechen, ihn wegschieben. Sie wirft dabei Seitenblicke auf Frau Becker, um herauszubekommen, welches Verhalten zu der Belohnung führt. Erst als sie das Gefäß mit der Pfote berührt, hört sie ein erneutes »Fein!«, und der Topf hebt sich.

»Willst du einmal?« Frau Becker hält Mascha den Käse hin. Diese nickt eifrig und beginnt tatkräftig, den Ablauf zu wiederholen. Sie freut sich, dass Frau Becker ihr diese Übung zutraut, ohne sie ihr noch einmal zu erklären. Seltsamerweise verspürt sie dadurch weniger Angst, einen Fehler zu machen als bei der Mutter, die ihr alles immer mehrfach erklärt.

Tinkapur versteht schnell, dass die Begeisterung der Menschen zunimmt, je kräftiger sie mit der Pfote auf den Topf haut. Übermütig beginnt sie immer stärker auf den Topf zu schlagen, und in Maschas Lachen mischen sich ein paar Juchzer und Gluckser, die wiederum Frau Becker zum Lachen bringen. »Sie kann es. Sie kann Topf schlagen! Danke, Frau Becker. Danke.«

Frau Becker hat einen überraschten Gesichtsausdruck, als Mascha sie stürmisch umarmt. So schüchtern das Mädchen auch ist, so wild und offen konnte es anscheinend sein. Sie fühlt sich dennoch gleichermaßen gerührt wie befremdet, als sich Mascha auf ihren

Schoß setzt und sie umhalst. Sie empfindet diese Vertraulichkeit als noch nicht angemessen und spürt zugleich Maschas starkes Bedürfnis nach Nähe.

Das Schrillen der Klingel unterbricht diesen Moment. »Das wird deine Mama sein, die dich abholt, nicht wahr?« Tinkapur folgt Frau Becker laut bellend zur Wohnungstür.

Tatsächlich hört Mascha kurz darauf die unterdrückte leise Stimme ihrer Mutter: »War sie lieb? War alles in Ordnung?« Mascha wartet angespannt auf Frau Beckers Antworten. Ein paar Wortfetzen dringen bis zu ihr. »… sehr schüchtern … gibt es denn Schwierigkeiten … weiß nicht, wie ich reagieren kann … darf sie nur zwei Stück … hatte extra eingekauft …« Das Mädchen schleicht neben die offene Wohnzimmertür, um besser zu hören. »Also, wenn sie ihr erlaubt haben, mehr zu essen, darf sie natürlich auch mehr essen. Mascha ist schon immer ein seltsames Kind gewesen. Ich verstehe sie oft auch nicht. Aber sie hat sich sehr auf heute gefreut.«

Mascha fühlt Empörung in sich aufsteigen. Sie tritt in den Flur und sagt aufgebracht um Luft ringend: »Das stimmt nicht, du hast gesagt, ich darf nur zwei Stück Kuchen nehmen, weil ich sonst nicht wieder eingeladen werde.«

Sie spürt, wie ihr Hals eng wird und muss jedes Wort hindurchpressen, wie durch einen winzigen Spalt.

Die Mutter schaut Mascha mit einem Blick großer Unschuld an. »Nein, das hast du falsch verstanden.« Der Gesichtsausdruck der Mutter wirkt dabei so sicher und selbstbewusst, dass Mascha an sich selbst zu zweifeln beginnt. Ihr Herz rast. *Ich irre mich nicht. Genau das hat sie gesagt.* Mascha sieht die Mutter entschlossen an und öffnet den Mund. Sie nimmt wahr, wie deren Augen sich aus Angst vor ihrem Widerspruch weiten, und es ist, als lege eine unsichtbare Kraft ihr die Hand auf die Lippen.

Sie verschließt den Mund, und in ihrem Herzen verspürt sie ein schmerzhaftes Ziehen.

8

Begegnungen

Frau Hartmann weist auf einen eingezäunten Platz für den Freilauf der Hunde. »Wir treffen uns in zehn Minuten dort.«

Unruhe entsteht beim Aufbruch aus dem Stuhlkreis. Die Teilnehmer beginnen zu verstauen, was sie neben ihrem Stuhl abgelegt haben: Futterdosen für den Hund, Wassernäpfe, Taschen, Rucksäcke, Trinkflaschen, Notizhefte, Stifte, Hundedecken. »Die Stühle könnt ihr einfach nach vorn auf den Boden kippen für den Fall, dass es regnet«, wirft die Trainerin über die Schulter zurück, während sie sich entfernt.

Mascha fühlt sich zwischen den Erwachsenen auch gleich selbst ein wenig größer. »Willst du allein in die Hundeschule gehen? Dadurch wirst du selbstständig«, hatte die Mutter ihr vorgeschlagen und schien erleichtert zu sein, als Mascha begeistert zustimmte. Dann hatte sie jedoch gestutzt und sie prüfend angesehen. »Freust du dich etwa, wenn ich nicht dabei bin?« Mascha hatte schnell mit dem Kopf geschüttelt und sich bemüht, eine traurige Miene aufzusetzen. »Ja, willst du denn nun allein gehen oder nicht? Du musst dich entscheiden«, hatte die Mutter sie ermahnt, und Mascha war heiß geworden vor Unsicherheit, jetzt etwas zu verderben. »Ich kann das schon allein, auch wenn es schön ist, wenn du dabei bist.« Die Mutter hatte erfreut genickt, und Mascha hatte ihre Freude über die Entscheidung vorsorglich verborgen.

Die Unruhe, die durch das Zusammenpacken in der Gruppe entsteht, lässt Tinkapur wieder fiepen. Mascha weiß bereits von Frau Hartmann, dass es in so einer Situation besser ist, sich ein Stück von der Aufregung zu entfernen, bis Tinkapur sich wieder beruhigt hat. Tatsächlich beginnt diese nach einem Abstand von ungefähr fünfzig Metern interessiert im Gras zu schnüffeln.

Mascha nutzt die Ruhe und wiederholt in Gedanken die letzte Stunde.

Frau Hartmann hatte am Anfang das Kommando »Platz« eingeführt. Dazu hatte sie die Französische Bulldogge zum Vorführen genommen. Mascha lacht auf bei dieser Erinnerung. Sie hatte den Hund zuerst aufgefordert, ein »Sitz« aus der ersten Übungsstunde zu zeigen, und die Bulldogge hatte sich behäbig zu ihrem Frauchen umgedreht und der Trainerin den Rücken zugewandt. Dann hatte sie sich brav hingesetzt. »Oh, sie redet wohl nicht mit jedem«, hatte Frau Hartmann gescherzt, und alle hatten herzhaft gelacht. Mit viel Wurst war es ihr dann gelungen, die Aufmerksamkeit der Bulldogge zu gewinnen. Schließlich hatte diese hechelnd und mit aufgerollter Zunge vor ihr gesessen.

Zwischen Daumen und Zeigefinger geklemmt hatte die Trainerin dem Hund ein weiteres Wurststück vor die Nase gehalten und den Handrücken dabei gerade gehalten. Dann hatte sie die Hand waagerecht nach unten geführt, und die Bulldogge war ihr mit der Schnauze gefolgt, um an das Futter zu kommen. Kurz über dem Boden hatte sie die Hand von der Bulldogge weggezogen, und der Hund war hinterhergerutscht und ins Liegen gekommen. Frau Hartmann hatte dazu »Platz« gesagt.

Auch Mascha hatte anschließend auf diese neue Übung einsteigen wollen, doch Tinkapur hatte sich zuerst auf eine Tupperdose in der Nachbarschaft gestürzt. Eifrig hatte sie mit der Pfote darauf geschlagen, als wolle sie zeigen, dass sie das Topfschlagen noch kann. Die Frau, der die Dose gehörte, hatte lachend gesagt: »Da bekommst du nichts her. Dein kleines Frauchen hat selbst etwas.«

Tinkapur hatte Mascha daraufhin fragend angesehen und sich abwartend hingesetzt.

Mascha hatte gedanklich rekapituliert, was sie tun sollte, und war ihrer Angewohnheit gefolgt, sich auch aus Tinkapurs Sicht ihr Vorhaben vorzustellen. Als sie die Augen wieder geöffnet hatte, hatte sich Tinkapur bereits hingelegt. Mascha vermutete, sie hätte sich gelangweilt während ihrer Vorbereitung. Doch als Tinkapur wieder aufsprang und Mascha es noch einmal versucht hatte, legte sich Tinkapur wieder hin, bevor Mascha sich ein Leckerli zwischen die Finger klemmen konnte.

Sie hatte Frau Hartmann gerufen und gefragt: »Was mache ich denn falsch, dass sie immer schon liegt, wenn ich anfangen will?« Die Trainerin hatte verständnisvoll genickt und geantwortet: »Wir holen sie einfach noch einmal hoch, und dann zeige ich es dir.« Frau Hartmann hatte Tinkapur ein Leckerli vor die Nase gehalten und sie nach oben gelockt. Dann hatte sie das Futter langsam nach unten geführt, und Tinkapur war ihr brav gefolgt. »Siehst du, dein Hund ist ein Schnellmerker«, hatte sie aufmunternd gesagt und auf die liegende Tinkapur gewiesen.

Mascha hatte Tinkapur dann auch mit einem Leckerli nach oben geholt und sich darauf besonnen, wie diese sich hinlegen soll. Tinkapur war ohne weiteres Zutun in das »Platz« gegangen und hatte sie mit schief gelegtem Kopf angesehen.

»Hm.« Die Trainerin hatte sich am Kinn gerieben. »Das ist ja wie ein Automatismus. Macht sie das immer, wenn du sie ansiehst? Vielleicht ist bei der Verknüpfung etwas schief gegangen, als du mit ihr zu Hause gearbeitet hast? Wie sauber kann sie denn ›Sitz‹, wenn du es sagst?« Mascha hatte sich daran erinnert, wie schön Tinkapur sich jedes Mal hingesetzt hatte beim Üben, und in diesem Moment wechselte Tinkapur vom Liegen zum Sitzen.

»Vielleicht versteht mich Tinkapur ja auch ohne Worte?«, war Mascha eingefallen, und sie war selbst von ihrem Einfall überrascht gewesen.

Fasziniert hatte sie Tinkapur betrachtet, die sie aufmerksam angesehen hatte. Mascha war bisher nur bewusst gewesen, dass sie spüren konnte, was ein Tier vorhatte und was es fühlte – aber konnte ein Tier auch ihre Vorhaben und Gefühle lesen?

Frau Hartmann hatte wie über einen Scherz gelacht und ihr aufmunternd auf die Schulter geklopft: »Wir können das jetzt nicht klären, weil ich mit der Gruppe weitermachen muss. Ich schaue mir das aber später noch einmal an, ja?«

Die Teilnehmer bewegen sich jetzt in Richtung des eingezäunten Geländes, und sie will zu ihnen aufschließen. Tinkapur beginnt jedoch so aufgeregt zu bellen, dass sie noch ein wenig Abstand hält und erst auf ein Zeichen ihrer Trainerin wartet. Frau Hartmann gibt am Eingang des Freilaufes ein paar Anweisungen, die Mascha aus der Entfernung nicht verstehen kann. Tinkapur springt jetzt immer wieder in die Höhe, um die Hunde besser sehen zu können, die bereits miteinander toben. Mascha stemmt sich in die Leine und atmet erleichtert aus, als Frau Hartmann sich zu ihnen umdreht. Sie ruft über die Lautstärke der laut bellenden Tinkapur hinweg: »So aufgeregt und aggressiv kann der Hund nicht zu den anderen! Wir werden ihn erst einmal beruhigen müssen, dann kann er dazu.«

Sie nickt einer Assistentin mit raspelkurzen, dunklen Haaren zu und bittet die stämmige Frau, Mascha zu unterstützen. Die Frau, zu der Mascha bisher noch keinen Kontakt hatte, verlässt eilfertig das eingezäunte Gelände und nähert sich mit zackigen Schritten. »Na dann«, sie reißt Mascha die Leine aus der Hand und entfernt sich mit Tinkapur.

Mascha folgt benommen und sieht, wie Tinkapur versucht, nach hinten von der Frau wegzuspringen. Doch jedes Mal stößt sie dabei gegen den Fuß der Frau, der ihm blitzschnell den Weg versperrt. Tinkapur versucht es auf der anderen Seite, doch auch da wird ihre Flucht von einem Fuß begrenzt. Verwundert schaut sie auf und zuckt vor dem hohen Ton zurück, der aus der Frau herausfährt.

»Feeeeeeein! Feeeeein!« Die Frau beginnt lachend und mit zügigem Schritt zu gehen. Tinkapur beginnt in Maschas Richtung zu ziehen, und die Frau zieht die Leine mit Schwung nach oben und lässt sie dann durch die Luft sausen wie einen Peitschenhieb. Tinkapur fällt vor Schreck auf den Rücken und sieht Mascha mit einem überraschten Blick an. Diese hält sich betroffen die Hand vor den Mund.

Mascha fühlt die Not von Tinkapur mit ihrem ganzen Körper und zittert. Ein Schrei entfährt ihr: »Nicht wehtun, bitte!« Abwehrend hebt sie die Hände. Die Assistentin stoppt und winkt sie mit dem Zeigefinger heran: »Der Leinenruck hilft dem Hund, auf den Menschen zu achten. Das ist wichtig, sonst kannst du ihn ja nicht führen. Das tut dem Hund nicht weh!« Sie ruckt erneut, weil Tinkapur wieder versucht, von ihr wegzuspringen. Instinktiv geht Mascha in die Hocke und umschließt Tinkapur mit beiden Armen.

Tinkapurs Herz geht schnell, und Mascha spürt ihre Angst. Die stämmige Frau kniet sich hin und bringt sich auf die Höhe des Mädchens. Obwohl sie versucht, ruhig zu bleiben, hört Mascha den Unwillen in ihrer Stimme. »Schau, du bist in der Hundeschule, damit du etwas über Hundeerziehung lernst. Wenn du aber nichts lernen willst und alles besser weißt, kannst du ja nichts ändern, und dein Hund wird sich immer so aggressiv benehmen, wenn er auf andere Hunde trifft.«

»Das stimmt nicht, ich will lernen! Es darf Tinkapur aber nicht weh tun!« Mascha drückt den Hund noch fester an sich und stülpt die Lippen nach außen.

»Ich habe dir doch gesagt, dass es nicht weh tut!«, erwidert die Assistentin betont langsam, und Mascha spürt, wie die Frau ihren Zorn nur mühsam zurückhält. Sie fühlt dieselbe Ohnmacht, die sie immer spürt, wenn sie keine Erwiderung auf die Worte eines Erwachsenen findet und schweigt mit rotem Gesicht.

»Na, kommt ihr voran?« Frau Hartmann tritt hinzu, und die kurzhaarige Frau erhebt sich hastig. Mascha hört, wie sie der Trainerin den Hergang berichtet. »Sie denkt, wir tun dem Hund weh. Sie versteht das noch nicht. Wenn die Mutter nicht wieder mitkommt, geht es nicht.«

»Ich versuche mal das Gummiband, und du gehst zur Gruppe, ja?«, schlägt Frau Hartmann vor.

»Was für ein Gummiband?«, fragt Mascha alarmiert. Die Trainerin holt ein zirka fünf Millimeter breites weißes Gummi aus der Hosentasche und zeigt es ihr. Das Band ist geschlossen, und sie dreht es übereinander zu einer Acht. Dann bückt sie sich und legt blitzschnell ein Ende um Tinkapurs Schnauze und das andere um deren Kopf. »Wenn sie jetzt schreit, spürt sie einen Widerstand und merkt es«, erklärt Frau Hartmann die Wirkung. »Dein Hund bekommt sonst gar nicht mit, dass er schreit.« Mascha versucht diese Erklärung zu verstehen, doch sie wird abgelenkt von der Panik, mit der Tinkapur sich das Band mit der Pfote abstreifen will.

»Gib sie mir mal!«, sagt die Trainerin und nimmt ihr die Leine ab. Sie beginnt, schnell umherzulaufen und ruft: »So hat sie keine Gelegenheit, das Band abzumachen.«

Tinkapur springt jetzt immer wieder an der Frau hoch und fiept schrill und hoch. Das Gummiband beeinflusst ihre Lautstärke nicht. Die Trainerin ruckt hart an der Leine und verzieht ärgerlich das Gesicht. »Aus jetzt!«, herrscht sie den Hund an und sagt etwas milder an Mascha gewandt: »Ihr verpimpelt sie sicher zu sehr. Deshalb macht sie, was sie will. Bring das nächste Mal deine Eltern mit. Wir kriegen das sonst nicht in den Griff.«

Betroffen nimmt Mascha die Leine in Empfang und sieht sehnsüchtig in Richtung der spielenden Hunde. Frau Hartmann bemerkt ihren Blick und sagt besänftigend: »Wenn ein Hund so aggressiv ist wie Tinka, weiß er nicht, was er tut, und ich kann ihn nicht zu den anderen lassen. Die Hunde sollen miteinander eine höfliche Hundesprache lernen und nicht aufeinander losgehen. Das nächste Mal bringst du deine Eltern mit, und wir reden in Ruhe, ja? Du hast nichts falsch gemacht, es muss aber einen Grund dafür geben, dass Tinka sich so verhält.« Mascha nimmt die versöhnliche Bemühung der Trainerin wahr, doch sie empfindet nur eine beschämende Verletzung durch die Zurückweisung. Betroffen dreht sie sich weg und presst durch die Enge ihres Halses: »Mein Hund heißt Tinkapur und nicht Tinka!«

Die Hundetrainerin sieht dem davonlaufenden Mädchen nach und seufzt.

Frau Becker öffnet fast im selben Moment die Tür, als Mascha am Gartentor klingelt. »Oh, ich wollte gerade …« Betroffen unterbricht sie sich, als sie das verstörte Gesicht von Mascha sieht. »Was ist denn passiert? Ist etwas mit Tinkapur?«

Der Hund wedelt, sie wiedererkennend, freudig mit der Rute. Während Frau Becker zu ihr eilt, beginnt Mascha zu weinen. Frau Becker öffnet das Tor und zieht sie zu sich heran.

»Tinkapur ist nicht böse. Sie lügen. Ich will da nie wieder hin.« Mascha drückt ihren Kopf an Frau Beckers Bauch, die ihr beruhigend über das Haar streicht. »Komm, wir setzen uns hier auf die Bank, und du erzählst mir alles in Ruhe.«

Mit sanfter Bestimmtheit schiebt sie Mascha von sich weg und führt sie, die Hand auf ihre Schulter gelegt, zur Gartenbank. Aufmerksam lauscht sie ihrem aufgewühlten Bericht.

»Tinkapur durfte also nicht mitspielen, weil sie so laut war?«, fasst sie mit hochgezogenen Brauen zusammen.

»Ja, die Trainerin hat gesagt, sie kann keine höfliche Hundesprache und würde auf die anderen Hunde losgehen.« Mascha zieht heftig die Nase hoch und fühlt, wie sie sich beruhigt.

»Aber gehört Lautsein nicht auch zur Hundesprache?«, überlegt Frau Becker. »Hat sie denn schon einmal mit einem anderen Hund gespielt?«

Mascha schüttelt den Kopf. »Nein. Mama hat gesagt, ich darf sie draußen so lange nicht von der Leine lassen, bis sie hört. Und in der Hundeschule darf Tinkapur nicht, weil sie nicht lieb ist.«

»Wer sagt das denn?« Frau Becker blickt ratlos auf den kleinen Hund, der gerade neugierig ihren Garten erkundet.

»Na alle.« Mascha blickt sie ergeben an. »Die Hundeschule, Papa und die Frau, die wir im Wald getroffen haben. Einfach alle.« Sie breitet die Arme aus, um ihre gefühlte Dimension zu illustrieren.

Frau Becker denkt nach und reibt sich das Kinn. »Weißt du, ein paar Häuser weiter wohnt meine Freundin, die Frau Lorenz. Sie hat auch einen Hund, und ich weiß, dass sich ihre Lara mit anderen Hunden gut verträgt. Sie ist schon erwachsen und kann die Hundesprache sicher super. Soll ich mal fragen, ob Tinkapur mit ihr spielen kann?«

Mascha wischt sich mit dem Handrücken die Nase ab und antwortet fast ehrfürchtig: »Das würdest du machen?«

Die Frau lächelt, stupst ihr aufmunternd auf die Nase und sagt scherzend: »Natürlich, aber zuerst hole ich dir ein Taschentuch. Heute hast du ja offenbar keines dabei.«

Vor dem Grundstück von Frau Lorenz angekommen, erkennt Mascha die dichte Gartenhecke wieder, aus der der getigerte Arm gekommen war. »Ist die Katze auch da?«, fragt sie Frau Becker, die gerade klingelt. »Ach, die kennst du schon?« »Nein, nur ihren Arm,« berichtet sie eifrig. »Er hat Tinkapur durch die Hecke gehauen.«

Frau Becker lacht kurz auf. »Das passt zu Mausi.«

Mascha prustet los: »Eine Katze, die Mausi heißt, also wirklich …« Ihr Lachen entspannt sie, und ein wohltuender Seufzer schließt sich an. Erst jetzt, als sie sich wieder hoffnungsvoller fühlt, registriert sie eine kleine Strähne im Haar von Frau Becker, die in einem hellen Lila leuchtet. Sie ist neu und wirkt auf Mascha etwas befremdlich.

In dem Moment öffnet sich die Tür des Hauses, und ein Hund kommt um die Beine einer Frau hinausgeschlüpft. Er ist fast so groß wie ein Schäferhund und hat dickes, schwarzweißes Fell. Er bleibt wie angewurzelt stehen, als er den jungen Hund auf der anderen Seite des Zaunes wahrnimmt. Tinkapur schnüffelt gerade an einem Grasbüschel und bemerkt ihn nicht.

»Hallo, Susanne, was hast du denn da für zwei kleine Schätze dabei?«, ruft die Hausherrin, die hinter dem Hund in der Tür erschienen ist.

»Das ist meine kleine Freundin Mascha, und wir wollten fragen, ob ihr Hund Tinkapur mit der Lara spielen kann.«

»Aber klar, da wird sich Lara freuen. Was für ein toller Hundename!« Frau Lorenz wischt sich die Hände an ihrer Schürze ab und kommt ihnen freudig entgegen.

In diesem Moment wird Tinkapur auf sie aufmerksam und entdeckt dabei auch den Hund. Übergangslos beginnt sie zu schreien und stößt immer wieder mit dem Kopf durch die Lücken des Zaunes nach vorn. »Na, da hat es aber jemand eilig«, fasst Frau Lorenz die Situation lachend zusammen und öffnet das Gartentor.

Mascha stemmt sich mit aller Kraft in die Leine, um Tinkapur festzuhalten. »Guten Tag, meine Kleine. Du kannst deinen Hund jetzt loslassen, wenn du willst.«

Frau Lorenz beugt sich zu ihr herunter und lächelt sie freundlich an. Mascha errötet und stammelt: »Und sie tun sich nichts?«

»Aber nein, was denkst du denn. Dein Hund will doch nur schnell zu Lara hin.«

Benommen nimmt Mascha diese Möglichkeit in sich auf und klickt vorsichtig die Leine vom Geschirr. Mit angehaltenem Atem sieht sie, wie Tinkapur immer noch kreischend auf die erwachsene Hündin zu rennt und kurz vor ihr eine Vollbremsung macht. Die Hündin kommentiert das Ganze mit einem gelassenen Wedeln ihrer Rute und schaut zur Seite, als der junge Hund an ihr hochspringt und ihr stürmisch die Lefzen leckt.

Wie elektrisiert beginnt Tinkapur, um ihre neue Bekanntschaft herum zu flitzen und auffordernd zu bellen. »*Wuuu, wuuu.* Los jetzt! Beweg dich! *Wuuu, wuu!*«

Mascha beginnt wieder zu atmen und greift sich verdutzt an den Mund. »Siehst du, sie hat es tatsächlich nur eilig. Deshalb regt sie sich so auf«, fasst Frau Becker noch einmal zusammen. Auch ihr ist die Erleichterung anzusehen.

Mascha sieht ungläubig auf ihren Hund.

»Er hat noch nicht viel Erfahrung mit anderen, was?« Frau Lorenz hockt sich neben sie, und in ihrer Stimme schwingt Neugier mit. Sie spricht mit Mascha, wie die Erwachsenen in der Hundeschule miteinander reden, und sie fühlt sich ungewohnt ernstgenommen.

Tinkapur springt jetzt immer wieder in eine Vorwärtsbeuge und streckt dabei ihren winzigen Hintern lustig nach oben. Dabei sieht sie die fremde Hündin auffordernd an und beißt aufgeregt in ein paar Grashalme. »Das ist eine Spielaufforderung«, kommentiert Frau Lorenz belustigt. »Mal sehen, was Lara nun macht.«

Die schwarzweiße Hündin hebt ein wenig die Lefze, und der junge Hund weicht erschrocken zurück. »Ist sie jetzt böse auf Tinkapur?«, fragt Mascha besorgt. »Aber nein.« Frau Lorenz schüttelt den Kopf. »Sie liebt junge Hunde und erzieht die Kleine nur. Sie bringt ihr bei, dass man einem anderen Hund zuhört, wenn er etwas sagt, und dein Hund hat das sehr gut verstanden.«

»Aber was hat Lara denn gesagt?« Mascha hat große Augen vor Neugier.

»Meine Lara legt immer Wert auf eine höfliche Begrüßung«, entgegnet Frau Lorenz. »Da ist sie ein bisschen etepetete, und es gehört für sie dazu, dass ein Hund erst einmal einen bestimmten Abstand einhält, bis sie ihn zu sich einlädt.«

Mascha lauscht mit angehaltenem Atem und fragt: »Was ist etepetete?«

Die beiden Frauen lachen, und Frau Becker antwortet für ihre Freundin: »Das heißt so viel wie etwas penibel sein, also supergenau, verstehst du?«

Mascha nickt eifrig. »Wie Frau Berger, unsere Biolehrerin. Die gibt für den kleinsten Fehler eine schlechte Note.«

Belustigt sehen sich die Frauen an. »Ja, das kann man dann wohl so sagen.«

»Habt ihr auch Kinder?« Mascha sieht die Frauen neugierig und ein wenig sehnsüchtig an.

»Mein Sohn ist schon groß und nicht mehr zu Hause«, antwortet Frau Becker so hastig, dass Mascha sie beunruhigt ansieht. Da der Erklärung nichts folgt und sie errötet, wendet sich Mascha betreten ab. Frau Lorenz legt ihrer Freundin die Hand auf die Schulter und sagt: »Ich hatte immer nur Hunde. Kinder waren mir leider nicht vergönnt.«

Tinkapur hat jetzt ein Stöckchen gefunden und wirft es mit lustigen Sprüngen immer wieder hoch in die Luft. Weil der erwachsene Hund die Inszenierung ungerührt verfolgt, wirkt das Ganze noch komischer. Immer dichter wirft Tinkapur den Stock an den Hund heran und bellt dabei auffordernd.

»Nun lass dich doch erweichen, Lara«, sagt Frau Lorenz in bittendem Tonfall. Wie auf ein Startsignal hin erhebt sich die große Hündin, schnappt sich selbst einen Stock und beginnt damit umherzulaufen. Sie kaut triumphierend auf ihrer Beute herum und verfolgt die Bewegungen des jungen Hundes aus den Augenwinkeln. Dann verlangsamt sie ihr Tempo, als wolle sie Tinkapur Gelegenheit geben, sie einzuholen. Diese springt begeistert an ihr hoch und versucht an den Stock heranzukommen. Doch die erfahrene Hündin dreht jedes Mal blitzschnell den Kopf zur Seite, und Tinkapur trifft ins Leere.

Das entmutigt sie in keiner Weise. Beim nächsten Wegdrehen von Laras Kopf taucht Tinkapur blitzschnell unter ihren Beinen durch und bekommt den Stock auf der anderen Seite zu fassen. »Hoho, was für ein schlaues Mädchen«, ruft Frau Lorenz begeistert aus. »Da ist sogar meine Lara geplättet.«

Erstaunt sieht die große Hündin der kleinen Tinkapur hinterher, die den Stock vorsichtig balancierend durch eine Blumenrabatte trägt. Dann bleibt diese mit durchgedrückten Beinen stehen und sieht sich siegreich um.

»Du hast wirklich einen lustigen kleinen Hund«, sagt Frau Lorenz mit einem verzückten Lächeln. »Ihr könnt gerne mal wieder zum Spielen zu Lara kommen.«

Für einen kurzen Moment sieht Mascha sie mit offenem Mund ungläubig an, dann nickt sie zustimmend.

Ein langgezogenes »Miaaaauuu« ertönt.

Die getigerte Katze, die sich nähert, hat einen weißen Latz und links und rechts an der Wange einen weißen Punkt. *Wie zwei Pausbäckchen*, denkt Mascha.

»Das ist Mausi«, kommentiert Frau Lorenz den Blick des Mädchens. »Sie und Lara sind zusammen aufgewachsen und unzertrennlich. Sie schlafen sogar zusammen und warten aufeinander, wenn sie einmal getrennt sind.«

»Aber Mausi hat die Hosen an«, fügt Frau Becker lachend hinzu.

Die Schwanzspitze der Katze zuckt erregt beim Laufen. Mit ihrer ganzen Breitseite wirft sie sich an die Waden von Frau Lorenz. Sie reibt sich eine Weile daran und flaniert dann betont lässig weiter zu Mascha. Diese geht in die Hocke und streichelt die Katze.

Sie hat seidenweiches Fell, merkt Mascha, und als sie schnurrt, vibriert ihr ganzer Körper.

Tinkapur bringt sich mit einem hohen Fiepen in Erinnerung. Sie springt auf die Katze zu und kassiert einen blitzschnellen Hieb auf den Kopf. Erschrocken flüchtet Tinkapur hinter die Beine von Frau Becker und beobachtet verdutzt die Katze.

Diese gähnt und lässt sich auf den Rücken rollen, damit Mascha ihr den Bauch kraulen kann.

»Ist Tinkapur wirklich nicht aggressiv?« Mascha nimmt das Gespräch über ihren Hund noch einmal auf.

»Aber wie kommst du denn darauf?« Frau Lorenz betrachtet sie verwundert.

Mascha steigen erneut Tränen in die Augen. »Sie durfte in der Hundeschule nicht mit den anderen Hunden spielen, weil sie aggressiv war.«

»Und was hat sie gemacht?« Der Blick von Frau Lorenz wandert ratlos zu Tinkapur, die sich gerade in einem sicheren Abstand zu Mausi wieder der Hündin nähert.

»Sie fiept und schreit und springt in die Leine, wenn sie andere Hunde sieht.« Mascha registriert, wie die Frauen sich einen fragenden Blick zuwerfen und ihre Augenbrauen hochziehen.

»Also, ich habe jetzt seit vierzig Jahren Hunde, und meiner Meinung nach will die kleine Tinkapur einfach nur unbedingt hin zu einem Hund und ist darin offenbar sehr ausdrucksvoll.« Frau Becker nickt zustimmend zu den Worten ihrer Freundin und lächelt. »Was meinst du denn selbst zu deinem Hund?«

»Ich?« Mascha tippt sich mit dem Zeigefinger auf die Brust und sieht Frau Becker verblüfft an. Die Frage ist für sie so neu, dass sie die erst einmal verarbeiten muss.

Sie betrachtet Tinkapur, die nun mit kühnen Sprüngen immer wieder an die ältere Hündin heranspringt. Diese hat sich bequem auf den Rücken gelegt und wehrt den Hund mit leicht geöffnetem Maul sanft ab. Ganz offenbar hat sie Vergnügen an dem Spiel, in das sie fast keine Anstrengung geben muss. Der junge Hund zwickt ihr unbefangen in das buschige Fell ihrer Wange, und die gelassene Reaktion der Hündin zeigt, wie behutsam er dabei ist.

Mascha muss unwillkürlich lachen über Tinkapurs Darbietung, die glauben machen soll, sie hätte die große Hündin unter Kontrolle. »Ich finde, Tinkapur ist verwegen!«

Frau Becker spitzt die Lippen und sagt anerkennend: »Das ist aber ein schönes Wort. Genauso kommt sie mir auch vor. Und was gefällt dir noch an ihr?« Sie hockt sich neben Mascha, und gemeinsam beobachten sie die beiden Hunde.

Mit einem beleidigten Miauen zieht Mausi sich zurück, und ihrem Abgang ist deutlich anzumerken, dass sie all die Aufmerksamkeit für die Hunde vollkommen unangemessen findet. »Ich mag an Tinkapur, dass sie alles versteht und immer neue Sachen findet, die Spaß machen.«

Mascha beobachtet die Reaktion der Frauen und atmet erleichtert aus, als beide lächeln. Sie ist es nicht gewohnt, so frei zu sprechen. Zu Hause lösen ihre Worte oft Reaktionen aus, die sie fürchtet. Deshalb hat sie sich angewöhnt, ihre Antworten oft nach der Stimmung der Eltern auszurichten.

»Und warum heißt sie Tinkapur?« Auch diese Frage von Frau Lorenz überrascht Mascha. Sie senkt den Kopf, um sich zu besinnen. Dann zuckt sie mit den Achseln und sagt: »Ich weiß es nicht, er ist einfach so gekommen.«

9

Anerkennung

»Tinkapur, was hast du denn?«

Mascha blickt in die Richtung, in die der Hund sieht. Sie kann nichts entdecken außer den Kleingärten links und den dicken Eichenbäumen rechts, die den Bordstein säumen. Ein paar wehende Blätter sind das Einzige, was sich gerade bewegt. Aber Tinkapur baut sich nur so auf, wenn sie etwas ungewöhnlich findet. Ihre Beine sind dann durchgedrückt, die Brust ist nach vorn gewölbt und der Kopf nach oben gereckt. Oft kommt tatsächlich kurze Zeit später etwas in Sicht. Ein Kinderwagen, der leise quietscht, ein alter Mensch, der seinen Gehstock auf den Boden stößt, oder etwas anderes Neues für einen jungen Hund.

Heute ist es ein Junge, der sich gerade rückwärtsgehend um eine Straßenecke schleicht und für Mascha sichtbar wird. Instinktiv stellt sich Mascha hinter einen Baum und beobachtet ihn. Er geht geduckt und sieht sich angespannt um.

Sie erkennt Michael aus einer Schulklasse über ihr. Seine halblangen blonden Haare sind von einer karierten Kappe bedeckt, die er ins Gesicht gezogen hat. Auf dem Schulhof wird er oft gehänselt, weil er die Sachen seiner Geschwister aufträgt. »Na, Gesichtszielscheibe«, rufen die Jungs dann gehässig. »Hast du die Pisshosen deiner Brüder an?« Michael verzieht nie eine Miene und wirkt dabei nicht feige – nur verschlossen.

Mascha bewundert ihn ein wenig, weil sie sich nicht so überlegen geben kann wie er. »Das ist ja sowas von daneben, was du wieder anhast«, hatte erst heute Morgen Peggy, die Klassenschöne, zu ihr gesagt und auf ihre braunen Wollhosen gewiesen. Mascha hatte mit einem gleichgültigen Blick weggesehen, als mache es ihr nichts aus. Doch sie hatte sich verunsichert und zugleich wütend gefühlt. Morgen würde sie ihr schönes rotes Kleid anziehen, hatte sie gedacht. Da würde Peggy staunen.

Doch dann war ihr eingefallen, wie sie sich darin gefühlt hatte, als sie von Frau Becker nach Hause gekommen war.

Sie hatte sich im Spiegel angesehen und war sich plötzlich falsch vorgekommen in dieser leuchtend schönen Hülle, zu der sie nun überhaupt nicht mehr zu passen schien.

Erneut lugt sie um den Baumstamm herum und will erfahren, was Michael vorhat. Der Junge schnappt sich gerade ein Damenfahrrad, das an einen Zaun gelehnt ist, und springt im Laufen auf die Pedale. Er versucht mit seinem Hinterteil, an dem ein paar grüne Hosen schlabbern, den Sattel zu erreichen. Als es ihm nicht gelingt, fährt er schwankend im Stehen weiter und nähert sich Maschas Versteck.

Plötzlich springt Tinkapur hinter dem Baum hervor. Die Leine strafft sich und offenbart dem Jungen Maschas Anwesenheit. Vor Schreck wird Michaels Gesicht puterrot, und beim Versuch zu bremsen fällt er fast vor Mascha hin. »Äh, ich … also, ich … Hast du mich beobachtet?«, fragt er vorsichtig.

»Ja«, antwortet Mascha, ebenfalls rot werdend.

Eine Weile sehen sie sich stumm an, als erwarte jeder vom anderen eine Lösung für diese Situation. Mascha fasst sich als Erste und fragt interessiert: »Klaust du oft Räder?«

Verwirrt und zugleich überrascht von dieser nicht unfreundlichen Direktheit stammelt der Junge nuschelnd: »Äh, nee. Ist … das erste Mal. Klaue sonst nicht.« Angespannt fährt er sich über die schweißnasse Stirn.

Mascha staunt, dass der sonst so verschwiegene Junge tatsächlich mit ihr spricht. Sie weiß aus der Schule vom Hörensagen, dass Michaels Mutter trinkt, und man munkelt, dass es mit den fünf Kindern immer knapp ist in Sachen Geld. Sie kaufen sich zum Beispiel nie die Schulmilch, die alle Kinder trinken.

Der Junge sieht peinlich berührt zu Boden. »Verpetzt du mich?« Seine offensichtliche Verunsicherung macht Mascha mutig. Sie reckt den Oberkörper nach vorn, streckt ihm ihre Hand entgegen und sagt: »Ich bin keine Petze, ich wollte es nur wissen.«

Michael kratzt sich verlegen am Kopf, schlägt in die Hand ein und sieht sich unruhig um. »Ich muss dann mal«, murmelt er verlegen. »Danke auch.« Sie sieht dem Jungen hinterher und registriert, wie er sich noch einmal kurz nach ihr umdreht.

Als er ihrem Blick begegnet, wendet er sich schnell ab und beschleunigt die Fahrt.

Mascha sieht Michael ein paar Tage später in der Schwimmhalle wieder. Er ist im tiefen Becken mit einer Gruppe von Kindern. Sie setzt sich an den Beckenrand und beobachtet ihr Spiel. Es ist offenbar ein Kräftemessen darum, wer untergetaucht wird und wer oben bleibt. Die Kinder, die oben bleiben, lachen triumphierend.

Gerne würde Mascha mitmachen, denn sie ist gut im Schwimmen. Vater hat es ihr an der Ostsee beigebracht.

Sie war vier Jahre alt und hatte mit den Eltern nackt auf einem Steg gestanden, der ungefähr zwanzig Meter ins Meer hinausführte. Mascha hatte Schiffe beobachtet und Mama sagen hören: »Werner, kannst du dem Kind nicht schwimmen beibringen? Es ist sonst so gefährlich, wenn es den ganzen Tag allein am Wasser spielt.« Mascha hatte ihn daraufhin erwartungsvoll angesehen, denn sie bewunderte, wie der Vater oft eine Stunde lang zwischen zwei Reihen Bohlen hin- und herschwamm, um sich fit zu halten, wie er sagte. Wenn sie ihm dabei zusah, hätte sie gern den anderen

Strandgästen erzählt, dass es ihr Vater war, der da unermüdlich gegen die Wellen anschwamm.

»Klar kann ich dem Kind schwimmen beibringen«, hatte er auf Mutters Frage geantwortet und Mascha hochgehoben. Ihr Herz hatte vor Freude einen Hüpfer getan, denn Vater hatte ihr noch nie etwas gezeigt.

Dann war alles sehr schnell gegangen. Überall um Mascha herum war plötzlich Wasser gewesen, und als sie mit den Füßen nach unten tastete, fand sie keinen Boden und ging unter. Instinktiv hatte sie mit den Armen gepaddelt, und als sie wieder hochkam, hatte sie sich nach dem Vater umgesehen. Die Spritzer, die sie durch ihr hektisches Schlagen auf das Wasser verursachte, erschwerten ihr die Sicht. Sie vertraute darauf, den Vater hinter sich zu finden, doch er war nicht da.

Von Mamas Schreien alarmiert, hatte sie zum Steg hinaufgesehen. Mutter hatte mit beiden Händen am Vater gerüttelt, der noch immer neben ihr stand.

In diesem Moment hatte Mascha ebenfalls zu schreien begonnen, weil sie begriff, dass sie ganz allein im Wasser war. Sie hatte Wasser geschluckt und gehustet. Dann war auf einmal ein Mann neben ihr gewesen, der sie an sich zog und zum Ufer brachte.

Benommen hatte sie sich in die Arme ihrer weinenden Mutter geflüchtet, die selbst nicht schwimmen konnte. Der fremde Mann und eine Gruppe von Erwachsenen hatten auf den Vater eingeredet: »Sind Sie verrückt! ... Habe es genau gesehen ... Wie können Sie so etwas tun! ... Wollten Sie das Kind ertrinken lassen?«

Vater hatte mit versteinertem Gesicht zugehört und erwidert: »Was mischen Sie sich ein?! Ich wollte gerade hinterherspringen und dem Kind nur einmal Gelegenheit geben, es allein zu probieren. Natürlich hätte ich ihm geholfen. Und jetzt lassen Sie uns in Ruhe, ich will meinem Kind das Schwimmen beibringen.«

Mascha war sehr erleichtert gewesen. Alles war ein Missverständnis. Und auch die anderen mussten das verstehen, denn Papa hatte ihr daraufhin vier Tage lang an diesem Strandabschnitt das Schwimmen beigebracht, obwohl ihr Strandkorb an einer ganz anderen Stelle stand. Brust, Kraul, Rücken, Delphin. Sie verband mit dem Schwimmen bis heute dieses unerwartete Geschenk des Vaters und ist stolz darauf, sich wie ein Fisch im Wasser bewegen zu können.

Sie bemerkt, wie die Erwachsenen im Hallenbad einen großen Bogen um die lärmende Kindergruppe machen. Mascha lacht, denn sie findet es lustig, wie eine Frau mit einer Rüschenbadehaube den Kopf wegdreht, weil sie einen Spritzer abbekommen hat.

Plötzlich sieht sie einen Arm winken. Es ist Michael, der sie entdeckt hat. Er kommt an den Beckenrand geschwommen und streckt ihr die Hand entgegen. »Na, auch hier?«

Mascha spürt eine Welle von Freude in sich aufsteigen und wird rot. »Machst du mit?« Michael weist in Richtung der Kinder.

»Aber … Ich kenne die doch nicht.«

Mascha sieht ihn unschlüssig an.

»Ich kenne die auch nicht, wir spielen doch nur«, entgegnet er.

Mascha kann diesem Rückschluss nicht folgen, doch Michaels sicherer Tonfall überzeugt sie. Und tatsächlich reagiert niemand abweisend, als sie die Gruppe erreicht.

Im Gegenteil, ein Junge mit einem breiten Gesicht und Sommersprossen schwimmt gleich auf sie zu und hechtet mit dem Oberkörper über das Wasser und dann auf sie drauf.

Obwohl das Spiel vom Beckenrand aus lustig ausgesehen hatte, fühlt es sich jetzt furchteinflößend an, von diesem fremden Jungen untergetaucht zu werden. Sie sieht seine Beine vor ihren Augen hin und her zappeln und wie sich die Falten in seiner roten Badehose dazu rhythmisch bewegen. Wild schlägt sie im Wasser um sich, um wieder nach oben zu kommen, doch die Hände des Jungen drücken sie fest nach unten. Sie bekommt Panik und schluckt Wasser. *Sieht denn niemand, dass sie ertrinken wird?*

Einer plötzlichen Eingebung folgend hört sie auf, gegen die Hände des Jungen zu drängen, und taucht entschlossen nach unten weg. Mit den Füßen auf dem Beckenboden angekommen, stößt sie sich in eine andere Richtung ab und taucht an der Wasseroberfläche wieder auf.

Schwer atmend blickt sie zornig auf den Jungen, der sie verdutzt ansieht. »Du kannst aber lange unter Wasser bleiben!«, ruft er bewundernd über den Lärm der kreischenden Kinder hinweg.

Mascha meint in dieser Bemerkung Ironie zu hören, und ihr Zorn wächst. Sie will sich wütend auf den Jungen stürzen und ihn nun umgekehrt unter das Wasser titschen. Da ist plötzlich Michael mit lachendem Gesicht neben ihr und versucht, nach ihr zu greifen. Mascha weicht ihm instinktiv aus. Sie würde sich auf keinen Fall noch einmal überwältigen lassen.

Ihr ist bewusst, dass der Junge stärker ist, und so taucht sie ab, um Michael an den Füßen nach unten zu ziehen. Seine Überraschung nutzend, lässt sie sich nach oben gleiten und setzt sich auf seine Schultern. Ihre Beine umklammern seinen Kopf, und ihre Arme rudern an der Wasseroberfläche. Michael versucht, mit seinen Händen ihre Beine zu lösen, doch sie gibt ihn nicht frei. Er beginnt, auf ihre Waden zu schlagen, und Mascha denkt noch immer zornig: *Nein, diesmal bestimme ich!*

Als sie ihn ein paar Sekunden später freigibt, taucht Michael mit rotem Kopf auf und ringt nach Luft. »Mensch, bist du irre?« Er sieht sie irritiert an und schwimmt an den Beckenrand. Mascha folgt ihm und schmettert ihm wütend entgegen: »Wieso sollen denn immer nur die Jungs gewinnen?« Michael kneift kurz die Augen zusammen, und Verstehen huscht über sein Gesicht. »Wusstest du denn nicht, dass man loslässt, wenn der andere abschlägt?« Mascha errötet und schüttelt verwirrt den Kopf. »Nein, ich habe das doch noch nie gemacht.«

Blitzartig begreift sie ihr Missverständnis und sucht mit den Augen nach dem Jungen mit den Sommersprossen. Scham erfüllt sie, als sie versteht, dass ihr Zorn auf ihn ganz unberechtigt gewesen war. Er hätte losgelassen, wenn sie nur abgeschlagen hätte.

Verunsichert sieht sie zurück zu Michael, der sich gerade am Beckenrand hochzieht und mit einem schiefen Grinsen sagt: »Na dann, bis bald mal.«

Die Mutter sitzt in der Küche. Sie genießt die Zeit, in der sie allein ist. »*Wer hat mein Lied so zerstört …*«, singt Daliah Lavi im Radio. Für gewöhnlich schaltet die Mutter einen anderen Sender ein, wenn ein Lied sie traurig stimmt. Dieses aber weckt einen Schmerz in ihr, den sie in ungewohnter Weise fast genießt. Sie spürt dann ein wehes Ziehen in ihrer Brust und es ist, als ob sich etwas regt, wonach sie Sehnsucht hat. Obwohl sie nicht weiß, was es sein könnte, ist es für sie genauso schmerzlich wie schön.

»*Ich wollte singen, was ich niemals sagen kann …*« Sie trällert laut mit, auch wenn ihr Gesang von der Melodie des Liedes fast vollständig abweicht. Beim Singen fühlt sie sich leichter und freier. Als könnte sich etwas in ihr bewegen, was sonst gefangen scheint. Schlager mag sie am liebsten. Sie lassen sie innerlich zur Ruhe kommen und laden sie ein in eine Welt voller Harmonie. »*Bald wird es Zeit zu versteh'n, Ma-ma …*«

Die weiche Stimme der Sängerin mit ihrem kehligen Klang öffnet etwas in ihr. Ein paar Bilder steigen auf, die sie instinktiv abwehrt. Einige schaffen es dennoch, blitzartig in ihr Bewusstsein zu dringen. Sie sieht sich als kleines Mädchen allein in einem Luftschutzbunker, eine zerrissene Lumpenpuppe im Arm. Sie nimmt die Angst in den Augen der Erwachsenen wahr und spürt in einer Welle voller Entsetzen, dass nirgendwo Rettung ist.

Sie springt auf, um das Radio abzustellen, doch das Lied blendet sich gerade aus: »*Wer hat mein Lied so zerstört? Bald wird es Zeit zu versteh'n …*« Die Stimme eines Nachrichtensprechers ertönt. Die Mutter lässt sich zurück auf den Stuhl sinken und legt die Hände in den Schoß. Sie weiß nicht, wie sie sich, ihr Kind und ihren Mann verstehen könnte. Immer wieder entwickelt sich das Leben in Richtungen, die ihr Angst machen.

Es hatte sich vollkommen richtig angefühlt, für das Kind einen Hund bei ihrem Mann zu erbitten. Immer wenn sie Mascha mit einem Tier gesehen hatte, war die Not aus den Augen des Mädchens verschwunden und sie selbst hatte sich wie erlöst gefühlt von Schuldgefühlen und einer fast überwältigenden Scham. Sie wusste, dass sie dem Mädchen in vielem nicht gerecht werden konnte, und hatte auf eine Entlastung gehofft.

Doch die Situation änderte sich nicht. Mascha sah sie weiter an, als wolle sie etwas erbitten, was sie ihr einfach nicht geben konnte. Auch in dem Bemühen des Kindes, ihr durch sein Tun zu gefallen, schwang stets eine unbestimmte Forderung mit, von der sie sich unter Druck gesetzt fühlte. Die sicher gut gemeinten Einfälle des Mädchens erzeugten in ihr oft Abwehr, denn sie wusste nicht, was das Kind noch von ihr wollte. Sie versorgte es, hing an ihm, schuftete sich ab, verzichtete auf vieles in ihrem Leben. *Was denn noch?*

Wenn sie sich diese Frage stellte, war es, als wiche ein Teil in ihr zurück, der die Antwort wusste, und das ängstigte sie am meisten. Sie spürte dann ein so unangenehmes Gefühl von Dumpfheit und Leere, dass sie sich sogleich in eine neue Arbeit stürzte, um sich abzulenken. Mitunter erzürnten sie auch die Momente, in denen das Kind von ihr losgelöst und sorglos zu sein schien. Obwohl sie es sich nicht eingestehen wollte, verspürte sie einen unwiderstehlichen Drang, alles zu bekämpfen, was Mascha nicht mit ihr teilte. Sie kam nicht dagegen an, auch wenn sie mitunter Scham darüber empfand.

Jeden Tag nötigte ein innerer Zwang sie dazu, Maschas Zimmer auf Hinweise zu kontrollieren. Wenn sie Kritzeleien des Kindes fand, die auf ein Geheimnis hindeuteten, flammte Argwohn in ihr auf, der erst Beruhigung fand, wenn sie das Mädchen zur Rede gestellt hatte.

Erst gestern hatte ein Zettel unter Maschas Kopfkissen gelegen, auf dem stand: »Ein Vogel verdurstet im Schrank. Ich muss ihm Wasser geben.« Auf ihre Nachfrage hin, hatte ihr das Mädchen den

Zettel aus der Hand gerissen und sie angeschrien: »Du darfst nicht an meine Geheimplätze gehen!« Das hatte sie erst recht empört. »Wenn du so etwas Verrücktes schreibst, muss ich auf dich aufpassen. Ich bin deine Mutter!« Das Kind war jedoch immer bockiger geworden und hatte hartnäckig auf den Boden gestarrt. Erst als sie eingelenkt hatte: »Ich mache mir doch nur Sorgen, Mascha«, hatte das Mädchen ihr von einem Traum erzählt. »Da ist ein Vogel in meinem Schrank. Er sitzt auf der Kleiderstange und hat Durst. Obwohl ich weiß, dass er Wasser braucht, vergesse ich im Traum immer wieder, ihm welches zu geben. Das ist furchtbar, und damit ich an ihn denke, habe ich es aufgeschrieben.«

Das hatte die Mutter erleichtert. Es war also nur ein Kindertraum. Mehr nicht.

Sie hört jetzt das Fiepen des Hundes und kurz darauf ein Klingeln an der Wohnungstür. Als sie öffnet, stürzt sich Mascha in ihre Arme und weint. Sie nimmt das Kind hoch und trägt es in die Küche. Dort zieht sie es zu sich auf den Schoß und fragt: »Was ist denn passiert?«

Schluchzend erzählt ihr Mascha von dem Vorfall in der Schwimmhalle. »Mama, jetzt spricht Michael vielleicht nie wieder mit mir.«

Wenn das Kind Kummer hat mit anderen, fühlt die Mutter sich sicher. Sie hat dann keine Schuld. Sie wird gebraucht, und sie kann trösten oder das Kind verteidigen. Ihr Gefühl von Überforderung und Scham wird in solchen Momenten etwas weniger.

»Magst du den Jungen?«, fragt sie neugierig. Das Mädchen errötet und schiebt seine Unterlippe nach vorn. Dann nickt es und bricht erneut in Schluchzen aus.

Die Mutter fühlt sich auf seltsame Weise gerührt. Sie kann sich nicht erinnern, selbst einen Jungen gemocht zu haben, als sie in Maschas Alter war. Jungen waren ihr immer suspekt geblieben, nachdem ein Nachbar sie in einen Keller gelockt hatte und sie erst dort verstand, dass irgendetwas Schlimmes bevorstand. Sie hatte als Kind nicht erfahren, was es gewesen wäre, weil ein Mädchen nach ihr gerufen hatte und der Mann sie gehen ließ. Doch das tiefe innere Begreifen, etwas Furchtbarem entgangen zu sein, war geblieben.

»Wo hast du ihn denn kennengelernt?« Interessiert betrachtet sie ihr Kind. Mascha hört schlagartig auf zu weinen und sieht betroffen nach unten. Die Mutter wird misstrauisch. Sie hebt das Kinn des Mädchens mit dem Zeigefinger nach oben und sieht es an. »Was willst du mir denn verschweigen? Habt ihr etwas ausgefressen?«

Mascha schüttelt heftig den Kopf. »Überhaupt nichts!«, stößt es hervor. »Wir kennen uns aus der Schule und sind neulich mit Tinkapur spazieren gegangen.« Mascha weiß nicht, warum sie den letzten Teil der Erklärung erfunden hat, aber es fühlt sich sicherer an, den Fahrraddiebstahl zu verschweigen.

»Ach so«, die Mutter lässt das Kinn des Mädchens los. »Und du meinst, er ist jetzt böse auf dich, weil du ihn so lange untergetaucht hast?« Mascha nickt zustimmend und ist erleichtert über die Wende des Gesprächs.

Die Mutter lächelt gerührt. Es ist, als könne sie durch das Erleben des Kindes an etwas teilhaben, was sie nicht selbst erfahren konnte. Sie weist mit einer Kopfbewegung auf ihre Handtasche auf dem Tisch und sagt schmunzelnd: »Schau mal rein.«

Mascha rutscht vom Schoß der Mutter und öffnet aufgeregt die Tasche. »Eine Blockschokolade!« Die Augen des Mädchens glänzen. Blockschokolade war viel leckerer als die anderen Sorten, die gar nicht richtig nach Schokolade schmeckten.

Mascha reißt freudig die Verpackung auf, bricht zwei Blöcke ab und gibt sie der Mutter. Dann beißt sie selbst in einen Block, und die Mutter fragt: »Wie wäre es, wenn du den Rest dem Jungen schenkst als Wiedergutmachung?«

Mascha sieht wehmütig auf die verbliebenen zwei großen Stücke im Papier, und die Mutter sieht ihr an, wie schwer ihr diese Vorstellung fällt. Blockschokolade wird in der Kaufhalle nur selten angeboten, und man wusste nie, wann es wieder welche gab.

»Wenn du dem Jungen etwas schenkst, was dir selbst wichtig ist, wird er sich noch mehr freuen, als wenn du ihm etwas gibst, was du übrighast.«

Mascha überdenkt die Erklärung der Mutter und schlägt den Rest der Schokolade langsam in das Papier ein. »Danke, Mama. Das ist eine gute Idee.« Erleichtert umarmt sie die Mutter, und beide fühlen an diesem Abend so etwas wie eine unbestimmte Hoffnung.

Im Schulhof ruft ein Vogel. Es klingt wie das Keckern einer Elster. Mascha wird dadurch immer wieder abgelenkt von einer Rechenaufgabe, die jeder für sich allein lösen soll. In der Stille atmet die Konzentration der Kinder. Mascha versucht die Elster durch das Fenster in einem Baumwipfel zu entdecken, doch es gelingt ihr nicht. Resigniert wendet sie sich wieder dem Bruchrechnen zu.

$$\frac{10}{3} \cdot \frac{2}{4} =$$

Die Aufgabe hat sie von der Tafel abgeschrieben. Nun soll sie den Bruch multiplizieren und dann kürzen. Sie sieht keinen Sinn darin, weil ihr Mathematiklehrer, Herr Ströwel, nie erklärt, wofür man so etwas im Leben braucht. Sie mag keine Dinge, die sie in keinen Zusammenhang bringen kann. Da es hierfür jedoch eine Note gibt, macht sie sich an die Aufgabe. Als sie das Gefühl hat, sie wäre gelöst, legt sie den Stift weg und sieht sich gelangweilt um. Dabei fällt ihr Blick auch auf das Arbeitsblatt von Hilde.

Wie kommt ihre Banknachbarin auf diesen letzten Bruch?

Mascha kratzt sich überrascht mit der Hand am Kopf. Doch sie weiß, wie gut Hilde in Mathe ist und nimmt ergeben den Stift wieder auf, um die Rechnung zu erweitern. Es frustriert sie, etwas abzuschreiben, was sie nicht versteht und dessen Nutzen sie nicht kennt. Sie registriert einen Seitenblick von Hilde und sieht diese fragend an. Ist sie böse, dass sie von ihr abgeschrieben hat? Aber ihre Banknachbarin hebt als Antwort fast unmerklich einen Daumen nach oben und lächelt. Maschas Herz macht einen kleinen, übermütigen Hopser. So eine Komplizenschaft fühlt sich schön an. *Fast wie Freundschaft*, denkt sie.

»Tschäk, tschäk, tschäk«, meldet sich die Elster wieder. Mascha fühlt sich zu dieser Vogelart schon von klein auf hingezogen. Sie liebt ihr Federkleid, das tiefschwarz glänzt wie schwarze Tinte und weiß leuchtet am Bauch und an den Flanken. Die langen Schwanzfedern und Armschwingen schimmern je nach Sonneneinwirkung blau oder grün und verleihen der Elster etwas Geheimnisvolles.

Das Pausenklingeln zerreißt die Stille.

Flink bewegt sich Mascha zwischen den Kindern zum Schultor nach draußen und sieht sich suchend auf dem Hof um. Sie hält das kleine Päckchen Schokolade mit der Hand fest umschlossen, doch bis jetzt ist Michael noch nicht zu sehen. Im Schutz einer großen Buche kickt sie einen kleinen Stein vor sich her. Aber so oft sie auch aufsieht, der Junge kommt nicht.

Resigniert wendet sie sich ab und nähert sich einem etwas abseits stehenden Weidenbaum, in dessen Krone die Elster sitzt. »Tschäk, tschäk, tschäk. Obwohl Mascha traurig ist, Michael nicht gefunden zu haben, freut sie sich über diesen Gruß des Vogels. Sie setzt sich auf einen großen Stein und beobachtet ihn. Oder beobachtet der Vogel sie? Als ihre Blicke sich treffen, spürt sie so etwas wie einen kleinen, elektrischen Schlag.

Diese Empfindung hat sie immer, wenn sie mit einem wilden Tier in Kontakt kommt. Wie zwei Funken, die aufeinandertreffen und in ihrer Brust etwas entzünden. Eine tief empfundene Ehrfurcht öffnet dann einen Raum in ihr, den sie sonst nicht betreten kann. Als dürfe sie für einen Moment einen Schritt auf die Seite der Wildnis tun, in eine Welt der Freiheit, die in jedem Moment auch den Tod bedeuten kann. Mascha fühlt sich davon gleichermaßen fasziniert wie geängstigt.

Die Elster beginnt sich zu putzen. Sie nimmt die Federn einzeln in den Schnabel und fährt an ihnen mit schnellen Schlägen von oben nach unten entlang. *Wie zufrieden sie wirkt,* denkt Mascha. *Vielleicht wäre alles viel einfacher, wenn Menschen ebenfalls nur ein Federkleid oder ein Fell hätten.* Die Elster unterbricht ihr Putzen und sieht zu ihr hin. Auf die Entfernung kann Mascha nicht sagen, ob der Vogel sie tatsächlich anblickt oder nicht. Sie schnalzt leise einen Gruß, und die Elster nimmt ihr Putzen wieder auf. Sie wirkt dabei vollkommen im Einklang mit sich und ihrem Körper.

Mascha schließt die Augen und stellt sich fest vor, wie es sich anfühlt, diese Elster zu sein. Nach einer Weile öffnet sie die Augen und sieht erstaunt an sich herunter. Sie spürt eine tiefe Bestürzung in sich aufsteigen. Bis eben hatte sie sich für ihren Körper geschämt, weil irgendetwas an ihm nicht in Ordnung zu sein schien, sonst würde sie ja nicht gehänselt werden. Beim Anfühlen der Elster hatte sie jedoch auf seltsam schöne Weise die putzende Berührung des Schnabels gespürt, die wärmende Sonne und das sanfte Streichen des Windes.

Mascha fällt ein, was sie mit ihrem eigenen Körper empfinden kann. Sie betrachtet ihre Hände und erinnert sich an das weiche Fell von Tinkapur, das sie ohne das Gefühl in ihren Händen nicht spüren könnte. Ihr fällt ein, wie schön Wasser sich anfühlt auf ihrer Haut und wie gut das Parfüm von Frau Schröder geduftet hat, weil sie es riechen kann. Die Erinnerung an Kuchen lässt Mascha das Wasser im Mund zusammenlaufen, und alle tanzenden Blätter ihrer Lieblingsweide, samt aller glitzernden Sterne am Himmel, kann sie sehen, weil sie Augen hat – auch wenn diese eine Brille brauchen. Mit ihrem Körper kann sie spielen, springen und toben.

Wie hatte sie sich nur schämen können für so etwas Wunderbares?

Ihr Blick fällt auf eine Gruppe von Kindern, in deren Mitte Torsten steht. Sie fühlt Wut in sich aufsteigen über die Ungerechtigkeit und Gehässigkeit seiner Hänseleien.

Das »Tschäk« der Elster wird leiser in ihrer Wahrnehmung, und auch die anderen Schulhofgeräusche verschwinden. *Das soll jetzt aufhören*, hämmert es in ihrem Kopf. *Ich lasse mich nicht mehr beschimpfen! Ich bin nicht hässlich!*

Sie stößt sich mit den Händen von dem Stein ab, der ihr als Sitz diente, und geht entschlossen auf die Gruppe zu. Ihr Blick ist auf das Gesicht des Jungen geheftet, und seine Augen weiten sich ungläubig, als er das Mädchen so entschlossen auf sich zukommen sieht. Er unterbricht das Gespräch mit einem anderen Jungen und beobachtet ihr Näherkommen. »Mit mir ist alles in Ordnung«, ruft Mascha ihm bereits aus ein paar Metern Entfernung zu, »und ich lasse mir nicht mehr gefallen, dass du mich beleidigst!« Torsten sieht sie erstaunt an und sagt: »Ist ja gut …« Die schrille Schulklingel dringt an Maschas Ohr und beendet die Wunschfantasie in ihrem Kopf.

Bedauernd sieht sie ein letztes Mal zu der Elster und erhebt sich vom Stein, um nun tatsächlich an Torsten vorbei zum Schulgebäude zu gehen.

Sie rechnet nicht mehr mit Michael, als sie ihn im Flur aus der Jungentoilette kommen sieht. »He!«, ruft sie ihm leise zu, und er dreht sich überrascht zu ihr um. »Ich hab was für dich.«

»Für mich?« Mascha kann die Fragezeichen in seinem Gesicht sehen. Sie wartet, bis die letzten Kinder an ihnen vorbeigelaufen sind und reicht ihm dann das kleine Päckchen Schokolade. Sie hatte gestern Abend noch mehrfach mit sich gerungen, ob sie sich nicht vielleicht doch noch einen Block abbrechen könnte. Schließlich wusste Michael nichts von dem bevorstehenden Geschenk, und so würde er sich ja auch über ein einziges Stück freuen. Aber sie hatte widerstanden, und als sie die freudige Überraschung auf dem Gesicht des Jungen sieht, ist sie froh, dass sie es nicht getan hat.

»Blockschokolade …« Michael sagt es fast andächtig und sieht sie verwundert an. «Warum schenkst du mir das?«

Mascha errötet leicht, sieht aber nicht weg. »Na, wegen gestern. Ich wollte dich nicht so lange untertauchen. Es tut mir leid.«

Michael sieht sie erstaunt, aber auch gerührt an. Seine Gesichtszüge werden weich, und er sagt freundlich: »Na, ich habe dir ja auch nicht gesagt, wie es geht.« Er hält ihr die Hand hin, und Mascha schlägt stolz ein. Sie wusste bislang nicht, wie schön es sein kann, sich zu entschuldigen.

Nach Schulschluss sieht sie Michael auf einem kleinen Mauersims gegenüber der Schule sitzen. Ob er auf sie wartet? Sie spürt ein Kribbeln in ihrem Bauch, das neu ist und verwirrend. Es fühlt sich seltsam an – wie Zahnweh, das schön ist.

Ihre Füße lenken sie zu Michael und sie hört sich sagen: »Wenn du willst, zeige ich dir meinen Lieblingsbaum.« Sie geht los, um ihrer Einladung etwas mehr Beiläufigkeit zu verleihen, denn vielleicht hat er ja auf jemand ganz anderen gewartet. Dann hört sie, wie ihr Schritte folgen, und ihr wird heiß vor Freude.

Verlegen schniefend holt Michael auf und geht schlaksig neben ihr her. Seine plötzliche Schüchternheit beginnt ihr die eigene Scheu zu nehmen. Es ist das erste Mal, dass Mascha mit einem Jungen unterwegs ist.

Auch mit Mädchen war sie bisher nur für kurze Zeit befreundet. Sie hatte die Schwestern Susanne, Angelika und Sabine auf ihrem Lieblingsbaum am Fluss kennengelernt. Die Mädchen waren eines Tages unter der Trauerweide gewesen und hatten zu Mascha hinaufgesehen. »Ich will auch mal da hoch, wie das Mädchen«, hatte die kleinste der drei Schwestern ausgerufen und nach oben gezeigt.

»Darf sie?« Es war die mittlere Schwester, die sich an sie gewandt hatte. Obwohl Mascha nicht so erfreut gewesen war, ihren Lieblingsbaum zu teilen, war sie auch stolz gewesen, dass ihr Vorrang anerkannt und sie gefragt wurde.

»Na gut«, hatte sie zugestimmt und war nach unten geklettert, um dem kleinen Mädchen zu helfen.

Schließlich kannte sie jede Ritze und jeden Tritt im Baum, und nach kurzer Zeit fand sie Gefallen daran, der fünfjährigen Angelika den besten Weg zu zeigen.

Sie hatten einander vorgestellt und auch Susanne, die mittlere Schwester, war auf den Baum geklettert. Nur Sabine, die Älteste, hatte das Angebot, ebenfalls hinaufzusteigen, hartnäckig abgelehnt. Mascha hatte eine Weile gebraucht, um zu begreifen, dass das Mädchen offenbar fürchtete, die Kletterpartie nicht zu bewältigen, weil es sehr dick war. Sie hatte ihr eine Freude zu machen versucht und ihr die Räuberleiter angeboten, während Susanne von oben helfen sollte. Irgendwann hatte Sabine ihren Widerstand aufgegeben und war auf Maschas verschränkte Hände getreten.

Bei »Drei« hatte Mascha das Mädchen mit Schwung ein Stück angehoben, während ihre Schwester sie von oben an den Armen gezogen hatte. Doch Susanne hatte ihre ältere Schwester offenbar nicht halten können, denn Sabine war auf Maschas Kopf gesackt, und beide Mädchen waren zurück auf den Boden gefallen.

So hatte ihre Freundschaft begonnen. Mascha hatte ein halbes Jahr lang viele Abenteuer mit den Schwestern erlebt und auch einmal bei ihnen übernachten dürfen.

Dann war plötzlich alles zu Ende gewesen.

Frau Peters, die Mutter der Schwestern, war herübergekommen, und Mascha hatte einen lauten Streit zwischen ihr und ihrer Mutter in der Küche gehört. Als Frau Peters gegangen war, war die Mutter in Maschas Zimmer gekommen und hatte geschimpft: »Du musst doch nicht alles erzählen, was du am Abendbrottisch hörst. Wenn ich mit Papa über andere Erwachsene rede, dann muss das unter uns bleiben. Jetzt kannst du nicht mehr mit deinen Freundinnen spielen, weil Frau Peters böse auf uns ist.« Mascha hatte mit offenem Mund zugehört und bestürzt geflüstert: »Aber was habe ich denn gesagt?«

»Du hast Susanne gesagt, dass es einen Unterschied gibt zwischen Arbeitern und Intelligenzlern, und die Eltern von Susanne sind Arbeiter.«

»Aber das sagt ihr doch immer«, hatte Mascha verzweifelt geschluchzt und auch in diesem Moment nicht gewusst, was eigentlich ein Arbeiter ist und was ein Intelligenzler. Sie hatte es einfach nachgeplappert, ohne zu wissen, was es bedeutet.

Es war eine sehr traurige und bestürzende Erfahrung gewesen, nicht zu wissen, was sie falsch gemacht hatte und warum die Schwestern nicht mehr mit ihr spielen durften. Aber das war schon eine ganze Weile her …

Nun ist sie mit Michael an ihrem Lieblingsbaum angekommen, und ihre Aufregung lässt sie schnell sprechen: »Ich habe Tinkapur bekommen, weil ich gute Noten hatte. Ich wünsche mir schon, seit ich klein bin, einen Hund. Magst du Tiere? Hast du viele Hausaufgaben auf? Meine Mutter erlaubt mir jetzt, allein in die Hundeschule zu gehen. Willst du mal mitkommen? Wie findest du den Baum? Ich gehe hier jeden Tag hin …«

Mascha bemerkt den verwirrten Blick Michaels und hält betroffen inne. Die Ruhe, die nun eintritt, macht ihr Angst. Wenn Mama nicht mehr mit ihr spricht, fühlt sich das an, als friere diese Kälte alles ein, was in Mascha ist. Fast immer währt diese Strafe drei Tage lang, verbunden mit Stubenarrest. Sie darf dann nach der Schule nicht mehr nach draußen, und die Nachmittage in ihrem Zimmer ziehen sich endlos lange hin.

Die erzwungene Einsamkeit hat etwas Lähmendes, und ein lähmendes Gefühl kriecht ihr auch jetzt in den Magen.

Besorgt sieht sie zu Michael, doch dieser betrachtet gerade ihre Trauerweide, und in seinen Augen liegt so etwas wie Ehrfurcht. Sein Blick folgt dem Schwingen der herabhängenden dünnen Äste, die sanft vom Wind bewegt werden, als wollten sie die Kinder willkommen heißen.

Die Blätter des Baumes rauschen, und in ihrem silbernen Glitzern scheint eine tiefe Verheißung auf etwas Schönes zu liegen.

Michael setzt sich an den Stamm des Baumes und sieht auf das Wasser der Weißen Elster, das ruhig vor ihnen in seinem Flussbett liegt. Mascha fühlt, wie sie sich verkrampft bei dem Versuch, genauso gelassen zu wirken wie er.

Sich hinhockend, fasst sie in das weiche Fell von Tinkapur. »Schön hier, nicht wahr?«, sagt sie so unbefangen wie möglich.

Michael sieht weiter auf den Fluss und nickt schweigend. Mascha fühlt sich verunsichert. Sie weiß nicht, was sein Schweigen bedeutet. Mamas Schweigen endete oft erst dann, wenn sich Mascha entschuldigt hat. Doch Michael hier scheint nicht böse auf sie zu sein, und entschuldigt hat sie sich ja bereits.

Um die Unerträglichkeit des Schweigens zu beenden, rückt sie mutig etwas näher an ihn heran und räuspert sich. Noch immer bleibt er in den Anblick des Flusses versunken. Wenn Mama schweigt, geht ihr Blick durch Mascha hindurch, als wäre sie durchsichtig. Mascha hat Angst, auch für Michael unsichtbar zu werden. Jetzt blickt er zu Tinkapur, die gerade einen kleinen Stock schüttelt und in die Luft wirft. Mit einem triumphierenden Sprung stürzt sie sich auf die Beute, als hätte sich diese von selbst entfernt.

Auf Michaels Gesicht breitet sich ein warmes Lachen aus. »Du hast einen tollen Hund, und du bist auch in Ordnung.«

Mascha hält noch für einen Moment die Luft an, bevor sie tief ausatmet. Erleichtert über das gebrochene Schweigen, springt sie auf und ruft: »Wollen wir mit Tinkapur Verstecken spielen?«

»Klar. Und wie geht das?« Michael steht auf und sieht Mascha erwartungsvoll an, während er sich den Hosenboden abklopft.

»Also, du kannst dich ja irgendwo verstecken und rufst. Und wenn Tinkapur zu dir rennt, verstecke *ich* mich. Und wenn sie dann wieder zu mir kommt, versteckst du dich nochmal.«

Michael prüft den Vorschlag mit zusammengekniffenen Augen. »Und wenn sie nicht zu mir kommt?«

Mascha denkt nach. »Hier!«, ruft sie triumphierend, holt einen Hundekeks aus ihrer Hosentasche und hebt ihn hoch. »Den zeigst du ihr, und ich halte sie fest, bis du weg bist. Dann rufst du. Tinkapur liebt Hundekekse!«

Zustimmend tritt Michael heran, nimmt das Futterstück und hält es dem Hund vor die Nase. Mascha braucht beide Hände, um Tinkapur festzuhalten, die nach dem Keks schnappen will. Michael verschwindet hinter einer Buschgruppe, und als sein »Hallo« ertönt, lässt Mascha den Hund los. Die Sätze des jungen Hundes wirken wie kurze Flugeinheiten und Mascha lacht laut auf, weil es so lustig aussieht. Sie bemerkt, wie Tinkapur sich jedes Mal kurz suchend umsieht, wenn sie durch einen Sprung an Höhe gewonnen hat. Mascha bewundert diesen Trick des kleinen Hundes, an Größe zu gewinnen. Sie freut sich über die Klugheit von Tinkapur und strahlt über ihr ganzes Gesicht.

Ein erfreuter Aufschrei des Jungen ist das Startzeichen für Mascha, nun ihrerseits davonzulaufen. Gut verdeckt von einer kleinen Ziegelmauer ruft sie langezogen: »Tiiinkapur!« Dabei späht sie vorsichtig um die Wand herum und muss sich ein Lachen verkneifen, weil der Hund mit eifrigem Blick an ihr vorbeisaust. Erst ihr unterdrücktes Prusten macht Tinkapur auf sie aufmerksam. Der Hund macht kehrt und bleibt zwei Meter vor ihr stehen, um sich suchend umzusehen. Seine obere Lefze ist dabei etwas nach innen gezogen und verleiht seinem Gesicht ein lustiges Aussehen.

Mascha kann ihr Lachen nicht mehr zurückhalten. »Hilfe!« Sie wehrt den Ansturm des Hundes ab, indem sie weich von der Hocke auf den Rücken rollt. Der Hund springt ihr freudig auf die Brust und zwickt sie in die Nase.

»Tiiiiinkapur«, imitiert Michael Maschas Ruf. Der Hund lässt von Mascha ab und rennt erneut los.

Mit jedem weiteren Versteckspiel nimmt Maschas Ausgelassenheit zu. Ihre Bewegungen werden sorgloser, wilder und unbefangener. Sie bedauert, dass sich Tinkapur irgendwann hechelnd und müde hinlegt und das Spiel zu Ende ist. Als Michael wieder zu ihnen kommt, sagt sie mit fast feierlicher Festigkeit: »Du, ich hätte gestern Abend fast noch die ganze Schokolade aufgefuttert. Dann wären wir jetzt nicht hier.«

Michael sieht sie verdutzt an und bricht in lautes Gelächter aus. »Du bist wirklich ein seltsames Mädchen.«

Es ist das erste Mal, dass Mascha in dieser Aussage eine Anerkennung spürt.

10

Trost

»Wo ist denn die Mama?« Mascha kommt aus dem Wald zurück und hat rote Wangen vom Herumstromern mit Michael und Tinkapur. Fragend sieht sie den Vater an, der lautstark mit ein paar Töpfen in der Küche hantiert.

Gereizt antwortet er: »Woher soll *ich* das denn wissen? Das muss dir deine Mutter schon selbst sagen.«

Mascha sieht ihn betroffen an und flüstert: »Ich weiß es nicht, und ich finde auch keinen Zettel.« Sie bleibt abwartend stehen.

»Ich habe zu tun, stör mich nicht!« Ein Topf fällt unter den hektischen Bewegungen des Vaters zu Boden. »Siehst du …«, fügt er aufgebracht hinzu, ohne den Satz zu beenden.

Mascha tritt betroffen den Rückzug an und geht in ihr Zimmer.

Dort springt ihr Tinkapur mit hohen Fiepsern entgegen und fasst mit den Zähnen nach ihren Händen. »Tinkapur, aua, das tut weh!«, wehrt Mascha die Schnapper ab. Sie wirken, als wolle Tinkapur ihr bei jeder Rückkehr deutlich machen, dass sie nicht von ihr weggehen soll. »Ich komme doch immer wieder!«, sagt Mascha beruhigend, und ein kurzes Lächeln huscht über ihr angespanntes Gesicht.

Sie ist beunruhigt, denn es ist noch nie vorgekommen, dass ihr die Mutter keine Nachricht hinterlassen hat, wenn sie nicht wie üblich zu Hause ist. *Ob ihr etwas passiert ist?* Sie wägt ab, noch einmal zum Vater zu gehen, und verwirft diesen Gedanken rasch.

Wenn er in dieser aufgebrachten Stimmung ist, beunruhigt und erschreckt sie sein Verhalten.

Seine Veränderung hatte bereits gestern Abend begonnen, als er nach Hause gekommen war. Wutentbrannt hatte er seinen Mantel auf den Boden geworfen und gerufen: »Das Scheißding ziehe ich nie wieder an!«

Mascha hatte mit der Mutter am Tisch gesessen und mit dem Abendbrot auf ihn gewartet. »Was ist denn passiert?« Die Mutter war aufgesprungen, und Mascha hatte gespürt, dass auch sie alarmiert zu sein schien.

»Das Scheißding macht mich dick!«

Die Mutter hatte ihre Hände wieder sinken lassen, die sie bereits zur Besänftigung ausgestreckt hatte, und den Vater sprachlos angesehen. Dann hatte sie sich mit einer schnellen Bewegung an Mascha gewandt und hastig geflüstert: »Geh schnell in dein Zimmer!« Mascha hatte weiter hinter der Tür gelauscht.

Den Vater hatte offenbar die Bemerkung eines kleinen Jungen gekränkt, der zu seinem Großvater auf der Straße gesagt hatte: »Guck mal, Opa, der dicke Mann läuft aber lustig.« Die Mutter hatte ihn zu beruhigen versucht und angefleht: »Werner, so ein kleines Kind weiß doch noch nicht, dass du praktisch nur aus Muskeln bestehst! Es hat bloß deinen Umriss im Mantel gesehen, das musst du doch nicht ernst nehmen!«

Mascha hatte nicht verstanden, was den Vater daran so außer sich brachte, und einfach gehofft, dass es vorbeiginge. Doch sie spürt, wie geladen er jetzt, einen Tag später, noch immer ist, und sieht die vielen Nahrungsmittel, die sie bei einem Blick auf den Küchentisch erhascht hatte, geistig vor sich.

Einmal war sie dazugekommen, wie er in einer ähnlichen Stimmung ganz viel Essen in sich hineingestopft hatte. Durch den geöffneten Türspalt hatte sie ungläubig beobachtet, wie ihm noch Reste aus seinem Mund hingen, während er die nächste Ladung schon nachgestopft hatte. Es war, als versuche der Vater einen Hunger zu stillen, der unbändig ist. Sie war auf Zehenspitzen in ihr Zimmer geflüchtet und hatte dort angstvoll auf ihre Mutter gewartet, die zu Besuch bei einer Freundin gewesen war.

Aber wo ist die Mutter heute?

Ihre rechte Fußspitze tappt nervös auf und ab, und Tinkapur springt darauf zu und kneift in sie hinein. »He, das ist mein Fuß und keine Maus!« Sie hält sich den schmerzenden großen Zeh. Tinkapur zieht den Kopf zurück und sieht sie entschuldigend an. Das Weiße in ihren Augen ist dabei zu sehen und verleiht ihrem Blick etwas Schelmisches.

Über Maschas Gesicht huscht ein Lächeln. Sie nimmt eine alte Socke und rollt sie fest zusammen. »Hier!« Sie wirft das Spielzeug über den Boden, und Tinkapur springt mit einem Satz hinterher.

»Vielleicht kann ich dich ja doch brauchen?!«

Mascha zuckt zusammen, als sie die Stimme des Vaters hört. Sie hat nicht bemerkt, wie sich die Tür geöffnet hat. Unsicher und prüfend sieht sie den Vater an, der sie anlächelt. Obwohl sie die Anspannung in seiner Stimme noch immer wahrnimmt, freut sie sich über sein Lächeln.

»Komm mal mit!« Er geht vor ihr in die Küche und drückt ihr eine große Glasschüssel in die Hand. »Du kannst jetzt etwas ganz Tolles machen! Du gehst hinunter in die Eisdiele und verlangst fünf Kugeln Schokoeis, fünf Kugeln Erdbeereis und fünf Kugeln Vanille. Sag, dass du es für die ganze Familie kaufst, wenn dich jemand fragt.«

Mascha steckt das Geld ein und läuft mit großen Sprüngen die Treppe hinunter. Vater hatte ihnen noch nie ein Eis spendiert, und in ihren Jubel mischt sich ein mulmiges Gefühl, das sie beiseite schiebt, um sich die Freude nicht zu verderben.

Ungeduldig tritt sie vor der Eisdiele von einem Fuß auf den anderen, denn die Schlange bewegt sich nach Maschas Eindruck viel zu langsam vorwärts. Als ihre Schüssel endlich mit Eis gefüllt ist, rennt sie zurück in den schützenden Hausflur und sieht auf die

Köstlichkeit in ihren Händen. Sie könnte ein wenig davon kosten, vielleicht würde es der Vater nicht bemerken. Sie überlegt, ob sie mit der Zunge nascht oder mit dem Finger. Dabei wird ihr bewusst, sie hinterlässt auf jeden Fall eine Spur, die der Vater sehen könnte. Dann wäre alles verdorben.

Sie schluckt das Wasser, das ihr im Mund zusammenläuft, tapfer runter und springt, zwei Stufen auf einmal nehmend, nach oben. Der Vater erwartet sie bereits in der geöffneten Wohnungstür, und auch dieses Bild ist für Mascha ungewöhnlich. Feierlich überreicht sie ihm die Schüssel. »Hier, Papa, ich war ganz schnell. Es ist noch nichts geschmolzen.«

Der Vater nimmt die Schüssel hastig entgegen und eilt in die Küche. Sie vor die Brust haltend, setzt er sich auf einen Stuhl und löffelt im Sitzen das Eis.

Mascha steht im Türrahmen und wartet. Wenn sie mit Mutter etwas Verbotenes isst, dann teilen sie es gleich auf. Vater macht es offenbar anders. Mascha nimmt an, sie und die Mutter dürfen den Rest essen, den ihnen der Vater übriglässt. Sie freut sich über sein Esstempo. So muss sie nicht fürchten, das verbleibende Eis wäre bereits Soße, wenn er fertig ist.

Mit jeder Kugel, die im Mund des Vaters verschwindet, fiebert sie dem Ende seines Mahls entgegen. Doch die Menge des Eises verringert sich in rasanter Geschwindigkeit weiter, und ihr mulmiges Gefühl kehrt zurück. Mascha fühlt jetzt ein so entsetzliches Begreifen, dass sie es mit einem schiefen Lächeln abzuwehren sucht.

Bei der letzten Kugel angekommen, hebt Werner den Kopf und sieht erstaunt zu Mascha. Er hatte ihre Anwesenheit ganz vergessen und registriert in ihrem flehentlichen Blick Verlangen. Widerwillen steigt in ihm auf. Auch er war einmal ein kleiner Junge und hatte sich etwas gewünscht. Aber seine Mutter hatte ihr Versprechen nicht gehalten, und ihn nie wieder zu sich geholt. Er hasste sich für seine damalige Naivität, die ihm so viel Schmerz bereitet hatte. Mascha besitzt offenbar dieselbe Ahnungslosigkeit wie er damals. Er könnte ihr eine Lektion erteilen, durch die sie früher lernt, dass man in dieser Welt nur verarscht wird.

Anerkennend verdreht er die Augen, wie um Mascha den leckeren Geschmack des Eises zu illustrieren, heftet dann den Blick auf ihr Gesicht und schiebt sich den letzten Bissen in seinen Mund. Dazu nickt er belehrend mit dem Kopf und stellt die leere Schüssel auf den Tisch. Mascha löst sich wie eine Schlafwandlerin vom Türrahmen, und Werner kann nicht erkennen, ob sie verstanden hat, was er sagen wollte.

»Mama, da bist du ja!« Mascha stürmt der Mutter entgegen, die gerade die Wohnungstür hinter sich abschließt. »Ich habe so lange auf dich gewartet. Wo warst du denn?!«

Die Mutter sieht bestürzt auf das völlig aufgelöste Kind und dann zum Vater. »Hast du denn vergessen, ihr zu sagen, dass ich heute erst um fünf nach Hause komme? Ich hatte dich doch ausdrücklich darum gebeten!«

Werner sieht seufzend auf und geht wortlos ins Wohnzimmer, um sich hinter ein Buch zurückzuziehen. Die Mutter zieht die schluchzende Mascha auf ihren Schoß und hört deren Bericht an. Sie drückt sie fester an sich, als sie endet: »Was habe ich denn falsch gemacht, Mama? Papa hatte das Eis für uns alle gewollt!«

Die Mutter küsst Mascha auf die Haare und streichelt deren Rücken mit hastigen Bewegungen. »Da siehst du, auf deinen Vater ist kein Verlass. Und mit so einem Mann muss ich leben. Alles bleibt an mir hängen. Mir hat er auch schon so oft wehgetan. Erinnere dich, was ich dir vom Krankenhaus erzählt habe.«

Mascha sieht angespannt nach unten und spürt Enttäuschung in sich aufsteigen, während sie der Mutter zuhört. »Ich konnte ja nichts dafür, dass ich während der Gelbsucht so dünn geworden bin, und nur weil er vergessen hatte, mir einen Gürtel mitzubringen, ist er zehn Meter vor mir hergelaufen, als er mich aus dem Krankenhaus abgeholt hat. Mit dir will ich mich nicht blamieren, hat er gesagt, das

Kleid hängt wie ein Sack an dir. Das hat sehr weh getan. Ich weiß also, wie du dich fühlst. Und erinnere dich, als …«

Mascha schiebt sich aus der Umarmung der Mutter heraus. Sie fühlt sich enttäuscht, denn obwohl die Mutter ihr offenbar helfen will, spürt sie keinen Trost – nur die Verpflichtung, ihr jetzt beistehen zu sollen. Mascha empfindet Verärgerung, aber wie kann sie Zorn ausdrücken, wenn die Mutter sie doch zu unterstützen sucht?

Sie findet keine Lösung dafür und versucht, die Mutter abzulenken. »Mama, kommst du mit Gassi? Tinkapur muss raus.« Die Mutter sieht sie abwesend an und antwortet: »Geh du allein, ja? Ich mache in der Zeit Abendbrot, und nach dem Essen lese ich dir etwas vor.«

»Jaaaa, Emil und die Detektive!« Mascha jubelt für einen Moment laut auf und ist erfreut über diese Wendung. Dann stürmt sie in ihr Zimmer und holt Tinkapur.

Vom Spaziergang zurück hört sie Mutter und Vater bereits durch die geschlossene Wohnungstür streiten. Vorsichtig hebt sie den Briefkastendeckel an und sieht, dass ihre Eltern sich im Flur gegenüberstehen.

»Das war doch nur ein kleiner Junge, Werner. Kinder in diesem Alter sagen lauter solche Sachen. Ich höre so etwas im Kindergarten den ganzen Tag. Das musst du doch nicht an deiner Tochter auslassen.«

»Darum ging es gar nicht!«, brüllt der Vater mit vorgerecktem Kinn zurück. »Ob kleiner Junge oder nicht, ich bin einfach kein Weichei. Es ist eine dumme Frechheit, wenn jemand das von mir behauptet.«

»Ich weiß nicht, was ich dazu sagen soll.« Die Mutter schaut resigniert. »Du trainierst jeden Tag und hast kein Gramm Fett am Körper, was willst du denn noch?«

»Natürlich weiß ich, dass ich nicht dick bin.« Der Vater streckt sein Kinn noch etwas mehr nach vorn und sieht die Mutter an, als wäre sie begriffsstutzig. »Es geht ja darum, dass überhaupt so etwas über mich gesagt wurde, und nicht darum, was ich weiß!«

Dann dreht er sich auf dem Absatz um und lässt die Mutter stehen, die Kopf und Schultern hängen lässt. Kurz danach knallt eine Tür.

Mascha lässt den Briefkastendeckel leise sinken und klingelt. Als die Mutter öffnet, umarmt Mascha sie fest und flüstert: »Mama, ich bin doch bei dir.«

Mit einem bitteren Lachen antwortet diese: »Ja, mein Schatz. Ich bin froh, dass ich dich habe.«

Beim Abendessen wirkt der Vater noch immer gereizt, und die Mutter sagt nichts, als wolle sie keinen weiteren Streit provozieren. Mascha sitzt, wie zum Aufspringen bereit, ganz vorn auf der Stuhlkante. So kann sie schnell in ihr Zimmer laufen, wenn sie spürt, dass der Unmut der Eltern sich gegen sie zu wenden beginnt.

Bestürzt registriert sie ein leises Kratzen aus dem Flur. Sie hat Tinkapur vorsorglich in ihrem Zimmer gelassen und gehofft, sie würde ruhig bleiben. Besorgt beobachtet sie, ob der Vater das Scharren wahrnimmt.

Als hätte er ihre Gedanken gelesen, sieht er auf und sagt kühl: »Was lernst du eigentlich in der Hundeschule? Bringt man euch dort nicht bei, wie ein Hund allein bleibt?«

Mascha sieht betroffen auf ihren Teller. Jeder Muskel ihres Körpers ist angespannt.

Sie weiß, egal, was sie jetzt sagt, es wird schiefgehen.

Die Mutter stößt sie mit dem Ellenbogen in die Seite und übernimmt die Antwort. »In der Hundeschule kann man das nicht lernen, Werner, weil man den Hund dort ja nicht allein lassen kann. Wir können es Tinkapur nur hier beibringen!«

Mascha erstaunt die Schärfe, mit der die Mutter es sagt, und sie blickt abwartend zum Vater. Seine Augen verengen sich. Die Mutter winkt Mascha mit einem eiligen Blick aus der Küche, und diese läuft in ihr Zimmer. Dort wirft sich Mascha auf das Bett und zieht die Decke über den Kopf, um den weiteren Streit nicht anzuhören.

Tinkapur kommt hinterhergekrochen und leckt ihr eifrig übers Gesicht. Unter den tröstenden Berührungen des Hundes beginnt Mascha zu weinen. Es entlastet sie, den Tränen freien Lauf zu lassen und die Wärme des Hundekörpers zu spüren.

Erstaunt bemerkt sie, wie ruhig Tinkapurs Herz schlägt, während das ihre noch immer rast.

Ihr Herzschlag beginnt sich mit dem des Hundes zu verbinden und beruhigt sich.

»Mascha, ich bin es.« Die Stimme der Mutter dringt leise an ihr Ohr. Mascha schlägt die Decke gerade so weit zurück, dass sie die Mutter sehen kann. Sie sieht müde und blass aus. »Es tut mir leid, dass dein Vater so wütend ist. Das ist für mich selbst sehr schlimm. Ich weiß nicht, was ich dagegen machen kann. Wir können nur abwarten, bis es wieder vorbei ist.«

Die Mutter setzt sich zu ihr aufs Bett. »Soll ich dir noch etwas vorlesen?«

Mascha zieht die Decke etwas weiter vom Gesicht und sieht sie überrascht an. »Ja.« Sie reicht der Mutter ihr Lieblingsbuch, *Emil und die Detektive*, und die Mutter streicht ihr hastig mit dem Handrücken über die Wange, bevor sie es aufschlägt. Mascha hat es selbst schon mehrfach gelesen, doch sie genießt es, mit der Mutter die Welt eines Buches zu teilen, auch wenn sie diese vielleicht ganz unterschiedlich erleben.

Für Mascha haben alle Worte einen eigenen Klang und ein besonderes Wesen. Manche Worte wollten zart wispern, andere laut brüllen. Mascha liebt Klänge. Selbst die, die zischend angreifen oder sich grollend aufbäumen. Ihr Lieblingswort »nimmermehr« mag sie deshalb so sehr, weil es beim Sprechen zuerst einen Anlauf in die Höhe nimmt und sich dann ganz gelassen wieder hinabrollen lässt. Sie spürt eine tiefe Besänftigung in sich, wenn sie es ausspricht, und verwendet es oft heimlich als Zauberwort, um sich zu beruhigen.

Mama dagegen liest alle Worte vor, als hätten sie denselben Ton. Mascha hatte einmal heimlich versucht, diese gleichförmige Lesart zu imitieren, um herauszufinden, was Mama beim Lesen erlebte. Doch es hatte sich trostlos angefühlt, die Stimme weder zu heben noch zu senken. Die Worte waren bei dieser Form zu lesen durch sie hindurchgerauscht und hatten keine Erinnerung hinterlassen. Sie brauchte ihren Klang, um sich an sie zu erinnern.

So legt sie ihren Kopf auf die Oberschenkel der Mutter und füttert die Worte beim Zuhören mit Klängen. Mascha gefällt immer wieder, wie der Schriftsteller, Erich Kästner, von seiner Art zu schreiben erzählt. »Ich lag also, ohne mich zu rühren, und lächelte meinem Einfall freundlich entgegen. Er beruhigte sich denn auch, wurde beinahe zutraulich, kam noch einen und noch einen Schritt näher … Da packte ich ihn im Genick.«

Mascha muss lächeln bei dieser Vorstellung. Auch sie erlebt bestimmte Einfälle wie lebendige Wesen, die plötzlich in ihrer Vorstellung auftauchen. Sie lässt sie dann wie auf einer Bühne spielen und wartet, was sie tun.

Neulich hatte sie einen Aufsatz über Till Eulenspiegel schreiben müssen, und zwei ihrer Einfälle waren aufeinander losgegangen. »Till Eulenspiegel trägt eine schöne, farbenfrohe Mütze mit Glöckchen daran, die seine Scherze stets klingelnd begleiten.« Der erste Einfall hatte gut geklungen in Maschas Ohren, und sie war stolz gewesen, wie schön sich die Worte aneinandergereiht hatten. Doch dann hatte sich ein zweiter Einfall hinzugedrängt: »Wenn ich Till Eulenspiegel wäre, würde ich die doofe Mütze absetzen, weil er überall damit auffällt und ihm ohne das Ding viel mehr Streiche gelingen würden.« Manche Einfälle passten also nicht zusammen, und dann musste sie wählen.

»Hörst du noch zu?« Die Mutter hat das Buch sinken lassen und sieht Mascha an.

»Ja, Mama, natürlich. Sag mal, wie wird man eigentlich Schriftsteller? Wo lernt man das?«

Die Mutter sieht auf das geschlossene Buch, als könne sie dort eine Antwort finden. »Das weiß ich nicht, Mascha. Vielleicht studiert man Deutsch?«

Das Mädchen wägt diese Möglichkeit ab, kommt aber zu keinem schlüssigen Ergebnis. Sie gähnt erschöpft und müde. »Gute Nacht, Mascha.« Die Mutter gibt ihr einen Kuss auf die Stirn und geht zur Tür. »*Sleep you very well* ...« Mascha mag es, wenn Mama diese spannungsvolle Pause macht, und ergänzt lachend: «... in your Bettgestell!«

Wenn Mama sich so verabschiedete, war alles gut zwischen ihnen, und Mascha lächelt, während sie einschläft.

11

Sicherheit

»Darf Tinkapur mit Lara spielen?«

Frau Lorenz sieht von der Gartenarbeit auf, als sie Maschas Stimme hört. »Hallo, ihr zwei!« Sie zupft sich ein Paar gelbe Gummihandschuhe von den Fingern und hängt sie bedächtig über den Rand eines Eimers.

Mascha kommt es so vor, als würde sich Frau Lorenz dabei sammeln und hat ein seltsames Gefühl. »Wenn wir gerade stören, gehen wir wieder«, bietet sie an.

Frau Lorenz hebt erstaunt den Blick, denn sie hatte Mascha eben vorschlagen wollen, dass sie in ein paar Tagen wiederkommt, weil Lara gerade nicht spielt. »Der Lara geht es im Moment nicht so gut«, beginnt sie vorsichtig und öffnet das Tor. »Weißt du, unsere Mausi ist weg, und ich muss Lara ins Haus sperren, weil sie versucht, über den Gartenzaun zu springen, um nach ihr zu suchen. Die zwei sind doch unzertrennlich.«

Mascha sieht Tränen in ihren Augen und öffnet betroffen den Mund. »Aber wo ist Mausi denn?«

Die Stimme von Frau Lorenz bebt, als sie antwortet: »Ich sollte dir das lieber nicht erzählen …«

Sie wendet den Blick ab und schluckt.

Irgendetwas an ihr erinnert Mascha an die Stimmung der Mutter, als Robert gestorben war, und sie fragt ahnungsvoll: »Ist Mausi denn …?«, sie sucht nach einem Wort, das sie aussprechen darf, »… im Himmel?«

Die Frau verschließt die Lippen zu einem Strich und versucht weiter, die Tränen zurückzuhalten.

Mascha tritt, jede Scheu vergessend, auf sie zu, schlingt die Arme um ihre Hüften und sagt tröstend: »Mein Bruder ist auch im Himmel. Dort haben es alle gut.«

Frau Lorenz ist überrascht und gerührt von dieser Geste. Sie legt instinktiv die Arme um das Mädchen, und beide halten sich für einen Moment fest. Mascha schmiegt sich noch enger an die Frau und fragt: »Aber wie ist Mausi denn …« Mascha sucht wieder nach einem Wort, doch ihr fällt keines ein.

Frau Lorenz antwortet leise: »Wir haben von Anwohnern erfahren, dass eine Katze überfahren wurde und sofort tot war.« Sie fährt Mascha dabei mit der Hand über die Haare, und es wirkt, als würde sie sich selbst auch damit trösten wollen.

Mascha sieht sie erstaunt an. Frau Lorenz hatte das »Eiswort« einfach so gesagt und war dabei ganz ruhig geblieben. Aus ihrem Mund klang »tot« wie eine traurige Feststellung und nicht wie etwas sehr Verstörendes. Mascha nimmt diesen neuen Eindruck nachdenklich in sich auf.

»Sie wurde leider von dem Autofahrer mitgenommen, und niemand kennt ihn. Als ich vorhin mit Lara draußen war, hat sie Mausi die ganze Zeit gesucht und ganz doll dabei gehechelt – ich dachte, mir fällt der Hund jetzt auch noch um. Sie weiß ja nicht, dass Mausi …« Die Stimme von Frau Lorenz bricht.

Mascha beugt den Kopf zurück und sieht nach oben. »Aber Frau Lorenz, woher weißt du denn, dass die Katze wirklich Mausi war?«

Die Frau atmet resigniert aus. »Weil die Beschreibung der Anwohner stimmt.«

Tinkapur schlägt an – »*Wuuuu, wu, wu, wuuuu*« – und stößt mit ihrem Kopf gegen die Scheibe der Terrassentür. Auf der anderen Seite liegt Lara und hechelt stark. Ihre Erregung ist verbunden mit einem merkwürdigen Ausdruck von Apathie. Sie sieht an Tinkapur vorbei, als wäre sie nicht da.

Mascha löst sich von Frau Lorenz und will Tinkapur beruhigen gehen, da verstummt diese plötzlich und hält den Kopf schief, als würde sie etwas in sich aufnehmen.

Frau Lorenz greift sich an die Brust und sagt gerührt: »Mein Gott, das wirkt, als höre sie meiner Lara zu.«

In diesem Moment steht Lara auf und kratzt von innen gegen die Scheibe. »Vielleicht kann Tinkapur sie ja doch ein wenig ablenken?« Der Tonfall von Frau Lorenz klingt etwas hoffnungsvoller, und sie geht zur Terrassentür, um diese zu öffnen.

Lara drängt sich sofort durch den Spalt, der beim Aufschieben der Tür entsteht. Sie läuft zum Gartenzaun, steigt an ihm auf und beginnt laut zu wimmern.

Betroffen sieht Mascha auf den Hund. Lara scheint eher erregt als traurig zu sein und schaut sich immer wieder zu Frau Lorenz und Mascha um. »Siehst du, sie bekommt noch einen Herzschlag, wenn ich sie jetzt rauslasse.« Mascha nickt, aber seltsamerweise spürt sie keinen Schmerz wie sonst, wenn ein Tier leidet, sondern nur eine große Unruhe in sich.

Instinktiv geht sie näher an Lara heran, die hysterisch bellend in die Luft schnappt und dabei lautstark von Tinkapur unterstützt wird. Es ist, als ob beide etwas wüssten und ihnen mitteilen wollten. Mascha schließt die Augen und versucht, durch die Augen der Hunde zu sehen. Vor ihrem inneren Blick wird es stockdunkel, und je länger sie dort bleibt, umso weniger Luft bekommt sie.

Sie schlägt die Augen wieder auf und sagt um Luft ringend: »Ich glaube, die Hunde wissen, dass Mausi irgendwo nicht rauskommt und Hilfe braucht!«

Überrascht lauscht sie ihren eigenen Worten nach, ganz verwundert davon. »Woher weißt du das?« Frau Lorenz tritt rasch auf Mascha zu, sieht sie verblüfft an. Mascha zieht die Schultern nach oben und meint kleinlaut: »Ich kann es nicht genau sagen, es ist so ein Gefühl ...«

Frau Lorenz beginnt schneller zu atmen. »Aber wie kommst du darauf?« Ihr Tonfall klingt bemüht ruhig. Mascha sieht sie ratlos an und flüstert: »Die Hunde haben es mir gesagt.«

Frau Lorenz schluckt, als müsse sie einen sehr großen Brocken in sich aufnehmen.

Für einen Moment hört man nur das Wimmern von Lara und das hohe Bellen von Tinkapur. Frau Lorenz hockt sich vor Mascha hin und fragt mit einem erregten Vibrieren in ihrer Stimme: »Aber was haben sie denn gesagt?«

Mascha sieht nach unten, und ihr Blick erfasst Frau Lorenz nicht, als sie antwortet: »Es ist dunkel, und man bekommt wenig Luft.«

Frau Lorenz greift sich betroffen an ihre Brust und schüttelt ungläubig den Kopf. Als sie ihren Hund anschaut, durchfährt sie ein Schauer. Auch wenn sie in Betracht zieht, dass nur ihre eigene Hoffnung sie an eine Kinderfantasie glauben lässt, bindet sie kurz entschlossen die Gartenschürze ab, holt eine Leine und fragt Mascha: »Möchtest du mitkommen?«

Mascha nickt eifrig, doch sie sieht sich dabei um, als wolle sie sich vergewissern, ob alles noch an seinem Ort ist.

Draußen stemmt sich Lara in die Leine und zieht Frau Lorenz hinter sich her durch einige Straßen der Siedlung. Vor einer kleinen Baustelle, die von einem Bauzaun umzäunt ist, springt sie ruckartig nach vorn, um das Tempo weiter zu beschleunigen. Der Bordstein ist an dieser Stelle aufgerissen, und ein offenes Rohr ragt waagerecht aus dem Erdreich.

Instinktiv klickt Frau Lorenz die Leine ab und sagt: »Such Lara, wo ist die Mausi?« Doch die Hündin ist bereits losgespurtet, bevor sie den Satz beenden kann. Sie springt in die ungefähr ein Meter tiefe Baugrube hinein und schnüffelt aufgeregt. Schließlich beginnt sie an der Öffnung des Rohres zu kratzen, die mit Schlamm verschlossen ist. Der Regen der letzten zwei Tage hat wohl eine Sandschicht nachrutschen lassen und sie in das Rohr hineingespült.

Lara beginnt, laut bellend zu graben, und Tinkapur springt aufgeregt in die Leine und möchte sie unterstützen. Mascha kann sie nur mit Mühe festhalten und sieht Frau Lorenz zu, die rasch in das Loch klettert. »Lara, warte, ich helfe dir!«

Ihre Hand findet kaum Platz neben den grabenden Pfoten des Hundes, und die Tränen, die ihr über die Wangen laufen, scheint sie nicht zu bemerken.

Mascha fühlt sich ein wenig benommen.

»Was machen Sie denn da?« Ein älterer Mann mit abstehenden weißen Haaren tritt hinzu und betrachtet verwirrt die grabende Frau und ihren Hund.

Frau Lorenz hebt den Kopf in seine Richtung und ruft mit puterrotem Gesicht: »Meine Katze ist wahrscheinlich in diesem Rohr gefangen!«

»Aha …« Der ältere Herr wandert um die Baustelle herum, als könne er von der anderen Seite das Beschriebene besser begutachten. »Aber das Rohr ist verstopft …«, ruft er.

»Eben deshalb!«, schreit Frau Lorenz, ohne sich nochmals nach ihm umzudrehen.

Als würde ihm nun ein Licht aufgehen, tippelt der alte Mann mit schnellen, kleinen Schrittchen zu dem Haus hinter der Baustelle. Er öffnet einen Holzschuppen im Vorgarten und kommt mit einer kleinen Schaufel in der Hand zurück. Offenbar hat sein Spurt ihn angestrengt, denn er verschnauft keuchend.

Mascha läuft ihm mit Tinkapur entgegen, nimmt ihm das Werkzeug wie einen Staffelstab aus der Hand, rennt zur Baugrube und übergibt die Schaufel Frau Lorenz. Sie glüht vor Aufregung und fühlt sich unsagbar lebendig in dieser Aktion.

»Warte mal, Lara! Ich mache jetzt allein weiter.« Frau Lorenz schiebt Lara zur Seite, aber die Hündin drängt sich immer wieder neben sie und versucht, mit ihr weiter zu graben. »Lara, die Schaufel verletzt dich!« Frau Lorenz klickt die Leine an deren Halsband und schlingt das Ende um einen Pfosten des Bauzaunes. So festgebunden schnappt Lara erregt bellend in die Luft, und ihre Augen verfolgen gebannt das Graben.

Plötzlich kippt Frau Lorenz ein Stück nach vorn. Sie hat ein Loch in der Sandschicht durchstoßen. Nun zieht sie die Schaufel heraus und lässt sie neben sich fallen. Dann gräbt sie mit der Hand weiter. Ihr Arm ist bereits zur Hälfte im Rohr, und sie muss ihren Oberkörper seitlich wenden, um weiterzukommen. Nach ein paar Versuchen stürzt sie abermals ruckartig nach vorn. Ihre Hand hat offenbar eine größere Fläche durchbrochen.

An ihrem Arm vorbei kommt Mausi mit schreckgeweiteten Augen herausgeschossen und stößt einen lauten vorwurfsvollen Ton aus: »*Miaauu!*« Frau Lorenz lässt sich auf ihr Hinterteil fallen, und in ihrem Blick liegt schiere Fassungslosigkeit. »Mausi …!« Betroffen hält sie sich die Hand vor den Mund. Auch Mascha schaut überrascht auf die Katze und hat die Augen weit geöffnet. Mit unterwürfig abgesenkter Rute wedelt Lara eine Begrüßung und winselt aufgeregt. Mausi dagegen schickt nur einen kräftigen Faucher in Tinkapurs Richtung. Diese verstummt augenblicklich in ihrem Fiepen und versteckt sich hinter Maschas Beinen.

»Na, das ist ja ein Ding! Ich werde da mal ein Brett vorstellen, bis das hier beendet ist!« Der alte Herr weist auf das Terrain der Baustelle und betrachtet die Katze, die sich hingesetzt hat, um sich zu putzen. Ihre Zungenbewegungen wirken jetzt eher ungehalten, als wären die Schlammschlieren in ihrem Fell eine Zumutung.

»Mausi …« In Frau Lorenz' Stimme liegt Bestürzung. »Wenn wir dich nicht gefunden hätten …« Die Katze sieht auf, als wäre der Gedanke, man hätte sie *nicht* finden können, unter ihrer Würde.

»Wollen sie sich bei mir waschen? Ich habe hier im Garten Wasser.« Der alte Herr weist auf einen Hahn an der Hauswand.

Frau Lorenz nickt abwesend und blickt weiter auf die Katze. »Das ist doch ein Wunder, ein wirkliches Wunder.«

Der Mann brummelt: »Sie haben ja gesehen, wo das Wasser ist«, und zieht sich zurück in sein Haus.

Frau Lorenz wendet Mascha das Gesicht zu und sagt fast ehrfürchtig: »Weißt du, dass du Mausi das Leben gerettet hast?« Mascha wird rot, denn diese Art der Anerkennung ist eine neue Erfahrung für sie. »Aber woher wusste Lara das?« Frau Lorenz betrachtet Mascha mit gerunzelter Stirn.

Mascha heftet den Blick auf Lara und denkt nach. »Vielleicht kann Lara ja auch mit Mausis Augen gucken?«, schlägt sie zögerlich vor und kratzt sich am Kopf.

Frau Lorenz klettert aus der Grube und wölbt skeptisch den Mund nach vorn. »Aber so etwas geht doch gar nicht!« Mascha hebt ratlos die Schultern. »Vielleicht hast du es ja auch einfach nur erraten, und Lara ist mit der Nase der Spur von Mausi gefolgt?« Die Stimme von Frau Lorenz klingt bei dieser Frage erleichtert und etwas sicherer.

Mascha kaut auf ihrer Lippe und scheint etwas abzuwägen. Nach einer Weile sieht sie nachdenklich auf und räumt zaghaft und ein wenig besorgt ein: »Vielleicht habe ich ja tatsächlich zu viel Fantasie?«

»Mama, ich habe heute die Katze von Frau Lorenz gerettet!« Mascha wirft die Hundeleine auf den Boden, tritt die Schuhe von den Hacken und läuft zur Mutter in die Küche.

»Ja, fein.« Die Mutter sieht von einer Zeitschrift auf und lächelt. Sie ist erfreut über Maschas Heimkehr. Wenn Werner im Trainingslager ist, erschreckt sie jedes fremde Geräusch. Nun, wo Mascha da ist, kann sie die Wohnungstür von innen sichern.

Sie erhebt sich und streicht Mascha im Vorbeigehen über die Haare. »Was ist denn mit der Katze passiert, wäre sie sonst vor ein Auto gelaufen?«

»Nein, sie war ja schon weg! Ich habe sie mit Lara und Tinkapur wiedergefunden!«

Die Mutter bleibt mit einem Brotbrett in der Hand stehen, das sie aus einer Schublade genommen hat, und sieht Mascha überrascht an. »Wer ist denn jetzt Lara?«

»Na, der Hund von Frau Lorenz, mit dem Tinkapur so gerne spielt. Das habe ich dir doch erzählt!« Maschas Gesicht glüht.

Die Mutter nickt. »Ach ja, und was hast du da genau gemacht?« Mascha berichtet von den Ereignissen und illustriert sie ausdrucksvoll mit ihrem Körper. Der Mutter spürt dabei eine starke Beklemmung. Sie hat gelernt, sich unauffällig und korrekt zu benehmen, um Kritik zuvorzukommen, und dennoch erfährt sie oft Bemerkungen, die sie verletzen.

Erst vor ein paar Tagen war sie mit ihrer Kollegin Petra und ihrer Kindergartengruppe in der Altstadt gewesen, um ein Glockenspiel anzuhören, das zu jeder Stunde läutet. Barbara hatte auf dem Weg dorthin in einem Ladenschaufenster einen Rock gesehen und ausgerufen: »Petra, ist der nicht schön?!« Die Kollegin hatte nur uninteressiert den Blick gehoben und kurz geantwortet: »Ja, ganz hübsch, aber nicht mein Geschmack.« *Was für eine Antwort*, hatte Barbara gedacht und sich den ganzen Tag über gereizt gefühlt. Hatte sie denn gar keinen Geschmack? Schließlich achtete sie sehr genau darauf, was sie anziehen konnte und was nicht.

Petras Unterstellung macht sie noch immer zornig, und seitdem ist sie distanzierter im Umgang mit ihr und überlegt sich, was sie sagt. Mascha dagegen provoziert mit ihrer unkontrollierten Art die Aufmerksamkeit anderer regelrecht und bringt sie in Situationen, die ihr sehr unangenehm sind. Auch wenn sie jetzt gerade keine Zuschauer haben, betrachtet sie Maschas Darbietung dennoch mit Besorgnis.

»Und dann kam der alte Mann ...« Mascha beugt den Rücken und trippelt mit winzigen Schritten durch die Küche, um den Gang des alten Mannes zu demonstrieren. »Und die Katze, Mama. Sie war soooooo empört ...« Mascha führt mit betont hochnäsig gerecktem Kinn vor, wie die Katze reagiert hat. »Und so hat sie den Schlamm abgeleckt.« Mit dem Handrücken wischt Mascha sich mehrfach über den Oberarm, und ihr Blick ist dabei so komisch vorwurfsvoll, dass die Mutter jetzt doch lachen muss.

»Aber woher habt ihr denn nun gewusst, dass die Katze in dem Rohr ist? Das habe ich noch nicht verstanden.«

Mascha unterbricht ihre Darbietung. Sie weiß nicht, wie sie es der Mutter besser erklären kann. Intuitiv spürt sie, dass es die Glaubwürdigkeit ihrer Geschichte gefährden könnte, wenn sie von dem beklemmenden Gefühl der Dunkelheit und der Luftnot berichten würde, das sie gehabt hatte, als sie all dies mit den Augen der Hunde sah. Sie ist sich inzwischen selbst nicht mehr sicher, ob diese Eindrücke nicht doch ihrer Fantasie entsprungen waren. Deshalb antwortet sie: »Lara und Tinkapur haben Mausi wie Suchhunde gefunden! Sie sind einfach ihren Nasen gefolgt, und wir hinterher!«

»Ahhh, das ist ja toll! Wie schön, dass ihr die arme Katze befreien konntet.« Die Mutter wendet sich ab und geht in den Flur. Kurz darauf ruft sie: »Bring doch mal bitte die Schrauben her, die habe ich vergessen …«

Mascha weiß, wenn Mutter das Brotbrett anschraubt, ist der Vater im Sportlager. Sie eilt ihr zu Hilfe und hält das Brett von innen gegen die Öffnung des Briefkastenschlitzes, damit die Mutter schrauben kann. Dann öffnet sie einen großen Einbauschrank der Wohnungstür gegenüber, holt einen Schrubber heraus und reicht ihn der Mutter. Diese klemmt das Stielende am Boden gegen den Schrank und den Schrubber waagerecht unter die Türklinke. Die Mutter nickt befriedigt, als sich bei dem Versuch, die Klinke herunterzudrücken, die Tür nicht mehr öffnen lässt.

Nun dreht sie den Schlüssel zweimal herum und sagt: »So, jetzt sind wir sicher! Weißt du was, wir essen heute unser Abendbrot vor dem Fernseher. Ich mache uns etwas Schönes, und du kannst bis dahin noch spielen.«

Mascha klatscht begeistert in die Hände und ruft: »Jaaaaa, gibt es denn gutes Brot?«

Die Mutter nickt bestätigend. Wenn der Vater nicht da ist, ersetzt sie das Vollkornbrot durch Mischbrot. »Ich habe sogar Leberwurst gekauft!«, ruft sie ihr hinterher, als Mascha in ihr Zimmer stürmt.

»Komm, Tinkapur, wir spielen Topfschlagen.« Mascha liebt das Spiel, das ihr Frau Becker gezeigt hat. Bald wird sie ihr vorführen, wie gut Tinkapur es inzwischen kann.

Sie stellt den Übungstopf, den Mama ihr geborgt hat, verkehrt herum auf den Boden, und Tinkapur springt sogleich hinzu. Sie setzt beide Pfoten auf den Topf und tritt im Wechsel auf dem Gefäß herum. »*Klock, klock, klock, klock.*« Mascha braucht inzwischen kein Futterstück mehr darunter verstecken. Tinkapur hat das Prinzip verstanden.

Beim nächsten Mal wird sie Frau Becker fragen, wie sie Tinkapur nun beibringen kann, nur kurz darauf zu schlagen, denn Tinkapur hat sich inzwischen in das Spiel hineingesteigert und kann oft nicht mehr damit aufhören.

»Du machst das ganz toll, aber jetzt gehen wir Abendbrot essen.« Mascha will das Spiel für heute beenden und steht vom Boden auf. Tinkapur trommelt hechelnd weiter. »Tinkapur!« Mascha stupst sie an, und als auch das nichts bewirkt, zieht sie den Topf kurz entschlossen weg. Tinkapur winselt leise. »Komm mit, du bekommst happe, happe!« Mascha wiederholt den Ausdruck der Mutter, wenn diese den Hund füttert.

Tinkapur verstummt und leckt sich über das Maul. Eine Stunde später liegt Mascha mit ihrer Mutter auf dem Sofa, und sie sehen eine Unterhaltungsshow mit Rudi Carrell. Mascha findet die Mitspieler in dieser Sendung oft spannend. Heute entpuppt sich der unscheinbare Sohn eines Mutter-Sohn-Teams als Komiker. Seine Körpersprache bringt Mascha immer wieder zum Lachen. Er schnaubt scheinbar kräftig in seine Hand, als wäre sie ein Taschentuch, und hält sie dann einem bekannten Schauspieler hin, mit dem er eine Improvisation spielen soll. Dann zieht er sich leger den Schlipsknoten auf und flegelt sich neben den Schauspieler auf ein Sofa.

Mascha bewundert seine Frechheiten und findet sie mutig. Bei den Scherzen des Moderators, die Mama sehr liebt, kann sie nicht so lachen.

»BONG!« Die Mutter fährt erschrocken hoch und sieht gebannt zur Wohnstubentür. Das Geräusch kommt von draußen. Angesteckt von ihrer Furcht, drückt sich Mascha an sie heran. Beide lauschen mit angehaltem Atem. »BONG, BONG, BONG!«

»Da versucht jemand, das Brotbrett wegzuschlagen!« Die Mutter wird blass. Kopflos springt sie hoch und sieht sich suchend um. Sie nimmt eine kleine Bronzeskulptur aus der Schrankwand und streckt den anderen Arm abwehrend in Maschas Richtung. »Du bleibst hier«, flüstert sie angespannt, und Mascha zieht sich die Wolldecke bis zum Kinn.

»BONG, BONG!«

Auf Zehenspitzen schleicht die Mutter in den Flur hinaus, und es macht Mascha noch mehr Angst, allein zurückzubleiben. Sie erhebt sich vorsichtig und schleicht nun ihrerseits der Mutter hinterher. Diese steht abwartend im dunklen Flur, und Mascha spürt, wie sie lauscht. Die Mutter tastet mit der Hand nach dem Schrubber und atmet erleichtert aus, als sie ihn unverändert fest unter der Klinke fühlt. Entschlossen klickt sie auf den Lichtschalter und blickt sich um. »Du solltest doch …«

»BONG, BONG.« Sie beendet den Satz nicht, als sie Mascha sieht, und lauscht erneut. Das Geräusch kommt eindeutig aus der Küche. Zögerlich öffnet sie ganz langsam die Tür und klickt dann rasch das Licht an.

Mascha nimmt wahr, wie die Mutter tief ausatmet und lacht. Schnell läuft sie zu ihr und beugt sich um sie herum. Unter der weißen Stoffbedeckung an der Front eines Regales ragt Tinkapurs Hinterteil hervor.

Mascha geht in die Küche hinein und hebt vorsichtig den Vorhang hoch. »BONG, BONG.« Nach zwei letzten Schlägen auf einen großen Schmortopf dreht sich Tinkapur um, setzt sich und wartet mit gespanntem Blick auf eine Belohnung.

12

Hände

Der Weg zur Hundeschule führt durch einen abgeschiedenen Wald am Rande der Stadt. Eine milde Septembersonne scheint sanft zwischen den Bäumen hindurch.

»Danke, Mama, dass du mir hilfst. Du wirst schon sehen, Tinkapur wird mit den anderen Hunden spielen, wenn sie darf. Sie ist ganz lieb.«

»Mascha, die Frau Lorenz ist eine Hundehalterin und keine Trainerin. Zuerst möchte ich einmal hören, was Frau Hartmann dazu zu sagen hat.«

Die Mutter sieht unmutig zu dem Schild der Hundeschule, der sie sich nähern. Es hatte sie sehr verärgert, als ihr Mascha vom Ausschluss des Hundes beim Spielen erzählt hatte. Immerhin hatten sie bezahlt wie die anderen auch, und da konnte sie ja wohl erwarten, dass Tinka wie alle anderen behandelt wurde. Und wenn die Probleme mit anderen Hunden hatten, sagte das doch etwas über die Hundeschule aus und nicht über Tinkas Erziehung. Schließlich konnten sie ja zu Hause kein Rudel halten und gingen in die Schule, damit der Hund Kontakt zu anderen Hunden hat.

Auch die nebulöse Andeutung der Trainerin, dass es einen Grund geben müsse für Tinkas Verhalten, erregt sie. *Was denkt diese Frau sich eigentlich? Meint sie, sie würden zu Hause irgendwas machen, damit der Hund sich so verhält?* Sie hatte Mascha immer wieder gefragt, doch ihre Tochter hatte nichts erzählt, was man hätte missverstehen können.

Nur Maschas Aufgebrachtheit über die körperliche Maßregelung des Hundes kann sie nicht teilen. Sicher hatte Mascha übertrieben, denn als sie nachgehakt hatte, wie stark die Trainerin den Hund denn getreten hatte, hatte Mascha verwirrt nach unten gesehen und gemurmelt: »Das weiß ich nicht genau, aber Tinkapur hat große Angst bekommen und ich habe genau gesehen, dass es ihr wehgetan hat.«

Ihr ist klar, dass auch ein Hund Lehrgeld bezahlen muss, wenn er lernt. In ihrer Kindheit gab es eine auf den Mund, wenn sie etwas Falsches gesagt oder getan hatte. Kinder wurden dazu erzogen, problemlos mitzulaufen, und es kommt ihr aberwitzig vor, wie sich das Kind nun um das Wohlergehen des Hundes sorgt, wenn es um dessen Erziehung geht.

Die Mutter schrickt zusammen unter dem Knurren von Tinkapur. Diesen Ton hat sie von ihr noch nie gehört. Mit zurückgeneigtem Kopf sieht sie den Hund befremdet an. Offenbar hat Tinkapur hinter dem Zaun die anderen Hunde bemerkt und springt nun aufgebracht nach vorn. Vom Leinenende ausgebremst, dreht sie sich in der Luft um ihre eigene Achse und nimmt erneut Anlauf. Betroffen schaut die Mutter zu Mascha und sagt: »Aber sie benimmt sich tatsächlich furchtbar.«

Mascha presst die Lippen zusammen und sieht beklommen nach unten.

Mit dem Finger auf Tinkapur zeigend ergänzt die Mutter ihr Urteil: »Schau doch! Wenn ich Tinka nicht kennen würde, hätte ich jetzt auch Angst vor ihr. Das ist doch aggressiv.«

Mascha errötet. »Aber Frau Lorenz hat gesagt …«

Die Mutter unterbricht sie. »Vielleicht versteht sich Tinka ja mit dem Hund dieser Frau gut, aber sonst mit keinem. Woher willst du das denn wissen? Du wolltest doch in eine Hundeschule, um etwas über Hunde zu lernen.«

Mascha kann diesem Argument nichts entgegenhalten. Kleinlaut bittet sie: »Du hast gesagt, du hilfst mir.«

»Das tue ich ja, aber ich muss mir auch selbst ein Bild machen dürfen!«

»*Wu, wu, wu, wu, wuuuuu!*« Tinkapurs Knurren ist in ein schrilles Bellen übergegangen.

»Ich will dir ja helfen, aber ich kann mich nicht beschweren, wenn deine Trainerin vielleicht Recht hat.« Der Tonfall der Mutter klingt genervt.

Mascha stolpert, fängt sich jedoch wieder. »Ich hab dir doch von Lara erzählt und …«

»Mascha, gib jetzt Ruhe – nur dieses eine Mal. Du siehst doch, wie Tinka sich benimmt.«

Mascha stolpert erneut, verliert das Gleichgewicht und versucht, sich mit den Armen abzufangen. Heftig rudert sie in der Luft herum, und die Leine rutscht ihr dabei aus der Hand.

Tinkapur nutzt die Freigabe und spurtet die letzten fünfzig Meter bis zur Hundeschule. Vergeblich ruft die Mutter hinter ihr her: »Tinka! Komm zurück!«

Mascha fühlt sich benommen und verfolgt das Geschehen wie durch Watte.

»Komm jetzt!« Die Mutter zieht sie am Arm weiter. »Wir müssen den Hund einfangen!«

Am Zaun angekommen, sieht Mascha, wie ein junger Labrador sein Maul durch den Zaun schiebt und Tinkapur aufgebracht danach schnappt, ohne es zu berühren. Als die Mutter sie zu fassen bekommt, schrickt Tinkapur zusammen und greift im Übersprung mit dem Maul nach ihrer Hand.

Die Mutter zieht diese überrascht zurück.

Das Tor öffnet sich laut knarrend, und Frau Hartmann eilt heraus. Sie springt geschickt mit einem Fuß auf die Leine, hebt sie auf und zieht Tinkapur vom Zaun weg. Beim Laufen schlägt sie mit dem Fuß aus wie ein Pferd und gibt der Hündin ein paar Tritte in die Seite. Die fährt erschrocken herum und bellt die Trainerin empört an.

Frau Hartmann streckt den Arm aus, um Tinkapur auf Abstand zu halten, und nickt ihrer Assistentin zu. Die stämmige Frau nähert sich dem Hund von hinten, und als Tinkapur das bemerkt, weiten sich ihre Augen. Sie beginnt in alle Richtungen zu springen, auf der Suche nach einem Fluchtweg. Frau Hartmann nutzt die Ablenkung durch ihre Assistentin, greift Tinkapur von hinten ins Geschirr und wirft sie auf den Rücken. Tinkapur windet sich wie ein Fisch, kann sich aber aus den geübten Händen nicht befreien.

»So, jetzt warten wir, bis sie sich beruhigt hat, und dann reden wir mal.« Frau Hartmann atmet schwer. Tinkapur dreht den Kopf in alle Richtungen, und Mascha sieht, wie ihr Blick sie sucht. Als sie einander anschauen, spürt Mascha einen heftigen Stich im Herzen. Instinktiv springt sie auf Tinkapur zu, geht in die Hocke und streichelt sie.

»Siehst du, Barbara, genau deshalb kann das nichts werden«, wendet sich die Trainerin an die Mutter. »Der Hund braucht Disziplin, sonst wird das immer schlimmer. Jetzt beißt er schon Menschen ...« Sie lässt den Fortgang des Satzes offen.

»Mascha, du darfst den Hund jetzt nicht streicheln! Er hat etwas sehr Schlimmes getan und muss jetzt Konsequenzen erleben!« Die Trainerin berührt Mascha energisch an der Schulter.

Mascha erstarrt vor Angst und lässt sich über Tinkapur fallen. Sie krallt sich mit den Händen am Rasen fest und stemmt die Fußspitzen fest in den Boden.

»Mascha, hör jetzt auf deine Trainerin! Lass das!« Die Mutter versucht Mascha wegzuziehen, aber es gelingt ihr nicht.

»Nun beruhigt euch mal. Das Mädchen fürchtet sich doch und versteht gar nicht, worum es geht.«

Der Mann wickelt die Leine des Labradors um eine Zaunlatte und kommt herüber. Er hockt sich neben Mascha, die ihn überrascht anschaut und dann dankbar lächelt.

Frau Hartmann kratzt sich am Nacken. Einlenkend sagt sie: »Gut, Barbara, wir gehen mit deiner Tochter kurz in die Bude und klären das. Und Larissa beginnt schon mal mit der Stunde.« Sie zeigt auf ihre Assistentin, auf deren Gesicht sich ein verblüfftes Staunen abzeichnet. Mit großen Augen sieht sie die Trainerin fragend an, und einige der Teilnehmer runzeln skeptisch die Stirn.

»Du kannst das super. Das ist deine Chance«, sagt Frau Hartmann aufmunternd und weist mit der Hand in Richtung des Stuhlkreises. Dann nickt sie Barbara und Mascha einladend zu und winkt sie hinter sich her.

In dem kleinen Gartenhaus schnallt die Trainerin ihre Gürteltasche ab und wirft sie auf den Tisch. Tief ausatmend setzt sie sich und bietet auch Barbara und Mascha Stühle auf der anderen Seite des Tisches an. Sie versucht, die richtigen Worte zu finden.

»Also, Barbara, du musst selbst das Training übernehmen. Dein Kind ist dem nicht gewachsen. Es kann ja noch nicht mal verstehen, warum wir hier etwas so oder so machen.« Die Trainerin lässt eine Pause und wartet. Mascha heftet den Blick auf den Boden, um ihre Entrüstung zu verbergen.

Die Mutter sieht angespannt auf die Trainerin und schnippt mit dem Zeigefinger immer wieder nervös über die Daumenkuppe. Das leise, monotone Wetzen wirkt ungewöhnlich präsent in der Stille. Sie bemerkt den Blick der Trainerin auf ihre Hand und nimmt den Daumen in der Faust gefangen.

»Also, ich dachte, es wäre gut für Mascha, mit ihrem Hund allein zu kommen«, rechtfertigt sie ihre Entscheidung. »Sie wollte es ja so gern.« Auffordernd blickt sie zu Mascha, die zustimmend nickt.

»Ja, das verstehe ich.« Die Trainerin stützt einen Ellenbogen auf den Tisch und schiebt die Futtertasche zwischen ihren Fingern hin und her. »Mit einem anderen Hund wäre das sicher auch kein Problem gewesen. Das konntest du ja nicht wissen. Der hier ist aber schwierig. Wo habt ihr ihn eigentlich her?«

»Na, vom Züchter!« Die Mutter richtet ihren Oberkörper kerzengerade auf.

Darauf kratzt die Trainerin sich am Kopf und besinnt sich neu. »Und wie ist sie sonst, wenn keine anderen Hunde dabei sind?«

»Ganz lieb!« Die Erleichterung in der Stimme der Mutter ist nicht zu überhören. »Also, wir haben überhaupt keine Probleme mit ihr.«

Maschas Gesicht erhellt sich, und sie flüstert der Mutter zu: »Du musst das noch erzählen mit Lara von der Frau Lorenz.« Die Mutter schüttelt hastig abwehrend den Kopf.

»Was für eine Lara? Du kannst es ruhig sagen. Mir hilft jede Information.« Frau Hartmann schaut Mascha interessiert an.

Mascha holt Luft. »Tinkapur hat ganz doll mit einem fremden Hund gespielt und war auch gleich ganz ruhig. Die Frau, der der Hund gehört, hat gesagt, sie will nur hin zu Hunden und ist deshalb so aufgeregt, und Tinkapur ist nicht böse!« Dann beobachtet sie die Trainerin erwartungsvoll.

Die kneift die Augen zusammen und sagt mit einem leicht verstimmten Unterton: »Und eine Hundehalterin weiß es schließlich besser als ich …«

Die Mutter gibt Mascha warnend ein Zeichen und winkt unmerklich ab. Mascha nimmt es wahr, doch ihr Drang, dieses Erlebnis zu verteidigen, ist stärker: »Die Frau Lorenz hat schon seit vierzig Jahren Hunde. Und ihr Hund Lara hat Tinkapur sogar schon erzogen.«

»Ahaaaa. Was hat er denn gemacht?«

Mascha nimmt ein seltsames Lauern im Blick der Trainerin wahr, das sie nicht deuten kann. Um sie zu überzeugen, springt sie auf, beugt sich vor Tinkapur über den Boden, hebt die Oberlippe und tönt, so tief sie vermag: »*Raaaaaaaa!* So hat sie gemacht.«

Tinkapur weicht erschrocken zurück und sieht Mascha mit aufgerissenen Augen an. Auch Mascha richtet sich überrascht auf. Sie hatte nur darstellen wollen, was Lara getan hatte, und nicht mit dieser Wirkung gerechnet.

Die Trainerin klopft sich mit der Hand auf den Oberschenkel und nickt betont langsam, als bestätige sich etwas für sie. »Siehst du, der Hund hat Tinkapur gestoppt. Das ist genau das, was ich meine. Auch du musst Grenzen setzen, damit sie hört. Und Menschen können sich dazu ja nicht immer auf den Boden werfen, nicht wahr?« Sie lacht, doch es klingt eher sarkastisch als fröhlich.

Mascha sieht nach unten und wägt die Worte der Trainerin ab. Sie ergeben für sie Sinn, beruhigen sie jedoch nicht.

Leise murmelnd verleiht sie ihrem Zweifel Ausdruck: »Die Lara hat Tinkapur aber nicht wehgetan, und Tinkapur hat trotzdem gehört!« Mascha verschränkt die Arme vor der Brust und will sich dieses Argument nicht nehmen lassen.

»Aha, so denkst du.« Die Trainerin zieht ihre Augenbrauen nach oben und sagt in gereiztem Tonfall: »Du bist aber ein Kind. Und Kinder können mit einem Hund nicht so reden, wie ein Hund das tut. Deshalb muss der Hund den Menschen verstehen lernen. Und dazu geht man in eine Hundeschule.«

Mascha verschränkt die Arme noch fester, und auch ihr Blick verschließt sich.

»Nun hör doch auf deine Trainerin, Mascha. Wenn du weiter so stur bist, hat es gar keinen Zweck, hierher zu gehen. Dann lernst du doch nichts.«

Überrascht schaut die Trainerin zur Mutter und nickt zustimmend. Mascha richtet den Blick starr nach unten und presst fast tonlos hervor: »Aber ich will nicht, dass Tinkapur wehgetan wird, und sie soll mitspielen dürfen!«

Die Trainerin hebt in einem Anflug gespielter Ergebenheit beide Hände in Richtung Decke.

Dann schaut sie mit einem schiefen Lächeln zur Mutter.

»Siehst du, ich gebe mein Bestes. Aber wir enden genau da, wo wir angefangen haben. So geht das nicht. Wir können ja nicht jedes Mal solche Diskussionen führen und die ganze Gruppe warten lassen.«

Die Zustimmung verschwindet plötzlich aus dem Gesicht der Mutter, und sie wird bleich. Spitz erwidert sie: »Wenn man hier mit Problemen nicht fertig wird, suchen wir uns eben eine andere Hundeschule.« Bevor die Trainerin darauf reagieren kann, nimmt sie Mascha am Arm und zieht sie hinaus.

Während sie sich von der Hundeschule entfernen, hält Mascha Abstand zur Mutter und geht ein paar Schritte hinter ihr. Sie spürt deren Aufgebrachtheit und zieht instinktiv den Kopf ein.

»So eine Frechheit, uns aus der Hundeschule werfen zu wollen!«

Mit schnellen Schritten eilt die Mutter voran und atmet mehrfach laut aus. Aber sie fühlt keinen Triumph, der Trainerin zuvorgekommen zu sein. »Und dieses Geduze unter den Hundeleuten, furchtbar. Ich bin doch nicht gleich befreundet mit jedem, nur weil er einen Hund hat.«

Mascha ist erleichtert, dass sich der Zorn der Mutter offenbar nicht gegen sie richtet, und nähert sich ihr von hinten. Doch als die Mutter sie aus den Augenwinkeln wahrnimmt, spürt Mascha, dass das ein Fehler war. »Die Hundeschule hat sich erledigt, mein Fräulein, und der Hund bleibt weiter an der Leine! Sei froh, wenn er überhaupt bleiben darf. Du hast mich maßlos blamiert vor der Frau, und was die anderen aus dieser Truppe denken, möchte ich gar nicht erst wissen.« Mascha lässt sich eilends wieder zurückfallen, um unsichtbar zu werden.

Auch zu Hause will sie verschwinden und geht rasch zu ihrem Zimmer. »Moment, so haben wir nicht gewettet. Hast du mir nichts zu sagen?« Die Mutter sieht sie aufgebracht an.

»Aber ich habe doch nichts gemacht.« Mascha hebt reflexartig die Hände über den Kopf, als die Mutter auf sie zuspringt. Sie spürt, dass sich deren Zorn gleich entladen wird.

»Nichts gemacht!? Nimm die Brille ab!« Die ersten Hiebe prasseln auf Maschas Kopf. »Du versaust alles! Kannst du nicht einfach einmal hören, wenn Erwachsene dir was sagen!?«

Mascha versucht jetzt, mit den Unterarmen ihr Gesicht zu schützen, doch die Mutter reißt sie ihr herunter. »Mama, ich mache es nicht wieder. Mama, bitte!« Mascha schreit panisch, und Tränen behindern ihre Sicht.

Wie durch einen Schleier sieht sie die Mutter nach einer eisernen Kehrschaufel greifen und wendet sich fluchtartig ab. Mit weit aufgerissenen Augen läuft sie vom Flur ins Wohnzimmer und bringt den Tisch zwischen sich und die Mutter. »Mama, nicht! Bitte! Hör auf!«

Die Mutter ist ihr gefolgt, und Mascha nimmt jetzt nicht nur Zorn, sondern Feindseligkeit in ihrem Blick wahr. Sie erschrickt bis ins Mark, denn ihr wird bewusst, wie schrecklich ihr Verhalten sein muss, dass es die Mutter in so eine Verfassung bringt.

»Mama, ich werde es besser machen. Bitte!«

Maschas Flehen prallt an dem versteinerten Gesicht der Mutter ab. Sie spürt, dass der Tisch sie noch schützt, die Mutter jedoch immer wütender über dieses Hindernis wird.

Als die Mutter die Tischplatte anhebt, flieht Mascha zurück in den Flur. Planlos läuft sie auf die geöffnete Schlafzimmertür der Eltern zu und entdeckt in der Ecke des Raums eine zusammengerollte Schaumgummimatratze. Instinktiv schnappt sie sich diese und kriecht in die Öffnung in der Rolle. Fest umgeben von der Matratze verspürt sie für einen Moment Sicherheit. Dann hört sie die Schritte der Mutter im Zimmer. »Wo bist du? Du machst es immer schlimmer. Ich prügele dich windelweich, wenn ich dich finde!«

Angstvoll beobachtet Mascha die Öffnung über sich und fährt zusammen, als sie das Gesicht der Mutter auftauchen sieht. »So, Fräulein, jetzt mach dich auf was gefasst!«

In diesem Augenblick wird Mascha das vermeintliche Ausmaß ihres Verhaltens bewusst, und sie ruft abwehrend: »Mama, ich sehe es ja ein. Ich geh ins Heim.«

Die Mutter lässt sprachlos die Kehrschaufel sinken und zieht die Schaumgummirolle mit einem Ruck von Maschas Körper. Tiefe

Verachtung zeichnet ihr Gesicht, als sie sagt: »So eine arrogante Göre. *Du* willst also ins Heim.« Sie betont das Du, als würde es sich um eine unglaubliche Ungehörigkeit handeln.

Mascha öffnet entgeistert den Mund und starrt die Mutter fassungslos an. »Aber Mama, du sagst doch immer, ich muss ins Heim, wenn ich mich nicht bessere.«

Mit einem verächtlichen Unterton erwidert die Mutter: »Wenn ich das sage, ist das etwas anderes. Du hast kein Recht dazu. Geh jetzt in dein Zimmer.«

Eine halbe Stunde später öffnet sich die Tür zu Maschas Zimmer, und der Kopf der Mutter schiebt sich durch den Spalt. Vorsichtig tritt sie ein und setzt sich zu Mascha auf den Boden, die gerade Tinkapur streichelt.

Mascha schreckt hoch und kneift die Augen zusammen. Sie sieht der Mutter abwartend entgegen, den Kopf leicht eingezogen.

»Mascha, es tut mir leid. Du weißt, dass ich dir nie wehtun möchte. Ich war so wütend und habe keine Ahnung, wie es mit dem Hund jetzt weitergehen soll.« Die Stimme der Mutter klingt seltsam brüchig. »Würdest du wirklich ins Heim wollen?«

Mascha schüttelt heftig den Kopf und fällt ihr in die Arme. Ihre Tränen vermischen sich mit denen der Mutter. Tief erleichtert atmet sie in langen Atemzügen aus, und ihr Brustkorb vibriert dabei nach. Sie spürt jedoch, wie angespannt die Mutter bleibt, und nimmt deren flachen Atem wahr und ihr blasses Gesicht.

Mascha küsst sie auf die Wange und streicht ihr über das leblos wirkende Gesicht. Ihr Blick verwandelt sich in Schmerz und Trauer, als die Mutter sie jetzt ansieht.

»Du bist mein kleiner Schatz. Vergiss das nie!«, versichert sie ihr, und über Maschas Gesicht huscht ein befreites Lächeln.

Mit einem Räuspern erhebt sich die Mutter rasch. »Vater ist vorhin gekommen. Wir essen gleich Abendbrot, und du kannst mir helfen, den Tisch zu decken, ja?«

Mascha springt eilfertig auf und folgt der Mutter in die Küche. Gewissenhaft stellt sie eine Salatschüssel auf den Tisch und holt danach die schwere Schüssel mit dem Schabefleisch. Beim Tragen hält sie das Fleisch, so weit es geht, von sich weg, weil sein Geruch sie ekelt. Auch bemüht sie sich, nicht hinzusehen, denn die Schlieren der untergemischten, rohen Eier findet sie besonders abstoßend. Obwohl sie nicht weiß, ob die Mutter heute beim Vater durchsetzen kann, dass sie nichts davon zu essen braucht, ist sie froh, den Tisch zu decken. Sie kann dabei nur wenig Fehler machen und bekommt für gewöhnlich sogar ein Lob dafür.

Sie stellt die Teller an ihren Platz, legt Messer und Gabel ordentlich daneben und ordnet die Teetassen an deren rechte sowie die Gläser für den Saft an deren linke Seite oben. Zum Abschluss schiebt sie den Korb mit dem Vollkornbrot in die Mitte des Tisches.

»Sag doch deinem Vater mal kurz Bescheid, dass das Abendessen fertig ist. Er ist im Wohnzimmer.«

Die Mutter lächelt Mascha aufmunternd zu, denn sie bemerkt das Zögern des Mädchens. Mascha geht langsam in den Flur, und die Tür zum Wohnzimmer steht überraschend offen. Sie blickt auf die Glasscheibe der Schrankwand, in der sich das Zimmer spiegelt.

Der Vater liegt seitlich auf dem Sofa und hat ihr sein schlafendes Gesicht zugewandt. Sie will gerade zurückgehen, um die Mutter um Rat zu fragen, da landet Tinkapur neben dem Vater. Der Tisch vor dem Sofa muss sie verborgen haben, bevor sie auf das Sofa sprang. Mascha greift sich betroffen an die Lippen.

So nah darf ihrem Vater niemand kommen außer der Mutter.

Mit angehaltenem Atem beobachtet sie, wie Tinkapur sich wie selbstverständlich an den Körper des Vaters in seine Bauchhöhle schmiegt. Dieser murmelt im Schlaf und legt seinen Arm über den Hund. Mascha fühlt ihr Herz bis zum Hals schlagen.

Plötzlich springt Tinkapur noch einmal auf und versucht, unter die Decke zu kriechen, die sie vom Vater trennt. Durch diese Berührung aufgeweckt, fährt er hoch und sieht mit aufgerissenen

Augen an sich hinunter. Tinkapur antwortet mit einem Wedeln ihrer langen Federrute, und die Anmut darin erweckt in Mascha für einen Moment den Eindruck, als schwinge sie mit einem kleinen weißen Flügel.

Der Vater starrt auf den Hund und beugt seinen Oberkörper so weit zurück, wie er kann. Tinkapur dreht sich unvermittelt auf den Rücken und reckt ihm vertrauensvoll ihren nackten Bauch entgegen. Abwehrend hebt der Vater die Hand, doch plötzlich beginnt sich diese wie von selbst auf den Hund zuzubewegen.

Bevor er Tinkapur berührt, hält der Vater noch einmal inne und wendet den Kopf lauschend in Richtung der Tür. Mascha hält erneut den Atem an. Dann beobachtet sie etwas, was sie noch nie gesehen hat: Vaters Hände können streicheln.

13

Schätze

Das Laub der Bäume hat sich verfärbt, und Mascha sieht auf den wogenden Blättermantel der Trauerweide, der in einem leuchtenden Sonnengelb erstrahlt. Sie beobachtet ein paar schmale Blätter, die vor ihren Augen wie Schiffchen nach unten segeln, und unterdrückt das Bedürfnis, den Brief in ihrer Hosentasche bereits jetzt zu lesen. In der Schule hatte sie die Nachricht nur überflogen. Später will sie Wort für Wort noch einmal auskosten und genießt ihr Gefühl der Vorfreude.

Sie lehnt sich an den vertrauten buckeligen Stamm der Weide und lässt ihren Blick über die bunte Pracht des Waldes schweifen. *Wie schlau Bäume doch sind,* denkt sie voller Bewunderung. Sie weiß aus Büchern, dass sie sehr viel trinken müssen, weil über die Blätter ständig Wasser verdunstet. Im Winter jedoch gefriert das Wasser im Boden, und die Bäume lassen im Herbst einfach ihre Blätter los, um zu überleben. Dann im Frühjahr bilden sie neue. Dieser Kreislauf berührt Mascha, denn wenn sie etwas Schönes erlebt, versinkt sie in Trauer, wenn es vorbei ist, weil sie nicht weiß, ob es je wiederkommt.

Neulich hatte die Mutter sie überraschend zur Wohnungstür hinausgeschoben und gesagt: »Geh runter, bis ich dich wieder rufe. Du musst das nicht mit anhören.« Als sich die Tür vor Maschas Nase schloss, hatte sie gehört, wie die Eltern laut zu streiten begannen, und war auf den Hof gelaufen. Dort hatten ein paar Kinder gespielt und sie hatte ihnen, auf der Schwelle der Hoftür sitzend, zugesehen.

Ein rothaariges Mädchen hatte sie herangewunken. »Willst du mitspielen?« Mascha war unschlüssig aufgestanden und hatte vorsichtig genickt. Sie kannte die Kinder nur vom Sehen. Wenn sie Stubenarrest hatte, konnte sie von ihrem Zimmer aus auf den Hof blicken und sie beobachten. Ansonsten war sie nach der Schule am Fluss oder im Wald.

Gern hätte sie Tinkapur bei dieser Begegnung dabeigehabt, denn die Unbefangenheit der Kinder untereinander verunsicherte sie. »Na los, Antje. Mach weiter, du lahme Ente«, hatte ein stämmiger Junge dem rothaarigen Mädchen zugerufen.

»Da kannst du lange warten, du fängst ihn ja in zehn Jahren nicht«, hatte sie zurückgegeben, und beide hatten gelacht wie über einen gelungenen Scherz. Dann hatte das Mädchen ihm den Ball doch zugeworfen, und Mascha blieb es ein Rätsel, wozu der Wortwechsel vorher gut gewesen war. Sie hätte ihn vollkommen ernst genommen. Wenn der Vater lahme Ente sagte, weil sie mit ihm joggen musste, dann meinte er das auch so, und es war überhaupt nichts lustig daran. Dennoch hatte sie sich entschieden, mitzuspielen und es auszuprobieren.

Mit ihr fünf weitere Mädchen und der eine Junge hatten im Kreis gestanden und sich einen Ball zugeworfen. Dabei wurde angetäuscht, wohin man warf, um den Empfänger zu überraschen. Mascha konnte es beobachten, bevor sie angespielt wurde. Der Junge hatte ein Mädchen genau gegenüber angestarrt und den Ball spannungsvoll vor und zurück geschwenkt, bis sie sich in Positur gebracht hatte. Dann hatte er ihn überraschend zur Seite geworfen, ohne den Blick von ihr abzuwenden. Bevor seine Nachbarin die Arme ausstrecken konnte, prallte der Ball an ihr ab und wieder auf den Boden.

»Jeeeeh!«, hatte der Junge gejubelt und den Arm kurz nach oben gestreckt.

Nach seinem Erfolg durfte er erneut jemanden anspielen. Dieses Mal trippelte er den Ball mit gespielt gelangweilter Miene mehrfach auf den Boden, und Mascha hatte beobachtet, wie er nur aus den Augenwinkeln die anderen Kinder abschätzte. Blitzschnell hatte er dann einem kurzhaarigen Mädchen den Ball zugespielt, und diese hatte ihn souverän gefangen.

»Super, Rita! Das war Klasse!«, hatten die anderen Mädchen sie angefeuert, und das kurzhaarige Mädchen hatte ihnen verschmitzt zugezwinkert. Dann hatte es mit verheißungsvollem Blick den Ball zwischen seinen Händen hin und her geworfen und sich dabei umgesehen. Immer wieder hatte es einen kleinen Sprung auf ein Kind zu gemacht und dabei so getan, als würde sie werfen. Auch als sie Mascha antäuschte, hatte diese reflexartig die Arme gehoben und wieder sinken lassen, als der Ball gar nicht kam.

Gleich darauf schoss das Mädchen tatsächlich. Der Ball war an Mascha vorbeigeflogen, und sie hatte ihm benommen hinterher gesehen. »Du musst ihn holen«, hatte ihre Nachbarin gerufen, und Mascha war vor Scham errötet, weil sie nicht selbst darauf gekommen war. Hastig war sie dem Ball hinterhergelaufen, und als sie ihn gerade aufheben wollte, war sie mit der Fußspitze dagegen gestoßen und er war erneut von ihr weggerollt.

Als Mascha ihn zur Gruppe zurückbrachte, hatte sie kaum gewagt, in die Gesichter der anderen zu sehen.

»Jetzt darfst du mal«, hatte das rothaarige Mädchen freundlich angeboten.

Mascha hatte überrascht aufgeblickt und gestottert: »Aber ich habe ihn ja ... also, ich habe ihn doch gar nicht gefangen?«

Das kurzhaarige Mädchen hatte die Lippen geschürzt und mit einer großzügigen Geste abgewunken. »Ist doch egal. Mach nur.« Die anderen Kinder hatten zustimmend genickt, und Mascha war erneut rot geworden, doch dieses Mal vor verlegener Freude.

Um das Spiel interessant zu halten, hatte sie kurz über eine neue Täuschung nachgedacht und dann begonnen, sich mehrfach um die eigene Achse zu drehen. Ein Mädchen mit einem wippenden, dunklen Zopf war ihr Ziel, aber als sie den Ball an sie abwarf, hatte sie bereits so viel Schwung gehabt, dass der hoch über die Gruppe hinausgeflogen war. Die Mädchen hatten ihm hinterhergeschaut und dann mit ratlos fragenden Blicken zu ihr gesehen. Nur der Junge war bereits losgerannt, um den Ball zurückzuholen.

Wieder hatte Mascha heiße Scham erfüllt und sie war mit einem gemurmelten: »Tut mir leid. Ich muss jetzt wieder hoch«, zurück ins Haus gegangen. Dort hatte sie auf der Treppe gewartet, bis die Mutter sie rief, und tiefe Trauer hatte sie erfüllt über die eigene Ungeschicklichkeit, mit der sie sich vieles Schöne verdarb.

Während sie wieder auf das herabfallende Laub schaut, wünscht sich Mascha, sie könnte ihre Unsicherheiten genauso leicht abwerfen wie die Bäume ihre Blätter. Sie stößt sich ein wenig vom Stamm der Weide ab und blickt sich suchend nach Tinkapur um. Erleichtert atmet sie auf, als sie diese in der Nähe ein Loch buddeln sieht.

In rasendem Tempo kratzt Tinkapur mit den Vorderpfoten die Erde auf und schiebt sie dann unter sich weg. Immer wieder taucht sie mit ihrer Schnauze in das Loch und atmet geräuschvoll schnaufend einen Duft ein.

Ihre vordere Seite ist dunkel gefärbt von der Erde.

Ihre hingebungsvolle Art zaubert Mascha ein Lächeln auf die Lippen. Sie hatte versucht, sich an das Versprechen zu halten und Tinkapur nicht von der Leine zu lassen. Doch so aneinander gebunden im Wald spazieren zu gehen hatte sich für sie angefühlt wie die Sonntagsspaziergänge mit ihren Eltern. In weißen Kniestrümpfen zwischen Vater und Mutter zu gehen, kostete sie jedes Mal große Überwindung.

Der Wald war wie ein guter Freund und immer für sie da, wenn sie ihn brauchte. Am Sonntag jedoch musste sie ihn missachten und dafür artig fremde Sonntagsspaziergänger grüßen. Mascha fühlte sich wie eine Verräterin, wenn sie an ihrem Freund vorbeigehen musste, als würde sie ihn nicht kennen. Aber am Sonntag den Weg zu verlassen, war unmöglich. Die Mutter hatte ihre Meinung dazu deutlich zum Ausdruck gebracht, als Mascha es versucht hatte. »Wenn wir schon einmal alle zusammen sind, sollen die anderen auch sehen, dass wir eine Familie sind. Und am Sonntag sind alle hübsch angezogen, da kannst du nicht in den Büschen rumkriechen.«

Ging Mascha allein in den Wald, nahm er sie dennoch immer wieder freundlich auf, ganz egal wie sie sich gerade fühlte. Oft liegt sie auf seinem weichen Moosteppich tief im Unterholz und hört auf das Flüstern der Bäume.

Am aufregendsten ist für sie die Begegnung mit Waldtieren. Letztes Jahr war ein Hirsch nur wenige Meter vor ihr aufgetaucht, und seine Hufe hatten den Boden erzittern lassen. Es war ein großer Hirsch gewesen, mit einem riesigen Geweih, und er hatte ihr tatsächlich sein Gesicht zugewandt und sie angeschaut. Mascha hatte ihm wie hypnotisiert in die Augen gesehen, und sein Blick war tief in sie eingedrungen. Gleichzeitig war sie in ihm versunken wie in die Weisheit einer fremden Welt. Wenn sie daran denkt, füllt die Erinnerung daran sie bis heute mit einem stillen Glück.

Als sie Tinkapur bekommen hatte, hatte sie sie im Wald frei laufen lassen, denn sie hatte sich nie weit von ihr entfernt. Tinkapur hatte ihr weitere Schätze gezeigt, wie schmale ausgetretene Wildpfade, einen kleinen Tümpel, Fuchsbaue, Dachsbaue, Wildschweinsuhlen und Schlafplätze aller Art. Als sie Tinkapur an die Leine nehmen sollte, schämte sie sich dafür, ihr die Freude an der Entdeckung und freien Bewegung zu nehmen. Sie hatte sich entscheiden müssen zwischen ihrem Versprechen und der verbotenen Freiheit.

Sie schämt sich, dass sie ihr Ehrenwort der Mutter gegenüber gebrochen hat, doch die Freude an Tinkapurs Begeisterung war einfach größer gewesen.

Tinkapur kriecht jetzt rückwärts aus dem inzwischen beachtlich großen Loch heraus und sieht Mascha hechelnd an. Auf ihrem Gesicht liegt ein Ausdruck von Stolz. Sie macht einen Sprung in die Grube, als wolle sie demonstrieren, wie tief sie ist.

»Du bist eine Weltmeisterin!«, sagt Mascha lachend und setzt sich auf eine große, hervorstehende Wurzelader der Weide.

Tinkapur kommt wedelnd auf sie zu und schüttelt sich. Erdteilchen rieseln auf Mascha herab. Mascha hält die Hände vor das Gesicht und lacht. Tinkapur legt sich zufrieden ausschnaufend neben sie auf den Boden, und Mascha streicht ihr sanft über die Flanke. Dann greift sie mit der anderen Hand an ihre Hosentasche.

Sie spürt den Zettel darin deutlich knistern.

Beruhigt lehnt sie sich an den Baum und erinnert sich an die letzten Begegnungen mit Michael.

Alles hatte mit dem Küken begonnen. Michael hatte sich am Fluss nach ihr umgedreht und gerufen: »Schau mal, Mascha, sie ist ganz ohne ihre Entenmama.« Dabei hatte er auf die leere Umgebung gewiesen, und sie suchten erfolglos nach dem Nest. Das Küken tschilpte und zitterte.

Michael hatte beschlossen, es mitzunehmen.

Mascha besuchte ihn jeden Tag, und zusammen hatten sie das Vögelchen beobachtet. Immer wieder hatte es sich nah an die Rotlichtlampe gedrängt, die Michael neben seinem Kartonnest aufgestellt hatte, das mit Watte gefüllt war. Sie hatten versucht, es mit Insektenlarven aus einem Tierfachgeschäft zu füttern. Doch das gelang nur selten. Am dritten Tag hatte das Küken apathisch am Boden gelegen, und Mascha sah Michael das erste Mal weinen. Er war ganz still dabei geblieben, und nur die Tränen waren ihm über das Gesicht gelaufen.

Sie bat ihn, das Küken mitnehmen zu dürfen. Vielleicht war es in der Werkstatt im Keller zu kalt. Michael hatte das Küken nicht mit in sein Zimmer nehmen wollen, weil er seinen Geschwistern nicht traute. Widerstrebend hatte er Mascha den Vogel überlassen.

Das Küken retten zu dürfen, hatte sie mit einem unglaublichen Stolz erfüllt. Auch die Mutter hatte es erlaubt, als sie die tiefe Entschlossenheit auf Maschas Gesicht sah. Dennoch hatte sie gewarnt: »Mascha, es ist noch so winzig. Es wird es vielleicht nicht schaffen können.« Michael hatte ihr die Rotlichtlampe mitgegeben und die Larven. Mascha war mehrfach in der Nacht aufgestanden, um das Küken zu füttern. Aber das Entlein hatte nicht mehr fressen können. Am Morgen rührte es sich nicht mehr.

Mama hatte sie getröstet. »Das Entlein war doch schon nicht mehr richtig am Leben, als du es gebracht hast. Mach dir jetzt keine Vorwürfe. Michael wird das verstehen.«

Aber Mascha hatte das Gefühl gehabt, in einen dunklen Abgrund zu fallen. Dass es gestorben war, hatte sie tief verwirrt. Wie konnte es sein, dass man jemanden nicht retten konnte, den man doch retten wollte? Das war eine neue Erfahrung von Ohnmacht gewesen.

Wie sollte sie Michael beibringen, was geschehen war?

Seit ihrer Bekanntschaft hatte er oft vor seinem Haus auf sie gewartet. An diesem Morgen war er ihr bereits aufgeregt entgegengerannt. »Geht es dem Küken besser?« In seinen Augen hatte große Hoffnung gelegen. Mascha hatte betroffen nach unten geblickt und einen Kloß im Hals gespürt. Als Michael begriffen hatte, war er zurückgezuckt.

Mascha konnte das Entsetzen in seinen Augen sehen. Sie hatte das Gefühl, es galt ihr und sich schuldig gefühlt. Wenn sie zu Hause etwas falsch machte, verschwand der Vorwurf im Blick der Mutter oft tagelang nicht. Dem hatte sie zuvorkommen wollen und sich verteidigt: »Mama sagt, ich kann nichts dafür, denn die Ente war bereits nicht mehr zu retten, als wir sie gefunden haben.«

Michael hatte sie mit zornigem Blick angesehen und ungehalten erwidert: »ICH habe sie gefunden und nicht WIR. Lass mich in Ruhe.« Als er davongelaufen war, hatte Mascha eine tiefe Verzweiflung gefühlt und gedacht: *Vielleicht wird es nie wieder gut werden.* War sie ihm in der Schule begegnet, hatte sie einen schmerzhaften Stich im Herzen gespürt. Zu Hause hatte sie am Küchenfenster gestanden und stundenlang erwartungsvoll auf die Brücke geblickt, hinter der Michael wohnte. Doch nur Autos waren über sie hinweggerauscht, der Junge war nicht gekommen.

Als die Mutter sie dabei antraf, hatte sie gesagt: »Wenn er nun kommt und dich am Fenster sieht. Ein Mädchen wartet nicht und läuft keinem Jungen hinterher. Das vertreibt ihn.« Mascha hatte sich daraufhin hinter der Gardine versteckt, und es hatte sie große Mühe gekostet, sie nur ab und zu beiseite zu schieben.

Nach vier Tagen hatte sie es nicht mehr ausgehalten und sich entschlossen, Michael einen Brief zu schreiben, ohne es der Mutter zu sagen. Es war ihr schwergefallen, Worte zu finden, doch schließlich hatte sie geschrieben: »Lieber Micha, es tut mir so leid mit dem Küken. Ich weiß, dass du mir böse bist. Bitte sei wieder gut mit mir. Mascha.« Als sie den zusammengefalteten Zettel mit Michaels Namen versah, hatte sie ein starkes Herzklopfen verspürt und darüber nachgedacht, ob er sie dadurch noch weniger mögen könnte. Aber sie hatte Erleichterung gefühlt, als sie den Brief in seinen Hauskasten warf.

Kurze Zeit später hatte es an ihrer Wohnungstür geklingelt. Erstaunt und sprachlos vor Freude hatte sie auf den Jungen gestarrt. Sie hätte nicht damit gerechnet, dass er tatsächlich kommen würde. »Äh … hallo.« Ihre Stimme hatte seltsam krächzend geklungen.

Michael hatte verlegen neben sie auf den Boden geschaut und gefragt: »Kommst du mit an den Fluss?« Mascha war so erleichtert gewesen, als wäre eine sehr schwere Last von ihr abgefallen. Sie hatte sich die Jacke angezogen, Tinkapurs Leine genommen und war mit dem Jungen stürmisch die Treppe hinuntergelaufen.

Am Fluss hatten sie zusammen unter der Trauerweide gesessen, und die Worte waren aus ihnen beiden herausgesprudelt, als wäre ein Damm gebrochen.

»Es war irgendwie langweilig ohne dich und in der Schule wäre ich fast schon zu dir gekommen, aber ich hatte noch Wut wegen dem …« Michael hatte den Satz nicht beendet und geschluckt.

»Ich habe ganz doll auf dich gewartet und mich nicht getraut, dich in der Schule anzusprechen, weil du so böse warst auf mich.

Ich habe zu Hause immer auf die Brücke gesehen und mir gewünscht, dass du kommst.«

Mascha hatte die Reaktion des Jungen beobachtet und erleichtert registriert, wie überrascht und gerührt er sie angesehen hatte. »Echt, du hast auf mich gewartet?«

Mascha hatte bekräftigend genickt.

Plötzlich hatten seine Fingerkuppen ganz vorsichtig ihre Hand gestreift. Bevor sie diese Berührung in sich aufnehmen konnte, hatte seine Hand bereits die ihre umschlossen. Es hatte sich wundersam schön und fremd angefühlt.

An die Trauerweide gelehnt lauscht Mascha in sich hinein und kann die Magie dieses Moments auch jetzt wieder spüren. In ihrem Bauch kribbelt es und in ihrer Brust ist ein starkes Ziehen. Behutsam holt sie den Zettel aus der Hosentasche und faltet ihn vorsichtig auseinander. Sie hat es sich nicht eingebildet. Da steht in Druckbuchstaben: Willst du mit mir gehen? Ich will dein Freund sein. Michael. Ungläubig lächelt sie.

Auf dem Nachhauseweg bleibt sie vor dem Haus des Jungen stehen und denkt nach. Dann entscheidet sie sich dafür, zuerst Tinkapur zurückzubringen. In der Wohnung angekommen verkündet sie Tinkapur: »Ich komme gleich wieder. Jetzt gehe ich zu Micha.« Während der Hund sich auf ihrem Bett zusammenrollt, zieht sie sich ein gelbes T-Shirt an, das sie besonders schön findet, und verlässt mit klopfendem Herzen die Wohnung.

Wieder an Michaels Haus angekommen, sieht sie seine Brüder auf einer angrenzenden Rasenfläche Fußball spielen. »Ist Micha zu Hause?« Mascha muss schreien, denn die Jungen sind laut beim Spiel. Der ältere Bruder stoppt mit dem Fuß den Ball und sieht sie verdutzt an. »Wer will was von ihm?«, gibt er betont lässig zurück.

Mascha weiß für einen Moment nichts auf diese Frage zu antworten. Dann bringt sie sich in Erinnerung: »Ich war schon mal hier wegen der Ente!«

Der Junge zieht die Brauen hoch und sieht sie fragend an. An seiner Miene erkennt Mascha, dass er von dem Küken nichts weiß. Sie ergänzt deshalb: »Wir gehen auf dieselbe Schule.«

Der Junge zuckt gelangweilt mit den Achseln und weist auf das Haus. »Er ist drin und muss auf Anni aufpassen.« Die Jungen brechen in ein geringschätziges Lachen aus, als wäre so ein Verhalten unter ihrer Würde.

Mascha läuft schnell zum Haus und klingelt im Erdgeschoss an einer Tür. Sie weiß, dass Michael dort lebt, weil er aus dieser Wohnung gekommen war, als sie die Ente im Keller besucht hatten. Er räuspert sich, als er sie sieht. Verlegen registriert er ihr Lächeln und einen großen Fleck Erde auf ihrer Wange.

»Willst du reinkommen, ich kann gerade nicht weg …« Seine Stimme klingt aufgeregter als sonst.

»Ja gern.« Mascha tritt ein, und eine Wolke abgestandener Luft schlägt ihr entgegen.

»Michael, du musst kommen …!« Eine Zimmertür wird aufgerissen, und ein kleines blondes Mädchen stürmt in den Flur. Als es Mascha sieht, öffnet es ratlos den Mund.

»Das ist Mascha, wir gehen zusammen zur Schule«, erklärt Michael.

Das Kind rollt seinen geflochtenen Zopf um den Zeigefinger und fragt misstrauisch: »Wollt ihr jetzt Hausaufgaben machen, oder was?«

»Nein, aber wir können zusammen spielen, wenn du willst.«

Michael sieht Mascha überrascht an. Offenbar erfreut über diesen unerwarteten Beistand, nickt er zustimmend und wirft ihr einen komplizenhaften Blick zu.

Im Zimmer des Mädchens sucht Mascha nach einem Spiel, dass man kurzhalten kann, denn sie möchte Michael gerne auch noch allein sprechen. Sie entdeckt eine braune Wolldecke auf dem Bett, und ihr Gesicht erhellt sich bei einer Idee. »Willst du vielleicht Pferdchen spielen?«

Das Mädchen hat bereits eine Puppe in der Hand, sieht sie jetzt aber interessiert an. »Wie geht das?«

Mascha weist auf die Decke. »Dein Bruder und ich wir werfen uns diese Satteldecke über und gehen nebeneinander auf alle Viere. Dann kannst du auf uns reiten.«

»Au ja!« Das kleine Mädchen lässt die Puppe fallen.

Michael wird rot, als Mascha ihn einweist und die Decke um sie beide schlägt. Auf allen Vieren eng aneinandergepresst, spüren sie Anni auf ihrem Rücken. Sie hat offenbar die Beine nicht um ihre Rücken schlagen können und sich einfach hingelegt. Sie hält sich an ihren Schultern fest und kräht: »Hüüüüü, Pferdchen, hüüüüüü!«

Michael und Mascha bewegen ihre Rücken gerade so viel, dass das Mädchen sich noch halten kann. Während sie Anni auf ihrem gemeinsamen Rücken schaukeln, flüstert Mascha: »Ja, ich will mit dir gehen.«

Nach einem kurzen Schweigen drückt Michael seine Schulter noch etwas fester an die ihre.

Von der Dunkelheit ermutigt, raunt Mascha: »Im Film muss man sich dann immer küssen. Hast du das schon einmal gesehen?«

In diesem Moment erhalten sie beide abwechselnd ein paar Schläge auf den Hinterkopf und hören Anni begeistert schreien: «Schneller, Pferdchen, schneller!«

Beide beginnen ein wenig zu buckeln, bis das Mädchen vor Freude juchzt. Dann werden sie wieder langsamer.

Mascha dreht ihr Gesicht in Michaels Richtung. Ihr Herz schlägt bis zum Hals. »Jetzt können wir«, flüstert sie entschieden.

Kurze Zeit später spürt sie seinen Haaransatz an ihrer Wange. Vorsichtig bringt sie ihr Gesicht in eine andere Position, bis sich ihre Lippen in der Dunkelheit berühren. Überrascht fährt Mascha zurück. Der Kuss fühlte sich an wie ein kleiner Schlag und doch irgendwie aufregend und schön.

»Ihr dürft nicht aufhören. Das ist doch langweilig!« Anni beanstandet den Stillstand des Pferdchens. Michael und Mascha beginnen wieder zu buckeln, und die folgenden Küsse sind nicht mehr so treffsicher.

»Jetzt spielen wir etwas anderes«, verkündet Michaels kleine Schwester und lässt sich von ihnen hinuntergleiten. Sie zieht die Decke weg und betrachtet ihre verschwitzten, hochroten Köpfe.

»Fleißige Pferdchen!«, sagt sie anerkennend und lässt sich auf das Sofa fallen.

»Hast du eingekauft?« Die Kinder schrecken zusammen. Mascha sieht eine Frau in der Tür stehen, die offenbar Michaels Mutter ist. Sie hat wirres blondes Haar und ein rosa Nachthemd an. »Aber ich musste doch auf Anni aufpassen ...« Michaels Stimme klingt ein wenig, als wolle er sie beschwichtigen.

Die Frau scheint erst jetzt das fremde Mädchen wahrzunehmen und fixiert es kalt. »Was macht die hier?«

Mascha fühlt sich unbehaglich. »Guten Tag, wir gehen in dieselbe Schule und haben gespielt.«

Anni springt auf und läuft zu ihrer Mutter.

Sie zieht an deren Nachthemd und ruft stolz: »Mama, ich bin geritten, ohne zu fallen!«

Die Frau torkelt leicht und hält sich am Türrahmen fest. »Wer hat dann eingekauft?«

Michael hebt die Schultern, und Mascha spürt seine Hilflosigkeit. Sie greift nach seiner Hand und sagt entschlossen: »Wir können das jetzt zusammen machen!«

Zu Hause sucht Mascha nach einem Versteck für den Brief. Sie könnte Mama auch vom heutigen Tag erzählen, doch sie hat das unbestimmte Gefühl, es würde etwas davon verlorengehen, wenn sie das Erlebte preisgibt. Es war zu viel dabei, was sie noch gar nicht in Ruhe ausgekostet hatte.

Sie zieht Schubkästen auf, sieht unter das Bett, hebt den Teppichboden an. Mama hatte bisher alle Plätze aufgestöbert. Sie brauchte dringend einen neuen geheimen Ort.

Versunken sitzt sie auf dem Bett und denkt nach. Plötzlich richtet sie sich auf. Sie sieht die Mietertafel im Erdgeschoss, hoch oben an der Wand vor sich.

Alle Namensschilder sind in der Reihenfolge der Etagen zwischen zwei kleinen Holzschienen angebracht. Mascha prüft in ihrer Vorstellung die Sicherheit dieses Versteckes und nickt zustimmend. Nur wie kam sie an die Tafel heran? Eine Leiter fällt ihr ein, die sie im Keller neben dem Streusand gesehen hatte.

»Mama, ich bringe schnell den Müll runter!«, ruft sie in die Wohnung zurück und läuft los, bevor die Mutter sie kontrollieren kann. Der Mülleimer ist noch nicht voll, und sie würde sich verdächtig machen, wenn die Mutter es sähe.

Die Leiter aus dem Keller zu holen ist schwerer, als sie dachte. Oft bleibt sie damit hängen oder stößt irgendwo dagegen. Sie ist nur sechs Sprossen lang, doch für Mascha mühsam im Gleichgewicht zu halten. Bei jedem Scheppern hält sie inne und lauscht zum Treppenhaus. Aber alles bleibt ruhig.

Sie stellt die Leiter vor der Mietertafel auf und kann den Krach, den dies verursacht, nicht verhindern. Ringsherum herrscht weiter Stille. Schnell klettert sie die Leiter empor und schiebt den zusammengefalteten Zettel hinter das Namensschild ihrer Familie. Hastig schleppt sie die Leiter zurück in den Keller und schnappt sich fahrig den Mülleimer. Im zweiten Stock registriert sie, dass der Eimer noch immer halbvoll ist, und ihr wird heiß vor Schreck. Fast wäre ihr Schwindel aufgeflogen und sie hätte den Müll wieder mit nach oben genommen. Schnell läuft sie den Weg noch einmal zurück, leert den Eimer und stößt bei ihrer Rückkehr fast mit der Mutter zusammen.

»Was machst du denn so lange hier unten, der Eimer war doch noch gar nicht voll?« Sie betrachtet sie zweifelnd, und Maschas Augenlider flattern. Fast hätte sie angstvoll zu dem Namensschild aufgesehen, aber sie beherrscht sich und sagt: »Ich wollte dir eine Freude machen.« Mit Herzklopfen beobachtet sie, wie die Mutter sich argwöhnisch umsieht.

Als sie nichts findet, schüttelt die Mutter den Kopf. »Ich merke es, wenn du mich anlügst«, sagt sie mürrisch. »Und du weißt, ich finde immer heraus, was es ist.«

Mascha zieht die Schultern nach oben und sieht die Mutter betreten an. Aber sie weiß diesmal, dass ihr Schatz sicher ist.

14

Bewegungs-freiheit

Aus der Ferne wirken die Hunde und Menschen auf der Wiese wie bunte Tupfer. Sie sind am Morgen und am Nachmittag zu sehen. Mascha zieht Michael am Ärmel, um die Straßenseite zu wechseln und noch mehr Distanz zwischen Tinkapur und die anderen Hunde zu bringen.

Michael bleibt jedoch stehen.

»Mensch, lass uns doch mal hingehen. Ich habe es satt, immer diesen Umweg zu schleichen, damit Tinkapur sich nicht aufregt.«

Mascha sieht ihn überrascht an. »Aber ich darf …«

Michael winkt ab und nickt. »Ja, ich weiß, dass deine Mutter dagegen ist, aber sie ist doch nicht dabei, und ich kann mir nicht vorstellen, was daran so schlimm wäre.«

Er macht ein paar Schritte in Richtung der Grünanlage.

»Wenn etwas schief geht, bekomme ich ganz doll Ärger!«, ruft Mascha aufgebracht. Da Michael sich nicht umdreht, läuft sie ihm hinterher und hält ihn am Jackenärmel fest.

Als Michael in ihr aufgelöstes Gesicht sieht, legt er ihr besorgt eine Hand auf die Schulter. »Was ist denn bloß los?«

Mascha schluckt, und ihre Hände umklammern die Leine. »Wenn was passiert, darf ich Tinkapur nicht behalten, und sie ist mein einziger Freund.«

Michael schaut sie betreten an. »Und ich?«

Mascha errötet, dann sagt sie leise: »Ich meine zu Hause, meinen Eltern gegenüber. Du hast ja deine Geschwister, aber ich habe nur sie.«

Tinkapur sieht sie mit schief gelegtem Kopf an und wedelt vorsichtig mit der Rute. Michael schweigt betroffen. Dann räuspert er sich. »Siehst du, Tinkapur stimmt auch zu, dass wir da rübergehen.« Ermutigend nickt er Mascha zu. »Jetzt mal echt, was soll denn Schlimmes passieren, wenn wir Tinkapur zu den Hunden lassen?«

Mascha schürzt die Lippen. »Na, und wenn sie vielleicht doch beißt?«, murmelt sie. »Oder ein anderer Hund beißt sie?«

Michael kratzt sich an der Wange. Für eine Weile geht sein Blick zwischen Tinkapur und den tobenden Hunden hin und her, dann sagt er ratlos: »Aber die Hunde da drüben beißen sich doch auch nicht untereinander. Warum sollte denn etwas passieren, wenn Tinkapur dazukäme?« Kopfschüttelnd betrachtet er Mascha, deren Blick unruhig umherwandert.

»Ich musste es aber versprechen!« Sie stampft auf und wendet sich um.

Michael greift ihr in die Kapuze des Anoraks. »Komm«, sagt er bittend. »Wir probieren es einmal, und wenn es nicht geht, machen wir es auch nie wieder.«

Mascha wendet sich ihm wieder zu. In einer Mischung aus Trotz und Verzweiflung drückt sie ihm die Leine in die Hand. »Hier! Dann geh du doch näher ran! Wenn du sie mal hältst, wirst du selbst erleben, wie das ist!«

Sie sind noch ungefähr einhundert Meter von der Wiese entfernt, da beginnt Tinkapur zu bellen. Es klingt schrill und aufgeregt. Mit durchgedrückten Beinen und nach vorn gerecktem Kopf stemmt sie sich wie ein kleiner Bulldozer in die Leine. Dann springt sie plötzlich ruckartig nach vorn, und Michaels Oberkörper wird von ihrem Schwung nachgerissen, so dass er stolpert. »Eh, jetzt ist gut. Zieh nicht so!«, ruft er Tinkapur verblüfft und ein wenig verärgert zu und hält sie an der Leine zurück.

Mascha wendet ihre Handflächen mit einer schwungvollen Bewegung nach außen. »Siehst du, sie ist wirklich wild!«

Michael errötet und räuspert sich. »Na ja, sie regt sich eben auf, aber das bedeutet doch noch nichts.«

Er stellt sich breitbeinig hin, wickelt sich die Leine fest um die Hand und beobachtet die Hunde auf der Wiese. Ein skeptischer Zug liegt um seinen Mund. »Warum sollten die so einen Zwerg beißen, selbst wenn Tinkapur frech wird? Wenn meine kleine Schwester frech ist, kümmern sich meine Brüder auch nicht um sie. Das wäre für sie viel zu langweilig. Was soll also passieren? Die Hunde dort sehen alle viel ruhiger und viel älter aus.«

Verblüfft über diesen Vergleich wirft Mascha ihm einen bewundernden Seitenblick zu und beobachtet dann die Hunde auf der Wiese. Tatsächlich steht ein großer schwarzer Labrador gemütlich an die Beine einer rothaarigen Frau gelehnt und lässt sich den Kopf kraulen. Neben ihr sieht ein stämmiger Mann aufmerksam einem Border Collie zu, der sich mit einem mittelgroßen blonden Mix ein Wettrennen liefert. Eine junge kurzhaarige Frau mit Brille steht etwas abseits, stochert verlegen mit der Fußspitze am Boden und blickt zwischendurch ebenfalls zu den zwei flitzenden Hunden. In der Mitte der Wiese liegt ein Berner Sennenhund wie ein kleiner Hügel und blinzelt gelassen in die Sonne.

Mascha atmet tief durch. »Meinst du echt?«

Michael antwortet zuversichtlich, das Kinn hochgereckt: »Aber klar. Da passiert nichts!«

Als sie die Wiese erreichen, wandern die Blicke der Hundehalter zu ihnen und zu Tinkapur. Die rothaarige Frau sieht ihnen erwartungsvoll entgegen, und der stämmige Mann nickt ihnen einladend zu, als er ihr Zögern bemerkt. »Macht ihn doch ab, mit der Leine ist es nicht gut.« Er weist auf die anderen Hunde, die sich Tinkapur jetzt nähern.

Mit klopfendem Herzen klickt Mascha die Leine vom Geschirr, und Tinkapur fliegt wie ein Pfeil auf den schwarzen Labrador zu. Kurz vor ihm stampft sie mit den Vorderpfoten auf und knurrt ihn mit gesträubtem Nackenfell an. Überrascht zieht der große Hund seinen Kopf zurück und erstarrt in dieser Bewegung.

»Haha, die Kleine sagt ihm ja gleich mal die Meinung. Da staunt Freddy«, lacht die rothaarige Frau und weist auf den perplexen Gesichtsausdruck ihres Hundes.

Mascha atmet erleichtert aus und sieht zu Michael, der rot ist im Gesicht und den Mund vor Spannung leicht geöffnet hat.

Der Berner Sennenhund ist herangekommen und baut sich abwartend in wenigen Metern Entfernung auf. Die zwei anderen Hunde haben ihren Lauf unterbrochen und heben jetzt dicht neben Tinkapur die Nasen in die Luft, um den Neuzugang zu prüfen.

Tinkapur dreht sich im Kreis und zieht die Lefzen ruckartig zurück, um jede Annäherung abzuwehren.

Mascha hält sich betroffen die Hand vor den Mund, denn sie kann Tinkapurs Angst deutlich spüren.

»Es ist alles gut. Die Kleine ist nur ein bisschen überfordert und will sich die anderen erst einmal vom Hals halten«, sagt eine Männerstimme neben ihr.

Sie sieht auf zu dem stämmigen Mann, der ein gutmütiges Lächeln auf seinem breiten Gesicht trägt. »Aber sie fürchtet sich doch!« Mascha zeigt auf Tinkapur, die mit abgeducktem Hinterteil den Hunden ausweicht, wenn die sie beschnüffeln wollen.

Der Mann erwidert mit ruhiger Stimme: »Nein, sie ist nur unsicher. Offenbar weiß sie nicht, dass die Hunde sie nur kennenlernen wollen. Hatte sie denn noch nicht viele Begegnungen mit anderen Hunden?« Mascha beißt sich auf die Lippe und schüttelt den Kopf. »Na, siehst du. Dann muss sie es erst lernen. Ihr macht das also ganz richtig, dass ihr hierherkommt.«

Michael sieht erfreut zu Mascha hinüber, und diese antwortet ihm mit einem dankbaren Blick. Der Mix und der Border Collie verlieren offenbar das Interesse an Tinkapur, denn sie wenden sich ab und beginnen auf der Wiese zu schnüffeln. Der Labrador hingegen hat sich hingelegt, kaut auf einem Stock und beobachtet Tinkapur aus den Augenwinkeln.

Mit angelegten Ohren setzt sich Tinkapur und schaut mit unruhigem Blick auf die Hunde.

»Der Bruno ist meiner«, sagt der Mann an Mascha und Michael gewandt, und in seine Augen tritt ein warmer Glanz. »Seht ihr, er wartet da drüben auf eine Begrüßung von eurem Hund. Das macht er immer so. Für gewöhnlich kommen die Hunde dann zu ihm und lecken ihm übers Maul. Dann ist er zufrieden.«

Interessiert sieht Mascha zu dem Mann auf. »Und warum machen die Hunde das bei ihm?«

Der Mann lächelt sie an. »So sagen Hunde, dass sie einen Rudelführer respektieren.«

»Aha.« Michael betrachtet den Hund jetzt genauer. »Dann ist Bruno also der Bestimmer?«

Um die Augen des Mannes bilden sich Lachfältchen, doch es liegt kein Spott in seinem Blick, nur Freundlichkeit. »Eigentlich ist er eher jemand, der andere beruhigt. Das mögen Hunde, wenn sie zu aufgeregt sind.« In der Stimme des Mannes liegt Anerkennung, und Michaels Blick drückt Überraschung aus, denn er hat in dieser Eigenschaft noch nie eine Stärke gesehen.

»Und warum weiß mein Hund nicht, dass man ihm die Schnauze leckt?« Maschas Stimme klingt aufmerksam gespannt.

»Sie hat es vielleicht noch nicht gelernt?«, mutmaßt der Mann. »Aber sie versucht gerade herauszubekommen, was er will, seht ihr?«

Tinkapur läuft aufgeregt fiepend um den Berner Sennenhund herum und beobachtet ihn. Der mächtige Hund verharrt und schaut gelassen auf eine entfernte Baumgruppe. Dann senkt sie ihren Oberkörper ab, streckt den Po in die Höhe und bellt auffordernd.

Die aufgerichtete Rute des Berner Sennenhundes beginnt sich sanft zu bewegen. Tinkapur streckt den Kopf nach vorn und züngelt in seine Richtung.

»Schaut, das ist ein Schnauzenlecken aus der Ferne. Sie traut sich nur noch nicht ganz ran an den Großen und macht es einfach so.« Der Mann lächelt, und seine Stimme klingt heiter.

Jetzt tritt der Berner Sennenhund ruhig an Tinkapur heran und senkt den Kopf. Tinkapur erstarrt, während er ihr Hinterteil abschnüffelt, und sieht sich mit aufgerissenen Augen zu ihm um.

»So, jetzt lässt sie sich das Schnüffeln gefallen, obwohl es ihr offenbar nicht geheuer ist.«

Ohne den Blick von der Szene zu wenden, fragt Michael neugierig: »Und warum will ihr Hund schnüffeln?«

Der Mann zieht anerkennend die Brauen nach oben. »Aha, du willst also auch ein Hundekenner werden. Das ist schön.« Er fährt fort: »Unter Hunden gehört es zum guten Ton, sich gegenseitig am Po zu beschnüffeln. So erfahren sie, wie alt der andere Hund ist, welches Geschlecht er hat, in welcher Verfassung er ist und vieles mehr. Wenn ein Hund, wie die Kleine hier, diese Auskunft verweigert, ist das so, als würdet ihr euch in einer neuen Klasse nicht vorstellen wollen. Das würden die anderen Kinder auch blöd finden, nicht wahr?« Michael und Mascha nicken.

»Aber warum hat mein Hund Angst, beschnüffelt zu werden?« Mascha sieht den Mann ratlos an.

»Die Kleine ist unerfahren und unsicher und weiß wie jeder Hund, dass die anderen es erfahren, wenn sie schnüffeln. Sie will das genauso wenig, wie ihr sicher nicht möchtet, dass fremde Kinder gleich eure Schwächen erkennen.«

Mascha schluckt und blickt betreten nach unten. Ihr wird plötzlich heiß bei der Idee, dass es ihr selbst oft wie Tinkapur geht. Sie möchte darüber ein wenig nachsinnen, doch Michael unterbricht ihre Gedanken mit einer Frage, bei der sie aufmerkt. »Und warum bellt sie so doll an der Leine, wenn sie Hunde sieht?«

»Wie bellt sie denn?«, fragt der Mann neugierig nach.

Mascha kneift die Augen zusammen, um sich Tinkapurs Verhalten zu gegenwärtigen. »Also, bis vor kurzem war sie, glaube ich, nur aufgeregt, und jetzt schimpft sie die Hunde aus.«

Anerkennend nickt der Mann. »Du bist ja eine gute Beobachterin. Aber als ihr vorhin gekommen seid, hat sie mit ihrem Bellen nur gesagt: *Ich habe keine Ahnung, wie das hier geht, deshalb sage ich euch vorsichtshalber, was gemacht wird.*« Und an Michael gewandt fügt er hinzu: »Sie hat versucht, ein *Bestimmer* zu sein, wie du sagst, aber aus Unsicherheit und nicht, weil sie es kann.«

Die rothaarige Frau lacht auf und legt dem Mann kameradschaftlich die Hand auf die Schulter. An die Kinder gewandt sagt sie: »Er hat uns allen hier schon viel beigebracht.«

»Und woher wissen sie das alles?«, fragt Michael mit verlegener Stimme und sieht den Mann schüchtern und zugleich auch bewundernd an.

»Ihr müsst die Hunde nur beobachten. Sie verheimlichen ja nichts, so wie wir Menschen das tun. Wenn ihr öfter hierherkommt, lernt ihr noch ganz viel von ihnen.«

»Oh, da!« Mascha stößt Michael an und blickt zu Tinkapur, die dem Labrador gerade den Rest seines zerkauten Stockes stibitzt, als dieser zu einem weit entfernten Hund schaut. Mit verdattertem Gesichtsausdruck sieht er auf die leere Stelle vor sich und dann zu Tinkapur, die die Trophäe mit zurückgeworfenem Kopf feiert. Alle Umstehenden lachen.

Der Labrador springt auf Tinkapur zu, doch diese weicht geschickt aus. Erneut setzt er ihr nach und begräbt Tinkapur mit einem Satz unter sich.

Mit aufgerissenen Augen sieht Mascha hilfesuchend zu den Erwachsenen.

Die rothaarige Frau verdreht die Augen, schüttelt den Kopf und sagt belustigt: »Freddy ist ein ungeschicktes Kalb, aber total lieb. Da passiert nichts.«

Mascha sieht dennoch beunruhigt auf den Labrador, der vorn unter sich sieht, um Tinkapur zu suchen. Diese kriecht plötzlich an seinen Flanken hervor und bringt sich mit dem Stockrest im Maul in einen sicheren Abstand.

»Freddy, du bewachst gerade nur noch die Wiese unter dir«, scherzt die rothaarige Frau, und Mascha stimmt befreit in ihr Gelächter mit ein.

»Was macht ihr denn hier? Wolltet ihr nicht zum Fluss?« Die Stimme klingt vorwurfsvoll tadelnd, und die Kinder fahren erschrocken herum.

»Ich, äh …«

Bevor Mascha weiterreden kann, übernimmt Michael das Wort. »Guten Tag, Frau Schaumberg, ich hatte die Idee, dass wir mit Tinkapur hierhergehen, damit …«

Mascha weist mit ihrem Arm in Tinkapurs Richtung und unterbricht ihn: »Mama, schau! Es ist nichts passiert! Sie spielt.« Vorsichtig lächelt sie der Mutter entgegen und beobachtet angespannt deren Reaktion.

Die Mutter sieht mit halb geöffnetem Mund und erstauntem Blick zu Tinkapur und stellt zwei volle Einkaufsbeutel ab.

»Hallo, ich bin der Helmut.« Der stämmige Mann streckt ihr seine Hand entgegen. »Die Kinder machen das ganz toll, und Tinkapur lernt gerade die Hundesprache.« Er lacht gutmütig.

»Soso«, murmelt die Mutter und gibt ihm mit einem überrumpelten Gesichtsausdruck die Hand. »Tinka«, betont sie spitz und mit hochgezogenen Brauen den Namen, »lernt also hier, was die uns in der Hundeschule nicht zeigen konnten.«

Der Mann versucht ihren Unterton einzuordnen und sieht sie für einen Moment prüfend an. Dann sagt er ruhig: »Wissen Sie, Hunde lernen überall, so wie wir auch, und Tinkapur ist ein ganz tolles Hundemädchen!« Er blickt dabei rasch zu Mascha, deren Augen aufleuchten. »Kommen Sie doch mal mit, wenn Sie mehr Zeit haben.«

Die Mutter sieht ihn überrascht an und lächelt zaghaft.

»Du ziehst die hellblauen Hosen an und das weiße Hemd, ja?« Mascha nickt. »Tante Renate liebt Sauberkeit und Ordnung, das weißt du.« Mascha winkt ab, um zu verstehen zu geben, dass sie das nicht vergessen hat. Schnell läuft sie in ihr Zimmer und zieht sich um.

Noch immer erscheint es ihr wie ein Wunder, dass sie gestern keinen Ärger bekommen hatte, obwohl sie Tinkapur bei den Hunden von der Leine ließ. Im Gegenteil. Mama hatte nur gesagt: »Na, dann klappt das ja jetzt endlich. Und der Trainerin schreibe ich einen Brief, der sich gewaschen hat. Dann wird sie sehen, dass sie Unrecht hatte.«

Freudig betrachtet Mascha Tinkapur, die gerade mit der Schnauze einen kleinen Ball vor sich her rollt. Sie fühlt sich von einer großen Last befreit, und die Ereignisse auf der Hundewiese klingen in ihr nach. Beim Einschlafen gestern hatte sie die Idee gehabt, Tierforscherin statt Schriftstellerin zu werden. Vielleicht würde sie dadurch ja auch so ruhig und sicher werden wie Helmut. Sie hatte sich vorgestellt, wie sie jeden Tag mit einem Fernglas in der Natur sitzen würde und Tiere beobachten könnte.

Auch jetzt lächelt sie, als sie an diese Vorstellung denkt. Wie gern würde sie heute zu Frau Becker gehen und ihr von all dem Erlebten erzählen. Sie stöhnt auf bei der Vorstellung des anstehenden Besuches. Zuerst würden sie Mittag essen von Porzellantellern mit drei Abteilen. Mascha durfte die Kartoffeln, das Gemüse und das Fleisch auf keinen Fall zusammenmischen, wie Mutter jedes Mal warnend anmerkte. Nach dem Essen würde sie sich entsetzlich langweilen. Mama und Tante Renate erzählten sich dann öde Erwachsenendinge, und Mascha musste still dasitzen und warten.

»Der Haushalt ist nicht mehr auf Kinder ausgerichtet«, begründet Tante Renate ihre Forderung. Nicht einmal Tinkapur kann sie dabeihaben, denn Tante Renate hat selbst einen Hund, den Terrier Dagobert. Mascha fürchtet sich vor ihm, weil er sie mit seinen scharfen Krallen anspringt und mit den Zähnen an ihrem Arm knabbert. Danach beobachtet er, wo sie sich hinsetzen will, und egal welchen Platz Mascha auch ansteuert, er springt genau vor ihr drauf und sieht sie lauernd an. Tante Renate sagt *Dagoschatz* zu ihm, und Mama hat gewarnt: »Zum Dagobert musst du immer nett sein, er ist ihr Liebling. Wenn du zu ihm unfreundlich bist, werden wir nie wieder eingeladen!«

Fertig angezogen präsentiert sie sich jetzt der Mutter. Diese streicht ihr mechanisch über das rotbraune Haar. »Tante Renate und Opa Kurt sind die einzigen Verwandten in der Stadt, die ich noch habe, verstehst du?«

Interessiert fragt Mascha: »Uropa kommt auch?«

Sie denkt an die Speisekammer, in die sie darf, wenn ihre Mutter bei ihm die Treppe wischt. Uropa Kurt hat immer Griebenschmalz und gutes Brot. Auch wenn Mascha anschließend übel ist, freut sie sich jedes Mal auf diesen Besuch. Der Uropa ist hager, riecht nach Malzbonbons und hat pechschwarze Haare. Er hält sich sehr gerade und spricht wenig. Mascha findet ihn etwas seltsam, doch er ist nicht so langweilig wie Tante Renate. Mitunter ist er sogar für eine Überraschung gut, wie vor ein paar Wochen.

Uropa Kurt hatte mit seiner knochigen Hand das übliche Zweimarkstück über den Tisch geschoben, das seine Tochter Renate von ihm für Mittag und Vesper verlangte. »Das ist wohl ihre Rache«, hatte die Mutter das Ritual erklärt, als Mascha einmal danach gefragt hatte. Wofür, hatte sie nicht sagen wollen und offengelassen.

Mascha hatte neben dem Urgroßvater gesessen und gesehen, wie er Dagobert heimlich unter dem Tisch ein Stück vom Fleisch hinhielt. Der Hund war sofort herangekommen, um das Leckerli zu erhaschen, doch Uropa Kurt hatte ihm stattdessen einen knappen Tritt vor die Brust versetzt. Als Dagobert aufjaulte, hatte Uropa Kurt unbeteiligt nach vorn gesehen, doch Mascha hatte um seinen Mund ein klitzekleines, ironisches Lächeln bemerkt. Obwohl ihr Dagobert leidgetan hatte, war sie auch beeindruckt vom Urgroßvater, dem sie so eine List gar nicht zugetraut hätte.

Die Mutter hat jetzt den Wohnungsschlüssel in der Hand und mustert Mascha noch einmal. »Nur weil Tante Renate mehr Geld hat, soll sie nicht denken, wir wären keine gesitteten Leute«, erklärt sie ihre gründliche Prüfung.

Sie bückt sich und zupft an Maschas Hosenbeinen. Dann betrachtet sie ihr Werk. »Gut, so ist es richtig.«

Im Clara-Zetkin-Park, den sie durchqueren müssen, hopst Mascha an der Hand der Mutter, und diese macht ein paar kleine Sprünge mit. Es ist ein seltsames Phänomen, dass die Mutter immer auf dem Hinweg gute Laune und glänzende Augen hat und sobald sie auf dem Rückweg sind, ihr Blick matt und ihre Stimmung niedergeschlagen werden.

»Sie redet immer nur von sich«, klagt sie dann über die Tante. »Ich könnte doch auch einmal jemanden gebrauchen, der fragt, wie es mir geht. Schließlich ist sie die Schwester meiner verstorbenen Mutter …« An dieser Stelle schluckt Mama stets bitter, und Mascha fühlt, wie traurig sie ist.

Jetzt aber sind sie noch auf dem Hinweg, und die Stimmung der Mutter nutzend, fragt Mascha: »Mama, kann ich bitte einmal schnell rutschen?« Mascha zeigt auf einen Steinelefanten, dessen Rüssel zu einer Rutsche geformt ist.

»Was denkst du denn? Du hast helle Hosen an. Weißt du, wie die aussehen, wenn du fertig bist?« Die Mutter zeigt auf den Sand, der um die Rutsche herum ist.

»Tag, Barbara, das ist ein schöner Tag, nicht wahr? Ist das deine Tochter?« Eine blonde rundliche Frau steht plötzlich neben ihnen und blickt sie freundlich an.

»Hallo, Petra. Ja, das ist sie.« Und an Mascha gewandt: »Das ist meine neue Kollegin aus dem Kindergarten. Sag mal guten Tag.«

Mascha murmelt »Hallo« und drückt sich enger an die Mutter heran, um aus der Deckung die fremde Frau zu begutachten. Doch nach kurzer Zeit langweilt sie das Gespräch. Es dreht sich um Dienstpläne, eine Leiterin und etwas mit der Partei.

Mama bewegt beim Reden oft die Arme, und so bewegt sie Maschas Arm mit, weil sie noch immer ihre Hand hält. Plötzlich lässt sie Maschas Hand los, um ein beschriebenes Blatt Papier aus ihrer Tasche zu holen. Schnell verschränkt Mascha ihre Hände auf dem Rücken, um die plötzliche Bewegungsfreiheit nicht wieder einzubüßen. Schritt für Schritt entfernt sie sich, während die Frauen über das Schriftblatt gebeugt sind.

Dann gibt sie Fersengeld und läuft rasch zum Elefanten.

15

Brüche

Mascha geht gern zu Frau Lorenz, aber am liebsten ist sie bei Frau Becker. Deren lila Strähne ist seit heute verschwunden. Das beunruhigt Mascha fast genauso wie ihr Auftauchen vor ein paar Wochen. Doch sie traut sich nicht, nach den Gründen zu fragen. Es erscheint ihr unangemessen, vom Leben einer Erwachsenen etwas wissen zu wollen. Mama hatte ihr früher oft erklärt, dass es sich nicht gehöre, Menschen unaufgefordert auszufragen.

»Du darfst andere nicht immer so löchern. Du überforderst sie damit. Und bestimmte Dinge wollen die Leute auch nicht erzählen.« Mama fragte andere Erwachsene nur ganz selten etwas. Offenbar gab es also viel, wonach man sich nicht erkundigen sollte. Mascha versuchte, sich daran zu halten, doch da es ihr sehr schwer fiel abzuschätzen, wann sie etwas fragen durfte und wann nicht, hatte auch sie es sich fast abgewöhnt.

Nur mit dem Schmusen hatte sie heimlich wieder begonnen.

Wenn Mama sie so sehen würde, wie gern sie auf dem Schoß von Frau Becker saß, dann würde sie Mascha sicher rügen wie damals bei Frau Edith.

Mutter hatte sie vor zwei Jahren auf dem Hof ertappt, wie sie eine alte Frau aus der Nachbarschaft umhalst hatte. Diese hatte auf einem Stuhl in der Sonne gesessen, und Mascha hatte sich auf ihren Schoß geschmiegt. »Du bist doch kein Kleinkind mehr! Das ist doch nicht normal in deinem Alter«, hatte sie Mascha zu Hause zurechtgewiesen. »Die Frau stinkt und hat sich seit Ewigkeiten nicht mehr gewaschen. Ich verbiete dir, ihr so nahe zu kommen. Du schleppst uns noch die Läuse ein.«

Mascha hatte sie betroffen angesehen, denn ihr war nie ein Geruch an ihr aufgefallen. Sie wusste nur, dass Frau Edith sehr lieb und sie gern bei ihr war. Seitdem hatte sie fremde Erwachsene nie mehr berührt. Doch bei Frau Becker hatte sie wieder mit dem Schmusen angefangen. Manchmal auf ihrem Schoß zu sitzen und gehalten zu werden, fühlte sich so warm und sicher an, dass in Mascha alles ruhig atmen konnte.

Sie weiß, dass sie eigentlich zu groß ist, um auf einem Schoß zu sitzen und zu schmusen. Doch bei Frau Becker ist Mascha so gern noch einmal klein.

Mit Michael dagegen fühlt sie sich manchmal schon viel älter. Miteinander zu gehen gehörte für sie in die Welt der Erwachsenen, und es war spannend, sie mit Michael zu erkunden.

Heute sitzt sie Frau Becker gegenüber und hat ihr viel zu erzählen. Dabei bedient sie sich zum vierten Mal von einem großen Kuchenteller. Ihre Scheu ist verschwunden, denn bei Frau Becker darf sie alles essen, was sie mag. »… und dann haben wir alle drei ein Wettrennen gemacht, und Tinkapur hat gewonnen. Gestern konnte ich mit Micha einen Biber beobachten. Er hat im Wasser am Rand eines Eisloches genagt. Das war spannend, und Tinkapur ist auf das Eis geschlittert. Ich konnte sie gerade noch festhalten.« Mascha holt wieder Luft und strahlt.

Frau Becker weiß sogar von dem Versteck hinter dem Namensschild. Mascha wäre geplatzt, wenn sie es nicht hätte erzählen können. Sie war so voll mit Erlebnissen, und es tat gut, sie endlich mit einer Erwachsenen teilen zu können, der sie vertraute. Nur von den Küssen hatte sie nichts gesagt.

Das war ein Geheimnis zwischen ihr und Michael. Auch von dem Kuss gestern würde sie nichts erzählen.

Michael und sie waren mit Anni auf einem kleinen Spielplatz im Wald gewesen. Anni hatte sich kreischend immer wieder mit einem Fuß vom Boden abgestoßen und auf einem Gestell gedreht. Außer ihrem Geschrei war kein Laut zu hören.

Sie waren vollkommen allein. Tinkapur hatte im halb gefrorenen Boden gebuddelt und empörte Wuffer von sich gegeben, während Mascha die Tischtennisplatte entdeckt hatte.

»Michael, wir könnten etwas spielen«, hatte sie spontan vorgeschlagen. »Ich lege mich auf die Platte und tu so, als ob ich schlafe. Du schleichst dich an und küsst mich. Und ich bin überrascht.«

Mit großen Augen hatte Michael sie angesehen. »Aber wie mache ich das genau?«

Mascha hatte sich umgesehen und auf eine Eiche gewiesen. »Du stellst dich hinter den Baum, und wenn ich liege, kommst du.« Sie hatte in geduckter Haltung vorgeführt, wie sie sich diese Annäherung vorstellte. »Dann beugst du dich über mich und küsst mich.«

Michael war ein wenig unsicher hinter den Baum gegangen, und Mascha hatte sich auf die Tischtennisplatte gelegt. Wegen der begeisterten Rufe des kleinen Mädchens konnte Mascha die Schritte des Jungen nicht kommen hören.

Das hatte dem Ganzen noch mehr Spannung verliehen. Neugierig und aufgeregt hatte Mascha mit geschlossenen Augen auf den Moment der Überraschung gewartet.

Plötzlich hatte sie neben sich Michaels Stimme gehört. »Soll ich dich jetzt küssen?«

Sie hatte sich aufgerichtet und enttäuscht gerufen: »Das darfst du doch nicht fragen, dann ist es ja keine Überraschung mehr!«

Michael war betrübt wieder hinter den Baum gegangen, und sie hatten das Ganze wiederholt. Als er Mascha dann küsste, war es nicht mehr unverhofft, aber sanft und schön gewesen.

Sie überlegt, ob sie Frau Becker doch einweihen könnte. Ein unbestimmtes Gefühl hält sie davon ab. Sie fürchtet, es könnte etwas von dem Zauber verloren gehen, und sie schweigt.

»Mascha, ich muss dir etwas sagen.« Frau Becker betrachtet das Mädchen. Mascha spürt, dass die Frau ihr gleich etwas Unangenehmes mitteilen wird. Ihr Herz beginnt sofort schneller zu schlagen, und ihr wird heiß.

»Ich habe doch einen Sohn in Mecklenburg.« Frau Becker macht eine Pause, und das Mädchen nickt. »Er ist jetzt Papa geworden, und seine Frau und er haben gefragt, ob ich in das Nachbarhaus ziehen möchte. Es steht gerade zum Verkauf, und ich könnte den beiden mit dem Enkel helfen.«

Abwartend betrachtet die Frau das Kind.

Mascha öffnet betroffen den Mund und sagt langsam: »Aber dann bist du doch nicht mehr hier?«

Frau Becker nickt und rutscht näher an das Mädchen heran. Sie legt ihm den Arm um die Schulter und spürt, wie es sich verkrampft. Um es zu beruhigen, zieht sie es zu sich auf den Schoß und wiegt es. »Ich weiß, dass es für dich nicht schön ist, aber ich komme Elvira, also die Frau Lorenz, besuchen. Dann können wir uns auch sehen.«

Mascha spürt die Ermutigung in der Stimme der Frau, doch sie fühlt nur Panik. »Du willst mich nicht mehr haben …«

Frau Becker schluckt betroffen. »Weißt du, mein Sohn und ich hatten es nicht immer einfach, und es ist doch ganz wichtig, wie man sich mit seinem Kind versteht. Deshalb freue ich mich so, dass er mich fragt. Mit dir hat das wirklich gar nichts zu tun.«

Mascha beginnt zu weinen. Sie rutscht vom Schoß von Frau Becker und umarmt Tinkapur, die vor ihnen auf dem Boden sitzt. »Das will ich nicht!« Mascha sagt es schluchzend und ohne die Frau dabei anzusehen.

»Und wenn deine Mama es erlaubt, kannst du mich in den Ferien auch besuchen kommen.« Frau Becker beugt sich nach vorn und blickt bekümmert auf Mascha.

»Ehrlich?« Die sieht mit verweintem Gesicht auf. »Kannst du mich nicht gleich mitnehmen?« Maschas Blick wird hoffnungsvoll.

Frau Becker weicht zurück und schweigt bestürzt. Dann sagt sie leise: »Das würde ich mit Freude tun, Mascha. Ich hätte gern so eine Tochter wie dich gehabt. Aber du hast ja bereits eine Mutter und einen Vater.« Mascha lässt den Kopf hängen und verstummt. »Du hast doch jetzt auch noch den Michael hier, nicht wahr?«, versucht Frau Becker Mascha zu trösten.

Wie soll Mascha ihr erklären, dass das etwas ganz anderes ist?

Ende November kommt der Umzugswagen. Mascha geht mit Tinkapur durch den Schneeregen, um sich zu verabschieden. Es ist nasskalt, doch sie spürt es kaum. Sie war böse auf Frau Becker gewesen, obwohl sie wusste, dass es nicht richtig war. Heute fühlt sie sich wie in Watte gepackt. Mama hatte ihr sogar versprochen, dass sie Frau Becker besuchen kann. Aber auch darüber empfindet sie im Augenblick keine Freude.

»Da bist du ja!« Frau Becker kommt ihr entgegen. »Das Klavier erst am Schluss. Vielleicht hat es bis dahin aufgehört zu regnen«, bittet sie zwei Möbelpacker, die gerade mit dem Sofa an ihr vorbeigehen. Mascha blickt auf das Möbelstück und fühlt jetzt einen Stich in ihrem Herzen. Auf diesem Sofa hat sie so oft gemeinsam mit Frau Becker gesessen, und ihre Welt war währenddessen jedes Mal ein Stück schöner geworden. Jetzt verschwand diese Welt in einem großen Lastwagen.

»Mascha, ich habe noch etwas für dich.« Frau Becker hält ihr eine Tüte hin. Benommen öffnet das Mädchen sie und entdeckt darin den Topf, den sie bei ihrem ersten Besuch mit Tinkapur zum Topfschlagen verwendet hatten. Ein Zettel liegt darin. »Darauf steht meine neue Anschrift, wenn du mich besuchen kommst.«

Mascha liest die Adresse. »Wie weit ist das?« Neue Hoffnung färbt ihre Stimme.

»Mit dem Zug ein paar Stunden. Wenn deine Mama den Zugschaffner bittet, auf dich aufzupassen, kann ich dich schon in der Stadt abholen, dann musst du nicht umsteigen.«

Sie umarmt das Mädchen, und Mascha umschließt mit den Fingern fest den Zettel.

Michael spürt Maschas Einsilbigkeit und versucht seit Tagen, ein Gespräch in Gang zu bringen. Auch heute bemüht er sich und berichtet: »In Astrologie hatten wir die Monde und ihre Planeten. Wusstest du, dass Jupiter und Saturn sogar jeweils über sechzig Monde haben? Und wir haben nur den einen.«

Mascha sieht Michael abwesend und enttäuscht an. Die Trauer sitzt ihr wie ein Kloß im Hals, und sie fühlt, dass er sie nicht versteht. Sie möchte über ihren Kummer mit ihm sprechen, aber sobald sie es versucht, sagt er Sachen wie: »Du kennst die doch noch gar nicht lange, was hast du denn mit dieser Frau?« Dann spricht er wieder über Dinge, die sie gerade nicht interessieren. Das verletzt sie.

Auch Mama schimpft, wenn sie benommen auf ihrem Bett liegt und an Frau Becker denkt. »Mascha, du kannst sie doch im Februar besuchen. Jetzt geh mit dem Hund raus. Das kann ich nicht auch noch machen. Sonst fährst du gar nicht!« Mascha fühlt sich allein. *Was ist denn falsch daran, einen Menschen zu vermissen?*

Nur Tinkapur scheint sie zu verstehen. Sie ist ständig in ihrer Nähe, und es wirkt, als könne sie ihre Trauer instinktiv erfassen und liebevoll mit ihr teilen. Wenn Mascha aufgelöst weint, liegt sie einfach ruhig bei ihr. Verschwindet sie in einem Tagtraum, leckt Tinkapur ihr das Gesicht oder die Hände und versucht, sie für ein Spiel zu gewinnen. Tinkapurs gleichbleibend liebevolle Zuwendung rührt sie und macht ihr zugleich ein schlechtes Gewissen. Ihr ist bewusst, dass auch sie in den letzten Tagen nicht immer freundlich zu Michael gewesen war. Diese Erkenntnis bestürzt Mascha.

Den Kopf in die Hände gestützt, liegt sie bäuchlings auf dem Boden und denkt nach. Plötzlich erhellt sich ihr Gesicht. »Tinkapur, wir zeigen dem Michael die Tiere im Wald!«

Von Maschas wiedergekehrtem fröhlichen Tonfall wie elektrisiert, springt Tinkapur auf und schüttelt sich. Ihre Rute dreht kreisrunde

Bahnen in der Luft, während ihre Augen Mascha mit unverkennbarer Zustimmung freudig ansehen.

Die Stille der Bäume hat etwas Besänftigendes, und der Schnee dämpft die Geräusche des Waldes. »Schau, hier ist ein Fuchs entlanggelaufen.« Mascha weist stolz auf eine frische Spur.

»Woher willst du das denn wissen?« Michaels Tonfall klingt angriffslustig, und in seinem Blick liegt ein Ausdruck von Misstrauen, der Mascha überrascht.

Sie spürt angstvolles Flattern in ihrem Bauch und sieht ihn verunsichert an. Michaels zurückgezogener Blick erinnert sie an den des Vaters, und sie weicht instinktiv einen Schritt zurück. Sie erwartet weitere Ablehnung, aber als sie von Michael abrückt, sieht sie Bestürzung in seinen Augen. »Ich wollte es doch nur wissen. Das war nicht böse gemeint«, versucht er sie zu beruhigen.

Obwohl Mascha ihm das nicht ganz glaubt, huscht ein erleichtertes Lächeln über ihr Gesicht. »Schau«, sie zieht einen zusammengelegten Papierbogen aus der Tasche ihres Anoraks und faltet ihn auseinander. »Ich habe mir die Tierspuren aus einem Büchereibuch abgemalt, und inzwischen kenne ich sie auswendig.«

Michael beugt sich über die mit offensichtlicher Sorgfalt gezeichneten Abdrücke.

»Hier ist der Fuchs, siehst du?« Mascha weist auf eine Pfote. »Sie schaut fast so aus wie die von einem Hund. Die siehst du zum Vergleich hier.« Sie weist auf eine Pfote, deren vordere Ballen breiter sind als die des Fuchses. »Und die Krallen gehen beim Fuchs ein wenig nach innen, beim Hund sind sie gerade.«

Michaels Blick ist jetzt interessiert und auch ein wenig erstaunt. »Und wie merkst du dir das alles?«

Mascha sieht verdutzt auf. »Das weiß ich nicht. Für mich ist das ganz einfach. Ich mache mir für alles Bilder im Kopf. Guck mal, die Abdrücke von der Krähe, der Taube und dem Reiher sehen aus wie kleine Strichmännchen-Flugzeuge.« Mascha lacht.

»Tatsache.« Michael nickt zustimmend.

»Und die Abdrücke vom Reiher und vom Adler haben am Ende der Tragflächen und hinter dem ›Flugzeug‹ je einen Tropfen.«

»Hm, so kann ich es mir vielleicht auch merken«, denkt Michael laut nach.

Ermutigt von seinem Zuspruch fährt Mascha mit strahlenden Augen fort: »Und guck, der Abdruck eines Waschbären sieht aus wie eine gespreizte Hand mit fünf Fingern. Und darüber siehst du den Abdruck der Krallen.« Sie weist auf die tropfenförmigen Punkte über den Ballen.

Michael blickt auf, und seine Augen leuchten. »Wollen wir mal schauen, ob wir noch mehr finden?«

»Ja, gern!«

Mascha reißt triumphierend einen Arm nach oben und sieht, wie sich unter Michaels Augen ein paar Lachfältchen bilden.

Einen Moment lang stehen sich beide gegenüber und mustern sich vorsichtig. Mascha spürt ein schmerzhaftes Ziehen in ihrer Brust und Zuversicht, als sie in Michaels Blick wieder Zuneigung wahrnimmt. Seine Hand berührt behutsam tastend die ihre, und er hält inne, bevor er Maschas Hand ganz umschließt.

Mascha schließt die Augen in Erwartung eines möglichen Kusses und hört Michael erleichtert sagen: »Ich dachte schon, du redest nie wieder mit mir, nur weil die blöde Frau weg ist.«

Mascha öffnet die Augen und sieht ihn ungläubig und fassungslos an. Tief verletzt und getroffen zieht sie ihre Hand zurück. »Das ist keine blöde Frau, und ich rede, wann ich will!«

»Na, dann rede ich ab jetzt auch nur noch, wann ich will!« Michael wendet sich ab und sieht gekränkt aus. Er blickt nach unten, und unter seinen Wangen zuckt es, weil er immer wieder mit den Zähnen aufeinanderbeißt.

Mascha spürt, wie die Stimmung kippt, und schluckt. Warum brach immer alles auseinander, was sie gern mochte? »Ich habe es doch nicht so gemeint«, versucht sie die Situation zu retten.

»Du bist, seit diese doofe Tante weg ist, auch ganz blöde«, macht sich Michael Luft.

»Das ist keine doofe Tante, und du bist selber blöd!« Mascha spürt, wie ihr die Tränen in die Augen steigen und hockt sich hin, damit Michael es nicht sieht.

»Wenn du weiter zanken willst, kann ich auch nach Hause gehen und meinen Brüdern zuhören. Die machen das den ganzen Tag. Nun sei doch endlich wieder normal!« Michael kickt wütend gegen einen Stock, der vor ihm auf dem Boden liegt.

Zornig sieht Mascha auf und erwidert fast schreiend: »Ich will nicht normal sein! Ich will einfach ...« Das Ende des Satzes geht in einem langen Schluchzen unter.

Der Junge sieht betroffen auf das aufgelöste Mädchen und schüttelt hilflos den Kopf. Er will auf sie zugehen, doch zugleich fühlt er Abwehr in sich. Ein Bild schiebt sich vor Mascha, und er weicht zurück. Er sieht seine betrunkene Mutter, die schluchzend auf dem Fußboden liegt und ruft: »Micha, nun sei doch nicht so hart zu deiner armen Mutter! Hilf mir doch!« Er spürt einen tiefen Widerwillen. Er will nicht mehr helfen. Er hilft ständig.

Ungehalten und aufgebracht betrachtet er Maschas Verzweiflung und schämt sich zugleich für dieses Gefühl. Dann dreht er sich um und läuft davon. Mascha sieht ihm bestürzt nach.

16

Spiele

Im Sportunterricht spielen sie zum Aufwärmen »Bumm«, ein Spiel, das sich ihr Sportlehrer, Herr Folkert, ausgedacht hat. Ein schwerer Medizinball muss dabei über das Spielfeld auf die Gegenseite gebracht werden. Wenn jemand es schafft, dort den Ball an die Rückwand zu werfen, gibt es ein »Bumm« und einen Punkt für die Mannschaft.

Mascha wird als erstes Mädchen in die A-Mannschaft gewählt, in der bereits sechs Jungen sind. Sie weiß, dass Mannschaftskapitän Jens sich für sie entscheidet, weil sie für Punkte sorgt. Dennoch sprechen die Jungen mit ihr nicht so unbefangen wie mit den anderen Mädchen, die nach ihr gewählt werden. Sie nimmt sich vor, heute noch mehr Tore zu machen, um die Anerkennung der anderen zu gewinnen.

Wie gewöhnlich bleiben Hanna und Hilde am Ende der Auswahl übrig. Mascha würde sich für jeden außer für Hanna einsetzen, die sie verunsichert. Die blassblauen Augen des Mädchens liegen tief in seinem pausbäckigen Gesicht, und es senkt unterwürfig den Blick, wenn jemand es ansieht. Wenn Hanna geht, hört Mascha zwischen ihren Oberschenkeln den Stoff der Hose scheuern. Obwohl sie von den anderen ständig ignoriert wird, trägt sie meistens ein bemühtes Lächeln auf ihrem Gesicht. Es wirkt wie angewachsen, und Mascha würde es gern herunterziehen und wegwerfen. Sie weiß nicht, warum das Lächeln sie so ärgert, denn zugleich schmerzt es sie auch.

Bei Hannas erfolglosen Kontaktversuchen spürt sie ein unruhiges Flattern im Bauch und ein flaues Gefühl im Magen. Oft muss sie sich abwenden, wenn sie Hanna sieht. »Mit dicken Leuten will niemand etwas zu tun haben«, erinnert sie sich dann an das Urteil des Vaters. So eindeutig es auch scheint, so verwirrend bleibt für Mascha, dass sie ebenfalls oft gemieden wird, obwohl sie dünn ist. Zum Beispiel werden andere Kinder abgeklatscht, wenn sie bei dem Spiel »Bumm« den Ball an die Wand der Gegenseite brachten. Wenn ihr das gelingt, erlebt sie zwar die Freude der Mitspieler über den Punktgewinn, erhält aber selten eine Anerkennung. Ihre Brille kann daran nicht schuld sein, denn zwei andere Kinder mit Brille wurden auch abgeklatscht und gefeiert.

Sie nimmt sich vor, heute noch mehr Treffer zu erzielen, und hat Glück, denn gleich nach dem Anpfiff bekommt sie den Medizinball zu fassen. Er ist schwer, und sie muss ihn mit beiden Armen vor ihrem Bauch umschlingen, damit er nicht nach unten rutscht. Gleichzeitig verwendet sie sein Gewicht wie eine Ramme, mit der sie sich gegen andere Spieler wirft, die ihr den Weg versperren. Sie hat sich dabei eine Unnachgiebigkeit angewöhnt, die ihr bei der Gegenseite Respekt verschafft. Nur die Jungen versuchen, sie aufzuhalten.

Jetzt streckt sie den Kopf nach vorn und hechtet zwischen zwei Kindern hindurch. Ein Junge springt ihr in den Weg und umklammert sie von hinten. »Mascha, hierher …!« Sie nimmt Jens wahr, der seine Arme ausstreckt, um den Ball für ihre Mannschaft zu übernehmen. *Nein, ich kann es ganz allein schaffen. Ich werde es allen beweisen,* denkt Mascha. Sie lässt sich aus der Umklammerung des Jungen nach unten sacken und läuft nun geduckt weiter auf die Wand zu.

Ein Mädchen und ein Junge halten sich an den Händen fest und versperren ihr breit den Weg. Hinter ihr ruft Torsten: »Gib zu mir ab, schnell!« Sie erkennt seine Stimme und denkt wütend: *Jetzt habe ich den Ball und nicht du!*

Erfolglos wirft sie sich gegen die Kinder und schlüpft dann unter ihren Händen durch. Jemand versucht, sie von hinten am Arm festzuhalten, doch sie kann die Wand vor sich bereits sehen. Monika aus ihrer Mannschaft steht dicht davor und streckt die Arme aus. Mascha sieht keinen Sinn darin, den Ball jetzt noch abzugeben. Sie lässt ihn einfach aus den Händen rollen und gibt ihm mit dem Fuß einen Schubser. Als es leise »Bumm« macht, fühlt sie für einen kurzen Moment Genugtuung.

Ihre Mitspieler klatschen sich untereinander ab, ohne sie zu beachten, und sofort verschwindet das Gefühl, etwas gut gemacht zu haben. Sie beginnt, sich noch mehr anzustrengen, denn es bleibt für sie ein Rätsel, warum die anderen sich nicht mit ihr freuen können. Am Ende des Spiels nimmt Herr Folkert sie zur Seite.

»Mascha, du bist sehr gut, aber in einem Mannschaftsspiel musst du auch mit den anderen zusammenspielen. Wenn du nur Alleingänge machst, ergibt das gar keinen Sinn.«

Mascha sieht den Sportlehrer betroffen und mit offenem Mund an und sagt ratlos: »Aber ich mache viele Tore für meine Mannschaft. Das ist doch das Wichtigste!«

Herr Folkert beugt sich zu dem Mädchen hinunter. »Das Wichtigste sind nicht die Punkte, die du machst«, sagt er freundlich, »sondern wie ihr gemeinsam etwas schafft, verstehst du?« Mascha spürt, dass ihr Lehrer ihr etwas Wichtiges sagen will, doch sie versteht es nicht. Betreten sieht sie zu ihren lärmenden Klassenkameraden. Von ihren Eltern war sie bisher immer dafür gelobt worden, sich allein zu beschäftigen und so viel wie möglich allein zu schaffen. Auch hatte sie entdeckt, dass sie viel weniger Enttäuschungen erlebte, wenn sie von anderen keinen Beistand erwartete.

Was war auf einmal falsch daran?

Im Pausenhof sieht sie sich nach Michael um. Sie möchte ihm so viel erzählen und hofft, dass er ihr nicht mehr böse ist nach gestern. Plötzlich nimmt sie wahr, wie ein paar Kinder über sie tuscheln. Torsten hat sich vor der Gruppe aufgebaut und wirft eine Bemerkung über die Schulter, die die anderen zum Lachen bringt. Verunsichert will Mascha sich abwenden, doch Torsten ruft laut über den Hof: »Na, Brillenschlange, gehst du mit dem Spasti? Ihr seid zusammen gesehen worden.«

Mascha starrt ihn überrumpelt an. Auf seinem Gesicht liegt ein selbstgefälliges Grinsen. Hätte sein Spott nur ihr gegolten, wäre sie heute vielleicht weitergegangen, denn sie fühlt sich nach der Sportstunde entmutigt und abgeschlagen. Aber die doppelte Beleidigung ihr und Michael gegenüber will sie nicht gelten lassen.

Sie fühlt Hass auf Torsten in sich aufsteigen, der sie immer wieder grundlos angreift. Ihre Arme beginnen vor Wut zu zittern. »Brauchst dich doch nicht zu fürchten ...«, missdeutet Torsten den Ausdruck und legt einen übertrieben sorgenvollen Ton an den Tag. »Dir tut doch keiner was. Man meint es ja nur gut mit dir.«

Bei dem Wort »man« explodiert etwas in Mascha. »*Man* tut. *Man* verhält sich. *Man* will von dir doch nur ...« Sie hasst dieses Wort. Es überfährt sie jedes Mal wie ein riesiger Bulldozer. »Auf dein *man* ist geschissen!«, platzt es aus ihr heraus.

Torsten will gerade die Mundwinkel zu einem amüsierten Lächeln verziehen, als Mascha wie ein aufgebrachter Stier auf ihn zugerannt kommt. Sie trommelt ihm mit beiden Fäusten auf die Brust und schreit: »Du bist einfach der dümmste Junge hier. Der Allerdümmste!«

Torsten versucht, ihre Fäuste festzuhalten, und nickt seinem Freund Steven zu. Mascha spürt einen Tritt in die Kniekehlen und sackt zusammen. Torsten gibt ihr von vorn einen Schubser an die Schulter, und sie kippt rücklings um.

Jonas und Steven ziehen ihre Arme zur Seite und halten sie fest. Torsten kniet sich über sie und schlägt ihr mit einem gespielten Tätscheln abwechselnd auf die Wangen. »*Brillen-Schlangen-muss-man-schlagen.*« Er intoniert es wie eine Liedzeile.

»Geh von mir runter, du Blödian!« Maschas Stimme kippt über vor Wut. Sie zieht ihre Beine an, bäumt sich auf und versucht, Torsten abzuwerfen, aber seine Knie umklammern sie zu fest. Er grinst sie an. »Na, wer ist hier ein blöder Schlappschwanz?«

Mascha sieht sich suchend nach Hilfe um, doch die Gruppe rundherum umschließt sie wie eine Wand. Sie findet in den Augen der Kinder nur eine Mischung aus Leere, Furcht und Faszination, aber kein Mitgefühl.

Plötzlich sieht sie zwischen den Kinderbeinen Michaels grüne Hosen leuchten. Sie dreht den Kopf, bis sie einen besseren Blick auf ihn erhaschen kann. Er lehnt in der Ferne mit einem Mädchen aus seiner Klasse an der Schulmauer.

In diesem Moment empfindet sie eine so tiefe Demütigung, dass sie Torsten ins Gesicht spuckt.

Überrascht und angewidert wischt er sich mit dem Handrücken über die Wange und hebt die Faust zum Schlag.

»Was geht hier vor?« Herr Herbert, der Russischlehrer, schiebt sich durch die Gruppe der anderen um sie herum. »Was soll das denn schon wieder!« Er zieht Torsten von Mascha herunter. »Was ist hier los?« Beide schweigen betroffen.

Herr Herbert fasst Torsten am Ohr und führt ihn zu sich heran. »Freundchen, ich will deine Eltern morgen hier sehen! Um 17:00 Uhr im Lehrerzimmer!«

Mascha duckt sich instinktiv, auch wenn die Drohungen gar nicht ihr gelten. Der Lehrer wendet sich jetzt an sie. »Hat er dich geschlagen?« Herr Herbert weist auf die roten Flecken auf ihren Wangen, doch sie schweigt angstvoll. Seufzend schiebt er die Kinder in Richtung Schulgebäude. »Gut, dann kommt ihr beide jetzt mit zum Direktor, bis das geklärt ist.« Mit einem Seitenblick erhascht Mascha, wie blass Torsten geworden ist.

Vor dem Direktorenzimmer warten sie allein auf einer Bank. Der Direktor war vor vielen Jahren einmal mit ausgebreiteten Armen im Gang auf Mascha zugekommen und hatte ihr den Weg versperrt. Sie hatte nicht geahnt, dass er nicht sie, sondern ein paar Kinder hinter ihr stoppen wollte. Seine Körperhaltung und sein zorniges Gesicht hatten sie so geängstigt, dass sie sich gebückt hatte und durch seine Beine hindurchgeschlüpft war. Es hatte keine Konsequenzen gehabt, dass sie einfach weggelaufen war – doch die Erinnerung an diese Situation bereitete ihr noch immer ein flaues Gefühl im Magen.

Torsten räuspert sich. Er fährt sich durch sein halblanges, blondes Haar, das ihm immer wieder ins Gesicht fällt. Die Überlegenheit ist aus seinem Blick verschwunden. »Äh, können wir vielleicht was anderes erzählen, wenn der Brandner uns fragt?« Seine Stimme klingt auf einmal unsicher, und Mascha antwortet patzig: »Ich sage, was war!« Sie ist noch immer wütend auf ihn, auf Michael und alle, von denen sie sich verraten fühlt.

Der Junge beginnt am Band seiner Kapuze zu nesteln. »Mein Alter schlägt mich tot, wenn ich jetzt noch einen Verweis bekomme. Du bist doch keine Petze, oder?«

Mascha sieht ihn mit einem verächtlichen Blick an. »Du hast mir gar nichts zu sagen!«

Betroffen öffnet der Junge den Mund und starrt irritiert auf das Mädchen. »Aber ich meine es doch nie so. Was hast du denn?«

Überrascht sieht Mascha ihn an. »Und warum machst du es dann?« Mit zusammengekniffenen Augen beobachtet sie ihn. Torsten stülpt die Unterlippe nach vorn und zuckt ratlos mit den Schultern. »Du musst doch einen Grund haben?!« Ungläubig und verwirrt mustert sie ihn.

Torsten hebt beschwichtigend die Hände. »Ich weiß es nicht. Irgendetwas macht mich wütend, und dann muss ich was machen.«

Seine Antwort dringt nur langsam zu Mascha vor. »Aber die Brille?« Sie tippt an ihr Gestell und sieht den Jungen fragend an. Torsten verdreht die Augen und sagt: »Dein Sehgestell ist mir doch scheißegal.«

Die Tür zum Direktorenzimmer öffnet sich, und Frau Kassel, die Sekretärin, verkündet: »Ihr werdet erwartet …«

Torsten flüstert Mascha hastig ins Ohr: »Ich verspreche dir, dass ich dich für immer in Ruhe lasse, wenn du nichts sagst. Indianer-Ehrenwort!« Mascha stolpert hinter ihm her und kann noch immer nicht glauben, dass es nie einen Grund gab für Torstens Schikanen.

Herrn Brandner erwartet sie hinter einem großen Schreibtisch und weist auf eine Reihe von Stühlen an der Wand gegenüber. Mascha will sich einen Platz entfernt von dem Jungen setzen, aber als sie die ungehaltene Miene des Mannes sieht, setzt sie sich doch neben Torsten. »Muss es denn immer hier enden? Ihr hättet auch dem Lehrer sagen können, was passiert ist. Ich habe hier wirklich Wichtigeres zu tun! Also, Mascha, was ist passiert? Was hat der Knabe gemacht?« Er weist mit ausgestrecktem Arm auf Torsten, und Mascha spürt, wie dieser die Luft anhält.

Sie kann seine Angst spüren und fühlt plötzlich eine Verbindung zu ihm. »Wir haben zusammen gespielt, mehr nicht«, hört sie sich mit fester Stimme sagen.

Der Direktor sieht sie erstaunt an. »Jetzt haltet ihr beide dicht? Ich habe keine Zeit für solche Mätzchen. Ihr sagt mir sofort, was passiert ist!« Instinktiv rutschen die Kinder näher zusammen und beschließen auf diese Weise ihr Schweigen.

Der Direktor blickt sie grimmig an und sagt: »Eure Probleme möchte ich haben.« Dann schickt er sie raus.

In der nächsten Schulpause sieht Mascha Michael wieder mit dem Mädchen. Einige Male blickt er kurz zu ihr herüber, und sie hat Mühe, die Tränen zurückzuhalten. Er lächelt seltsam gekünstelt. Mascha hat ihn vorher nie auf diese Weise lachen sehen. Obwohl sie spürt, dass er vielleicht nicht so froh ist, wie er tut, möchte sie ihm ebenfalls weh tun. Sie geht zu Torsten und stellt sich lässig neben ihn. Dann wendet sie Michael triumphierend ihr Gesicht zu. Sie beginnt, mit Torsten zu reden, und versucht ebenfalls fröhlich zu wirken. Doch sie wird immer trauriger, weil sie in seiner Gegenwart nichts von dem fühlt, was sie beim Zusammensein mit Michael empfindet.

17

Kein Halt

»Sag mal, was machst du da eigentlich andauernd für Grimassen? Das sieht ja schrecklich aus!« Die Mutter sieht befremdet auf Mascha, die ihr Gesicht immer wieder unwillkürlich verzieht und ruckartige Bewegungen mit dem Kopf zur Seite macht.

Mascha hebt betroffen die Schultern.

Sie weiß nicht, warum es geschieht. Doch sie spürt eine Entlastung dabei. Ihr ist nicht bewusst, dass es komisch aussieht, denn sie hat solche Zuckungen noch nie gehabt.

»Mascha, du machst das auf keinen Fall auf der Straße! Die Leute denken sonst, du bist verrückt!«

Die Mutter verzieht angewidert ihr Gesicht, als ein stärkerer Anfall erfolgt. Maschas Kopf zuckt in rascher Folge mehrfach hintereinander nach hinten und zurück. Ihre Kinnpartie bewegt sich dabei ruckartig nach oben, so dass sich die Halsmuskeln straffen. Ihre Lippen wölben sich nach vorn, und die Mundwinkel werden nach unten gezogen.

Die Mutter hebt abwehrend eine Hand und weicht zurück.

Als Mascha wahrnimmt, wie abgestoßen die Mutter ist, versucht sie krampfhaft, ihr Gesicht ruhig zu stellen.

Aber es kostet sie so große Anstrengung, dass sie aus dem Wohnzimmer laufen muss, um die gewaltsam still gehaltenen Muskeln dann um so schneller und heftiger zu entladen.

Sie braucht dafür nichts zu tun. Ihr Kopf und ihre Schultern werden wie von einer fremden Kraft geschüttelt und gebogen.

Als ihr Blick zufällig am Flurspiegel hängenbleibt, registriert sie den wilden, grimassenhaften Tanz der Muskeln auf ihrem Gesicht. Sie spannen sich in einem wahnwitzigen Tempo an, und wenn Mascha sie wieder langzieht, erlebt sie einen kurzen Moment von Entlastung, so als würde sich eine innere Anspannung entladen. Mama hatte Recht, es sah wirklich schrecklich aus.

Mascha hört sie in der Küche telefonieren. »Wir brauchen bitte noch heute einen Termin. So kann ich meine Tochter nicht in die Schule lassen. Ihr Verhalten wirkt vollkommen ver…«, die Mutter unterbricht sich, »sonderbar«, führt sie den Satz zu Ende.

Mascha sieht sich betroffen im Spiegel an und fühlt sich betreten und mutlos. Jetzt hatte sie nicht nur eine Brille, sondern war auch noch verrückt.

»Mascha, wir können gleich in die Klinik fahren.« Im Tonfall der Mutter schwingt Erleichterung mit, und sie bemüht sich zu lächeln. »Komm, zieh dich an, und auf dem Rückweg fahren wir in die Innenstadt Eis essen, ja?«

Mascha wagt ebenfalls ein vorsichtiges Lächeln, das jedoch von einem Zucken unterbrochen wird. Die Mutter schluckt und errötet. »Das kriegen wir schon wieder hin«, sagt sie fast flüsternd und öffnet hastig die Wohnungstür.

In der Straßenbahn schiebt sie Mascha schnell in eine hintere Ecke am Ende des Waggons und schirmt sie mit ihrem Körper ab, um sie vor den Blicken der anderen Fahrgäste zu verbergen. Mascha steht mit dem Rücken zu ihr und sieht beim Fahren auf die Straße. So spielt es keine Rolle, was ihr Gesicht tut.

In der Klinik angekommen, müssen sie warten, und Mascha steuert bereits automatisch auf eine schlecht einsehbare Stelle im Wartesaal zu. Durch das Verhalten der Mutter hat sie verstanden, wie peinlich ihr Verhalten für sie ist, und möchte nun selbst aus dem Blickfeld der Wartenden verschwinden.

Laut beginnt ihr die Mutter aus einem Buch vorzulesen, und Mascha bemerkt, wie eine ältere Dame über diese scheinbare Eintracht von Mutter und Tochter lächelt.

Eine Tür öffnet sich, und der Kopf eines Mannes mit rotblonden Haaren und einem Vollbart erscheint. »So, dann Familie Schaumberg bitte!« Seine Augen blitzen Mascha während der Begrüßung im Behandlungszimmer an, als wäre er zu einem gemeinsamen Streich aufgelegt. Ermuntert, aber auch überrascht lächelt Mascha zurück.

»Na, mein kleines Fräulein, dich kann man ja auch für einen feschen Buben halten und für einen schlauen dazu.« Dabei tippt er sich an seine eigene Brille.

Mascha errötet, und ihr Gesicht beginnt zu zucken. Obwohl der Doktor so nett ist, verletzt sie seine Bemerkung. »Ich bin auch ohne Brille schlau!«, entgegnet sie nachdrücklich »Und ein Mädchen bin ich sowieso!« Sie reckt ihr Kinn in die Höhe.

»Oho, da bin ich wohl in ein Fettnäpfchen getreten. Pardon, junge Dame.« Er macht vor Mascha eine kleine Verbeugung und wedelt einmal pompös mit dem Arm durch die Luft. Mascha muss kichern und hält sich die Hand vor den Mund. Ihr Unmut ist verflogen, und sie sieht den Doktor jetzt neugierig an.

»Was fehlt dir denn?« Der Arzt hebt Mascha auf eine Behandlungsliege und beugt sich lächelnd zu ihr herunter. Mascha baumelt aufgeregt und verlegen mit den Beinen und tritt ihn dabei versehentlich. »Das wollte ich nicht«, ihr Gesicht zuckt erneut.

»Na, die halten was aus«, beruhigt sie der Arzt und zeigt auf seine Beine. »Was macht dir denn Sorgen?« Mascha sieht ihn betroffen an und spürt, wie ihr die Tränen kommen. Sie fühlt Dankbarkeit über seine freundliche Frage und schluckt.

Gern würde sie auf seine Frage antworten, doch wie sollte sie ihm in wenigen Sätzen erklären, wie unzulänglich sie war und was alles nicht klappte in ihrem Leben? Sie unterdrückt die Tränen und hebt als Antwort nur ratlos die Schultern.

»Hat ihre Tochter denn viel Stress gehabt in letzter Zeit?«, fragt der Arzt an die Mutter gewandt. »Vielleicht einen Umzug oder Schwierigkeiten in der Schule?«

Die Mutter schüttelt den Kopf. »Nicht, dass ich wüsste. Mascha, gibt es Probleme in der Schule, von denen du mir nichts erzählt hast?« Sie kneift ihre Augen zusammen und sieht ihre Tochter prüfend an. Mascha weicht zurück, denn wenn Mutter so schaut, findet sie fast immer etwas heraus, selbst wenn Mascha gar kein Geheimnis bewusst ist.

Ein erneuter Anfall von Zuckungen reißt ihren Kopf immer wieder vor und zurück. Als sie endlich zur Ruhe kommt, sieht sie den nachdenklichen Blick des Arztes auf sich ruhen. »Erzählst du der Mutter auch alles?«

Mascha beißt sich auf die Lippen, und ihr Herz beginnt zu rasen. »Natürlich weiß ich alles über meine Tochter«, nimmt ihr die Mutter die Antwort ab.

Der Arzt kratzt sich seinen Bart und sieht mit forschendem Blick zwischen Mutter und Tochter hin und her. »Also, ich würde sie gern dem Dr. Arnold vorstellen. Da es aber gerade kurz vor Weihnachten ist, könnten wir erst einen Vorstellungstermin für das kommende Jahr machen, wenn es Mascha bis dahin nicht besser geht. Dr. Arnold ist Leiter der psychiatrischen Kinderabteilung. Ich bin nur Allgemeinmediziner für Kinderkrankheiten und kein Experte, aber nach meiner Meinung geht es hier um sogenannte Tics. Und mir ist bekannt, dass sie bei den meisten Kindern oft von allein wieder weggehen. Also mach dir keine Sorgen«, fügt er an Mascha gewandt ermutigend hinzu.

Diese sieht ihn mit weit geöffneten Augen an, und der Arzt streicht ihr beruhigend über den Kopf. Er findet keine andere Antwort auf die unausgesprochene Bitte um Hilfe in Maschas Blick und räuspert sich betreten. »Du darfst jetzt bis Weihnachten zu Hause bleiben und mal alles machen, was dir Spaß macht, nicht wahr? Du bist doch sicher eine Leseratte, oder?«

Mascha stimmt eifrig nickend zu und strahlt. »Und ich habe einen Hund. Sie heißt Tinkapur. Und ich bin gern mit ihr im Wald oder an meinem Lieblingsbaum am Fluss. Das ist eine ganz große Trauerweide. Ich kann sie bis fast hoch klettern, und zu Frau Becker fahre ich auch in ein paar Wochen und …«

»Mascha, du redest ohne Punkt und Komma«, unterbricht sie die Mutter und wendet sich an den Arzt. »Kann man denn in der Zwischenzeit nichts dagegen geben, sie wird doch auffallen, wenn sie so auf die Straße geht, und auch mich werden die Leute …« Sie unterbricht sich und fügt dann hinzu: »Ich habe schließlich mein Kind sehr gut erzogen.«

Der Arzt hebt beide Hände und macht damit zwei langsame Bewegungen nach unten, um die Mutter auszubremsen. Bemüht ruhig erwidert er: »Das ist überhaupt keine Frage der Erziehung. Es ist irgendetwas im Gehirn. So etwas wie Kurzschlüsse. Und sie werden häufig durch inneren Stress ausgelöst.«

»Gut, Herr Doktor, dann melden wir uns dort, wo sie gesagt haben.« Die Mutter seufzt und fügt matt hinzu: »Dann muss ich bis dahin eben allein klarkommen.«

Ihr Tonfall ist seltsam präsent in seiner Kraftlosigkeit.

Auf dem Marktplatz ist bereits reger Weihnachtsbetrieb, und Mascha bestaunt die vielen Lichter, Figuren, Karusselle und Stände. »Mama, darf ich Autoscooter fahren?« Mascha weist begeistert, mit aufgeregtem Blick zu der Fläche, auf der Kinder wie auch Erwachsene in kleinen Autos herumkurven.

»Eigentlich wollten wir doch nur in die Eisdiele gehen«, gibt die Mutter zu bedenken.

»Biiiiiitte! Autoscooter ist so toll!« Mascha sieht die Mutter mit einem flehentlichen Blick an. Die Mutter lächelt und sagt plötzlich umgestimmt: »Na gut, weil bald Weihnachten ist. Und du versprichst mir, dass du dich nachher in der Eisdiele benimmst, wenn du jetzt scootern darfst, ja?«

Maschas Augen werden groß und rund vor Ratlosigkeit. »Aber ich bin doch lieb!«

Die Mutter beugt sich zu ihr hinunter und flüstert: »Ich meine das Zucken.«

Betroffen sieht Mascha nach unten. »Es kommt aber einfach. Ich kann doch nichts dafür.«

Sie wird von der Mutter ein Stück zur Seite gezogen, hinter das Kassenhäuschen des Autoscooters. »Mascha, wenn du in der Eisdiele so zuckst, denken die Leute, du kommst von der Hilli Ost.« Mascha weiß, dass damit eine Hilfsschule im Osten der Stadt gemeint ist. Dort werden, wie Mutter ihr erzählte, Kinder mit geistigen Behinderungen unterrichtet.

»Aber ich habe doch immer gute Noten, warum sollte ich denn an einer Hilfsschule sein?« Empört starrt sie die Mutter an.

»Ja, aber von deinen Noten wissen die anderen doch nichts. Sie sehen nur, wie du dich benimmst.«

Mascha schürzt die Lippen und schaut getroffen und verletzt an der Mutter vorbei. »Mascha, auf mich musst du nun wirklich nicht böse sein. Ich versuche ja nur, dir zu helfen. Ich weiß, dass du intelligent bist. Ich möchte bloß nicht, dass die anderen falsch über dich denken.«

Mascha schluckt und starrt weiter schweigend vor sich hin. »Nun sei doch nicht so dickköpfig! Ich gebe mir doch alle Mühe. Du darfst auch Autoscooter fahren.« Die Mutter weist auf die Fläche, auf der gerade zwei Fahrzeuge in ihrer Nähe zusammenprallen.

Mascha versucht, das Zucken in ihrem Gesicht ruhig zu halten, indem sie sich auf die Oberlippe beißt. Sehnsüchtig betrachtet sie die kreischenden, lachenden Kinder in den Autos und schluckt erneut. »Gut, ich verspreche es«, presst sie hervor.

Bei der nächsten Runde des Fahrbetriebes sucht Mascha sich einen roten Wagen aus und hechtet in ihn hinein, kurz bevor zwei größere Jungen ihn erreichen. »He, den wollten *wir* haben«, ruft einer der beiden ihr zu und sieht sie etwas verärgert an.

»Ich war aber schneller«, gibt Mascha zurück und umfasst das Lenkrad. Die Jungen wenden sich ab und nehmen einen gelben Wagen. Kaum werden die Wagen angeschaltet, steuern die beiden Jungen auf Mascha zu, um sie anzurempeln.

Mascha klemmt die Zunge zwischen die Lippen und weicht ihnen konzentriert aus. Über ihr Gesicht huscht ein jubelndes Lachen, als die Jungen knapp an ihr vorbeifahren. Als diese erneut die Verfolgung aufnehmen, fährt sie um ein anderes Auto herum und verwendet es als Puffer zwischen sich und den Jungen. Wieder entkommt sie und sieht sich, auf der anderen Seite der Fahrfläche angekommen, suchend um.

Plötzlich wird sie kurz zurückgeschleudert. Die Jungen sind unbemerkt von der Seite gekommen und haben einen Rempler gegen die Gummiumrandung ihres Autos gelandet. »Haha, jetzt haben wir dich!«, ruft der Fahrer von den beiden ohne Gehässigkeit. »Du bist echt gut für ein Mädchen«, fügt er anerkennend hinzu, und Mascha errötet lächelnd.

»Jetzt musst du uns kriegen!« Er lenkt das Auto von ihr weg, und sie folgt seiner Aufforderung.

Geschickt manövriert sie ihren Scooter zwischen anderen Wagen hindurch und erwischt die Jungen, kurz bevor die Runde zu Ende ist, von hinten. »Aaah, Scheiße.« Der Junge am Lenkrad schlägt auf die Autoverschalung und grinst Mascha an. »Los, noch eine Runde.« Mascha hebt ihre Hände und öffnet sie mit einem bedauernden Blick, um anzuzeigen, dass sie keinen Chip mehr hat. »Schade«, ruft der Junge. »Kann man nichts machen.«

Mascha läuft hastig von der Fahrfläche, bevor die Autos wieder starten, und winkt dem Jungen noch einmal zu. Als er den Gruß zurückgibt, erfüllt sie das mit einer unbestimmten Hoffnung, und sie lächelt zaghaft.

Die Eisdiele ist voll, und sie müssen am Eingang warten, bis ein Platz frei wird. Mascha stellt sich dicht neben die Mutter, so dass diese ihr Gesicht nicht sehen kann.

Während der Fahrt mit dem Autoscooter hatte Mascha sich enthusiastisch, aber nicht nervös gefühlt. Doch jetzt spürt sie neben der Freude auf das Eis erneute Anspannung in sich aufsteigen. Die Zuckungen durften auf keinen Fall zurückkehren, das hatte sie der Mutter versprochen.

Die Kellnerin führt sie zu einem Zweiertisch, der frei wird. »Weißt du schon, was du willst?« Die Mutter sieht Mascha gut gelaunt an, und ihr ist die Freude auf die bevorstehende Leckerei anzusehen. »Ja, einen Schwedeneisbecher«, sagt Mascha mit glänzenden Augen und leckt sich die Lippen.

Die Mutter nickt zustimmend und sagt an die Kellnerin gewandt: »Dann bitte zwei Schwedeneisbecher. Für meine Tochter ohne Eierlikör und für mich mit doppelt Schlagsahne. Dazu einen Kaffee, und du?« Fragend sieht sie zu ihrer Tochter.

Maschas Kopf zuckt diesmal nur kurz, aber dafür heftig zur Seite, dann sagt sie rot werdend: »Kakao bitte.«

Ihre Stimme klingt verschreckt, und die Kellnerin sieht mit verwirrter Miene auf das Mädchen.

Mascha schaut rasch nach unten und beißt sich auf die Lippe.

»Gern«, gibt die junge Kellnerin zurück und sagt dann in einem weichen Tonfall zu Mascha: »Möchtest du noch eine Waffel extra? Die bekommst du umsonst.«

Mascha sieht freudig überrascht auf und nickt.

Die Mutter schweigt vorwurfsvoll, nachdem die Kellnerin sich entfernt hat. Ihr Blick sagt mehr als Worte.

Mascha stellt die Ellenbogen auf den Tisch und stützt ihr Gesicht in ihre Fäuste. So kann sie den Kopf gut festhalten. Nur ihre Augen zwinkern weiter, ohne dass sie es beeinflussen könnte. Weil sie den Blick der Mutter auf sich ruhen fühlt, schließt sie die Augen, um sie ruhig zu halten. Ihr Herz klopft bis zum Hals. Sie hat das Gefühl, gleich zu explodieren.

»Bitte schön. Für dich mit einer Extrawaffel und für Sie mit doppelt Schlagsahne.«

Mascha öffnet die Augen und schaut aufatmend auf das Eis. »Danke«, murmelt sie in Richtung der Kellnerin, wagt jedoch nicht den Blick zu heben. Sie beginnt vorsichtig zu löffeln und dabei dennoch Kopf und Gesicht ruhig zu halten.

»Oh, die Kellnerin hat den Kaffee vergessen«, sagt die Mutter leicht verstimmt, und an Mascha gewandt fügt sie hinzu: »Ich bin gleich wieder da.«

Ein langer Atemstoß entfährt Mascha, als sich die Mutter entfernt. Eilends gibt sie dem Drang nach, ihren Kopf zu schütteln, den Hals zu verbiegen und ihre Gesichtsmuskeln im Wechsel anzuspannen und wieder zu entladen. Sie atmet noch einmal laut aus und verspürt tiefe Erleichterung, als sie damit fertig ist.

Betont harmlos lächelnd sieht sie ihrer Mutter entgegen und wird blass, als sie die Betretenheit einiger Menschen wahrnimmt, die sie mit offenem Mund anstarren.

18

Vorfreude schönste Freude

Endlich ist es soweit. Die Mutter schickt Mascha und den Vater ins Kino, während sie den Baum schmückt. Sie liebt es, das Weihnachtsfest vorzubereiten. Jedes Jahr freut sie sich auf den Moment, an dem sie in Maschas Augen die Verzauberung sehen kann, die sie als Kind nicht erleben konnte. Ihre eigenen Weihnachtsfeste damals waren gezeichnet von der Not des Krieges und von der Abwesenheit der Eltern, die es nicht mehr gab. Die Weihnachtsfeste mit ihrem Kind erfüllen sie mit einer stillen Wehmut und einer Vorstellung von Glück.

Am meisten genießt sie die Vorfreude. Sie hat Mascha einen Rucksack gekauft, den diese sich sehr gewünscht hatte. Er ist rotblau kariert, mit lackglänzenden, roten Riemen und einem roten Kordelband zum Verschnüren. An seiner Vorderseite ist eine kleine Tasche mit einem weiß abgesetzten Rand und einem goldfarbenen Schnappverschluss. In der kleinen Tasche ist ein Umschlag versteckt mit etwas Geld und einem Zettel, auf dem steht: *Für deine Fahrt zu Frau Becker.* Mascha hat seit November jeden Tag von dieser Reise gesprochen, und die Mutter ist sich sicher, dass sie sich sehr freuen wird.

Auch sie selbst spürt Erleichterung bei der Vorstellung, dass ein anderer Mensch sie entlasten könnte bei der Erziehung des Kindes. Der Druck, dauerhaft allein für Mascha da zu sein, fühlt sich oft unerträglich an, denn er bereitet ihr Scham- und Schuldgefühle. Jeden Tag nimmt sie sich erneut vor, ausgeglichener zu reagieren, aber sie scheitert an ihren Wutausbrüchen, den Angstattacken und der Trauer, die sie oft einfach überwältigen. Sie kann nicht einmal sagen, was passieren muss, damit ihre innere Zündschnur von einem Funken berührt wird, der etwas zum Explodieren bringt. Doch sie spürt, dass es immer schlimmer wird, je mehr sie sich bemüht, das zurückzuhalten. Sie fühlt Entlastung bei der Vorstellung, die Bedürfnisse des Kindes einmal an einen anderen Erwachsenen abzugeben und durchatmen zu können.

Ihre Hände streichen über eine rote Pudelmütze und einen Strickponcho, die Mascha sich im Schaufenster des Kaufhauses ausgesucht hat. Sorgsam packt sie beides ebenfalls in den Rucksack und schlägt diesen dann in Geschenkpapier ein.

Sie lächelt kurz bei der Vorstellung von Maschas Freude.

Jetzt wird sie den Karpfen in den Ofen schieben und den Baum schmücken. Er ist das Schönste. Ein Baum mit brennenden Kerzen, Lametta und vielen glänzenden Weihnachtskugeln. Er schenkt ihr ein seltenes Gefühl von Pracht und Fülle.

»Papa, darf ich deine Hand nehmen?« Mascha hopst aufgeregt neben dem Vater her. »Ich habe auch Handschuhe an und bin nicht bachsig.« Sie wiederholt das Wort, das Vater immer verwendet, wenn er begründen will, dass sie klebrig ist.

»Ahh, lass mal«, murmelt der Vater.

»Aber ich klebe doch wirklich nicht!« Mascha springt ihm in den Weg und sieht ihn an. Der Vater schaut kurz zu ihr hinunter und sagt unwillig ablehnend: »Du bist so aufgeregt. Das mag ich nicht!« Mascha lässt ab von ihrer Frage. Sie möchte den Vater auf keinen Fall verärgern.

Ausgelassen springt sie auf eine Brunneneinfassung am Marktplatz und läuft einmal auf ihr herum. »Papa, schau!« Der Vater winkt sie heran. »Wir kommen zu spät ins Kino, wenn du überall hinläufst. Bleib jetzt hier!«

Mascha fügt sich und nickt gehorsam.

Es ist das einzige Mal im Jahr, dass der Vater etwas nur mit ihr unternimmt, weil die Mutter sie ins Kino schickt. Diesen schönen Tag möchte sie durch nichts verderben. Während des Vorfilms, dem DEFA-Augenzeugen, schläft der Vater ein. Er sitzt dabei sehr gerade, hat die Augen geschlossen, und Mascha hört ihn tiefer atmen. Sie schiebt ihren Unterarm auf der Armlehne vorsichtig und langsam an den seinen heran und empfindet eine stille Freude bei der Berührung. Es fühlt sich geheimnisvoll fremd an, dem Vater einmal so nahe zu sein, wie sie ihm sonst nicht kommen durfte. Gleichzeitig spürt sie einen schmerzlichen Stich im Herzen über die Vergänglichkeit der heutigen Ausnahme.

Sie verfolgt auf der Leinwand eine Frauenmannschaft, die Fußball spielt. Der Anblick ist für sie ungewohnt, und sie beobachtet das Spiel der wenigen Frauen mit offenem Mund. Ein Reporter kommentiert: »Einheit Treptow hat eine Damenfußballmannschaft aufgestellt. Mannschaft, naja, da werden wir uns etwas ausdenken müssen.« Einige Erwachsene lachen, und Mascha sieht sich nach ihnen um, weil sie den Witz nicht versteht.

Es sind viele Kinder da, die aufgeregt auf ihren Sitzen umherrutschen und auf den russischen Film *Die Schneekönigin* warten. Endlich beginnt er: »Schnipp schnapp, schnipp schnapp, schnipp schnapp schnurre, pore, baselore …« Ein Märchenerzähler in Mantel, Hut und Schal eröffnet das Märchen auf einer verschneiten Straße. Mascha kann jedes seiner Worte mitsprechen, denn sie hat den Film bereits an vielen früheren Weihnachtsfesten gesehen.

Jetzt erscheint die vertraute Wohnstube mit einem gemütlich brennenden Kaminfeuer, in der die Großmutter und die Geschwister Kai und Gerda zusammenleben. Und bald wird der reiche Kommerzienrat eintreten und die schönen Winterrosen verlangen, die im Zimmer stehen, weil er alles besitzen will, was selten ist. Er wird so viel Geld dafür bieten, dass alle ein Jahr lang davon leben könnten, doch die Großmutter wird sagen: »Diese Rosen hat uns ein Märchenerzähler geschenkt. Geschenke darf man nicht verkaufen.« Obwohl der Kommerzienrat ankündigt, sich zu rächen und ihnen als Strafe die Schneekönigin schicken will, bleibt die Großmutter bei ihrer Entscheidung.

Mascha empfindet jedes Mal tiefe Genugtuung darüber, dass die Großmutter den Drohungen trotzt. So eine tapfere, unerschrockene Oma hätte sie auch gern. Weil sie jedoch noch nicht einmal Großeltern hat, denkt sie mit einem sehnsüchtigen Gefühl an ihre Reise zu Frau Becker.

Der Vater räuspert sich plötzlich und bewegt seinen Unterarm ein wenig von ihr weg. Als Mascha seinen Druck nicht mehr spürt, hat sie für einen Moment das Gefühl, vollkommen allein zu sein. Sie sieht zum Vater, und er hat die Augen wieder geöffnet und auf die Leinwand gerichtet. Doch sein Gesichtsausdruck wirkt noch immer so unbeteiligt, als ob er schliefe.

Mascha rutscht tiefer in den Kinosessel hinein und erwartet die Stelle im Film, an der das Fenster in der Stube der kleinen Familie von einem Windstoß aufgerissen wird.

Sie hält die Luft an, als es geschieht, und umfasst mit der rechten Hand ihre geballte Faust.

Ein unheimlicher weißer Wirbel breitet sich über die gesamte Leinwand aus, und plötzlich steht wie aus dem Boden gewachsen die Schneekönigin in der Stube. Ihre Haare ragen wie Eiszapfen nach oben, und ihr Kleid wie ihre Haut sind gespenstisch weiß. Mascha schaut aus der Tiefe ihres Sessels zu und kaut an einer Fingerkuppe. Sie fürchtet sich vor der eisigen Macht der Königin, die so jäh in die Stube einbrechen kann. Noch mehr verwirrt sie jedoch der Umstand, dass auch der Zusammenhalt der Familie das bevorstehende Unglück nicht verhindern kann.

Als Kai das Angebot der Schneekönigin ablehnt, mit ihr zu gehen und in ewigem Wohlstand zu leben, wird er verwandelt. Kurz bevor es geschieht, flüstert Mascha unwillkürlich: »Pass auf, Kai!«, aber er kann sie nicht hören.

Als die Königin ihm Furcht unterstellt, weil er ihren Abschiedskuss ablehnt, will er ihr seinen Mut beweisen und lässt sich doch von ihr küssen. Nach dem eisigen Kuss der Schneekönigin greift er sich an sein kalt und fühllos gewordenes Herz, und Mascha beobachtet betroffen das langsame, entsetzte Begreifen auf seinem Gesicht.

Obwohl sie den Fortgang des Märchens kennt, erschrickt sie erneut bei der Entführung Kais auf dem Schlitten der Schneekönigin ein paar Tage später. Sie fiebert mit Gerda mit, die im Frühjahr loszieht, um ihn zu suchen, und verfolgt gebannt, wie das Mädchen durch ihren Mut und ihre Liebe viele Freunde gewinnt, die sie bei der Suche unterstützen. Eine Stelle, vor der sich Mascha kurz vor dem Ende des Märchens stets fürchtet, ist der Anblick des riesigen, leeren Eispalastes, in dem die Schneekönigin Kai gefangen hält. Er wirkt winzig darin, und Mascha erlebt seine Verlorenheit jedes Mal mit, als würde auch sie dort sein.

Sie schaut zum Vater hinüber, der die Augen wieder geschlossen hat und fast unhörbar schnarcht. Als sie zurück auf die Leinwand blickt, verabschiedet sich die Schneekönigin gerade von Kai, um den nahenden Frühling aufzuhalten, und fragt ihn, ob er sich ohne sie allein fühlen würde. Kai antwortet ohne jegliche Regung, dass er überhaupt keinen Schmerz mehr kennt.

Obwohl sich Mascha auch schon manchmal gewünscht hatte, keine Gefühle mehr zu haben, weil sie dann weder Trauer noch Angst, Scham oder Wut überwältigen könnten, graut es ihr vor einem Schicksal wie dem von Kai. Er erkennt seine Schwester nicht mehr, als sie ihn endlich findet, und sieht diese nur fremd und einsam an. Es ist, als ob er gar nicht mehr am Leben wäre.

Mascha wendet den Blick zum schlafenden Vater, denn sein verschlossener Gesichtsausdruck erinnert sie an den des Jungen.

Weinend verfolgt sie, wie die eingefrorene Gestalt des Bruders wieder warm und lebendig wird, als Gerdas Tränen bei einem Kuss seine Wangen benetzen. Warum war sie noch nie darauf gekommen, das auch zu probieren? Weil sie den Vater unmöglich küssen kann, ohne ihn zu wecken, beugt sie ihr tränennasses Gesicht über seine Hand und wartet, bis ein winziger Tropfen auf seinen Handrücken fällt. Dann beugt sie sich hastig zurück, um ihn mit angehaltenem Atem zu beobachten.

Doch sein strenges, regloses Gesicht verändert sich nicht.

Mascha sieht immer wieder auf die Zeiger der Küchenuhr. Es ist, als ob die Zeit heute besonders langsam vergehen würde. Mascha kann die Überraschungen hinter der geschlossenen Wohnstubentür förmlich spüren, und es fällt ihr schwer, sich noch zu gedulden. Unruhig rutscht sie auf dem Stuhl hin und her und beobachtet Tinkapur, die ein paar Kekskrümel vom Küchenboden leckt.

Heute gibt es Süßes für alle. Lebkuchen, Kekse, Schokolade, Bonbons – es ist einfach alles erlaubt, und diese Vorstellung erscheint ihr wie jedes Weihnachten unglaublich. Den Vater und die Mutter miteinander Süßigkeiten essen zu sehen, wirkt so exotisch auf sie wie ein Foto von der Karibik.

Mascha läuft das Wasser im Mund zusammen, wenn sie an den gut gefüllten Weihnachtsteller denkt, den die Mutter stets für sie ganz allein anrichtet.

Sie sieht den Moment bereits vor sich, wie sie nach der Bescherung in ihr Zimmer verschwindet und so viel nascht, wie sie nur kann. Auch wenn ihr im Nachhinein übel wird und sie jedes Mal bereut, die leckersten Stücke gleich aufgegessen zu haben – der Drang nach dem sonst Verbotenen ist einfach zu machtvoll.

Die Mutter greift jetzt nach den Streichhölzern, um die Kerzen am Baum anzuzünden. Mascha springt vom Stuhl auf und folgt ihr mit dem Vater. Während die Mutter im Wohnzimmer verschwindet, hopst Mascha vor der geschlossenen Tür erwartungsvoll von einem

Fuß auf den anderen. Der Vater steht reglos da, doch Mascha meint auch in seinem Gesicht so etwas wie ein Leuchten zu finden, das erscheint, wenn er sich auf etwas freut.

Als die Mutter die Tür öffnet, erblickt Mascha den lichterhellen, großen Baum. An ihm hängen wie jedes Jahr bunte glänzende Kugeln, silbernes Lametta und lasierte Kekse. Mama sieht Mascha freudig entgegen und weist auf ein großes Geschenkpäckchen unter dem Baum und auf einen Teller mit Süßigkeiten. »Das ist für dich.«

Obwohl Mascha so lange auf diesen Moment gewartet hat, kann sie sich jetzt vor Aufregung kaum rühren. Vorsichtig betastet sie das Geschenk und legt es auf das Sofa. Es ist eingewickelt in rotes Weihnachtspapier mit goldenen Sternen, und sie packt ihren Schatz aus, ohne das Papier zu beschädigen. »Mama,« flüstert sie, und ihre Augen glänzen, während sie den Rucksack hin und her wendet »Oh Mama, der ist soooo schön. Danke!«

Sie läuft zur Mutter und umarmt sie, bevor sie sich wieder dem Geschenk zuwendet und mit fliegenden Händen die rote Kordel des Rucksacks aufzieht. »Ein Poncho! Und eine rote Mütze! Oh, Mama!« Maschas Gesicht leuchtet erneut auf. »Das habe ich mir immer gewünscht.«

»Vielleicht ist ja auch noch was in der kleinen Tasche vorn …« Die Mutter macht eine bedeutungsvolle Pause.

Mit gespanntem Gesicht drückt Mascha den goldfarbenen Schnappverschluss herunter und schiebt ihn mit angehaltenem Atem langsam auf. Als sie den Zettel findet, faltet sie ihn mit erwartungsvollem Blick rasch auseinander und liest: *Für deine Fahrt zu Frau Becker.* Unwillkürlich bricht sie in Tränen aus. »Mama, du bist so lieb.« Die Geste der Mutter rührt sie tief. Sie schaut auch zum Vater, um sich zu bedanken, doch er gibt mit einem kurzen Kopfschütteln zu verstehen, dass er damit nichts zu tun hat. »Danke«, flüstert Mascha dennoch in seine Richtung, denn es erscheint ihr ungehörig, nur die Mutter zu beachten. Dann läuft sie in ihr Zimmer, um die Weihnachtsgeschenke für die Eltern zu holen.

Für den Vater hat sie ein Bild gemalt, auf dem er eine große Hantel mit einem Arm nach oben streckt.

Mascha hat ein Podest unter ihn gemalt, das so aussieht wie die große, stabile Bretterkiste, die der Vater an die Ostsee vorschickt, wenn sie in die Sommerferien fahren. Wenn Vater die Hantel und die großen Gewichtsscheiben aus der Kiste genommen und zusammengebaut hat, verwendet er diese immer als Podest. Wenn er sich dann daraufstellt und vor dem Zelt Gewichtheben macht, wirkt er riesig und für Mascha wie ein eigentümlicher Held inmitten all der Camper.

Als Mascha das Bild jetzt vor den Vater auf den Tisch legt, erscheint ein erstauntes, schiefes Grinsen auf seinen Lippen, und Mascha freut sich, dass ihm das Bild offenbar gefällt.

Mamas Bild zeigt sie alle Hand in Hand vor einem Haus auf einem Berg. Über ihnen scheint die Sonne und Tinkapur fängt einen Schmetterling auf der Wiese. Sie lächeln glücklich und auch die Mutter lächelt beim Betrachten des Bildes in einer Mischung aus Wehmut und Freude.

Als Höhepunkt zieht Mascha ein eingepacktes Geschenk aus ihrem Hosenbund am Rücken. Sie hat im Werkunterricht ein kleines Brett zurecht gesägt und mit dem Bunsenbrenner den Namen ihrer Familie hineingebrannt. Stolz überreicht sie ihr Werk.

»Das hast du aber sehr schön gemacht«, sagt die Mutter mechanisch. Dann stößt sie den Vater an, der sich einem neuen Buch gewidmet hat und liest. »Hm,« sagt dieser mit einem zerstreuten Seitenblick und nickt gleichgültig.

Mascha spürt, dass sich die Stimmung jetzt, wie in jedem Jahr nach der Bescherung, abkühlt, und fragt: »Kann ich bitte auf mein Zimmer gehen?« Die Mutter nickt und streicht ihr übers Haar. »Natürlich. Nasch nur nicht so viel. Du weißt, du bekommst immer Bauchschmerzen davon.« Mascha packt Poncho und Mütze wieder ein, setzt den Rucksack auf und nimmt den Weihnachtsteller in beide Hände. »Schaut, jetzt sehe ich aus wie eine richtige Wanderin.« Maschas Augen glänzen vor Stolz. Die Mutter lacht und sagt: »Ja, und mit einer großen Wegzehrung.«

Während sie auf dem Bett sitzend von den Süßigkeiten kostet, hört sie die Eltern laut werden. Mascha kann sich nicht erklären, warum der Heilige Abend oft so endet, aber sie weiß, es ist besser, sich fernzuhalten, bis der Streit vorüber ist.

»Du schenkst mir nie, was ich mir wünsche!«, hört sie die Mutter aufgebracht aus der benachbarten Wohnstube rufen. »Schenkst du deiner Tusnelda auch nichts? Du brauchst gar nicht wieder abzustreiten, was du im Trainingslager machst.«

»Was willst du denn? Du spinnst doch«, bellt der Vater ungehalten zurück. »Kauf dir selbst was, wenn es dir nicht passt! Und lass mich mit deinen Verdächtigungen wenigstens heute in Ruhe. Das ist doch alles Schwachsinn, was du sagst.«

Mascha hört die Mutter laut aufschluchzen und etwas schreien, was in ihrem Weinen untergeht. Ihre Klage geht deshalb mitten im Satz weiter: »...deine Geheimnisse. Ich habe es satt, immer belogen zu werden. Das habe ich nicht verdient! Schließlich opfere ich mich hier für dich und das Kind auf, ohne von dir mal ein Dankeschön zu bekommen.«

Mascha hört die Wohnstubentür und kurze Zeit später die Tür vom Schlafzimmer knallen. Offenbar hat der Vater das Zimmer verlassen, denn Mascha vernimmt nur noch das Weinen der Mutter nebenan. Weil nicht sicher ist, ob der Vater gleich noch einmal schimpfend zurückkommt, geht Mascha nicht hinüber, um die Mutter zu trösten.

Sie schaut zu Tinkapur, die die Ohren angelegt hat, und sagt: »Komm, Tinkapur, du bekommst jetzt dein Weihnachtsgeschenk!« Sie zieht sich an, um runter auf die Straße zu gehen, und packt schnell noch etwas Käse und Wurst ein, die sie von ihrem Taschengeld gekauft hat. »Nein, erst draußen«, wehrt sie Tinkapur ab, die bettelnd an ihr aufsteigt, als sie den Geruch wahrnimmt. »Ich verstecke es dir auf der Wiese, und du kannst suchen gehen.«

Mascha öffnet leise die Wohnungstür und wäre fast auf einen kleinen, silbernen Gegenstand getreten, der auf der Schwelle liegt. Ihr wird heiß, während sie ahnungsvoll das Silberpapier aufwickelt, und ihr Herz hält für einen kurzen Moment inne, als sie auf die zwei Stück Blockschokolade in ihren Händen sieht.

Freudige Überraschung und Wehmut spiegeln sich abwechselnd auf ihrem Gesicht. Mit vor Aufregung zitternden Händen zieht sie einen Zettel unter der Schokolade hervor und entfaltet ihn.

Wollen wir wieder gut miteinander sein. M.

Unwillkürlich lässt sie sich aus der Hocke auf den Po fallen und weint. Es sind Tränen der Erleichterung und Tränen der Trauer über alles, was sie nicht versteht.

Ein Tropfen fällt auf das Wort *miteinander*, und Michaels Schrift verläuft ein wenig. Rasch pustet sie auf den Zettel, um ihn zu trocknen, und hört auf zu weinen. Sie faltet Michaels Nachricht zusammen und steckt sie in ihre Hosentasche. Wie auch seine anderen Mitteilungen möchte sie diese bewahren. Sie beschließt, den Zettel nach dem Spaziergang unter ein weiteres Namensschild an der Mietertafel zu stecken. Bereits sechs frühere Nachrichten von Michael hat sie dort verborgen, und fast jedes Mal, wenn sie das Haus verlässt oder betritt, sieht sie dort hinauf und freut sich an ihrem Geheimnis.

Rasch sucht sie noch die Stücke aus, die sie am meisten mag, um Michael zu zeigen, wie gern sie ihn hat. Dann reißt sie ein Stück vom Geschenkpapier ab, in dem ihr Rucksack eingewickelt war, legt eine Nugatstange, Knusperflocken und Schokokugeln in die Mitte und dreht das Papier oben fest zusammen. Einen Brief schreibt sie nicht, weil sie weiß, dass Michael dasselbe Problem hat wie sie. Nur dass es bei ihm nicht die Mutter ist, sondern die Brüder es sind, die seine persönlichen Sachen nicht finden sollen.

Mit klopfendem Herzen läuft sie mit Tinkapur die menschenleere Straße entlang. Nur ein Weihnachtsmann kommt ihnen auf einem Fahrrad entgegen und winkt.

Übermütig hüpfend winkt Mascha zurück.

Vor Michaels Haus zögert sie. Es erscheint ihr unangebracht, am Heiligen Abend zu klingeln. Das hatte sie nicht überlegt, und so kaut sie jetzt nachdenklich auf der Lippe.

Plötzlich öffnet sich die Haustür und Anni kommt herausgestürmt. Als sie Mascha sieht, hält sie ein paar Rollschuhe nach oben und kräht stolz: »Die hab ich von meinem Bruder Arthur.« Mascha lächelt und sagt, ihren Plan schnell abändernd: »Ich habe auch etwas für dich und den Michael. Kannst du es ihm schnell bringen? Dann könnt ihr es euch teilen.«

»Oh jaaaa.« Anni reißt ihr das Geschenk aus der Hand und verschwindet damit im Haus.

Auf dem Heimweg von der Hundewiese trägt Mascha ein zufriedenes Lächeln auf den Lippen. Sie stellt sich vor, wie Michael sich freut und wie sie sich bald wiedersehen. Sie hat ihn nicht nur wegen dem Streit länger nicht getroffen, sondern auch, weil sie sich für ihre unwillkürlichen Zuckungen geschämt hatte.

Vor wenigen Tagen jedoch hatte sie herausgefunden, wie sie es im Beisein anderer verbergen kann.

Ihr war auf der Hundewiese ein fröhlicher Kiekser entfahren, während sie Tinkapur im Spiel mit einem Rauhaardackel zugesehen hatte. Die anderen Hundehalter hatten amüsiert gelacht über dieses offenbar lustige Geräusch. »Du lachst ja süß«, hatte eine Frau gesagt. So hatte sie irgendwann noch einmal gekiekst und wahrgenommen, dass sie eine kurze Entspannung spürte, wie nach den Zuckungen. Zu Hause in ihrem Zimmer vor dem Spiegel hatte sie festgestellt, dass sie dabei dieselben Muskeln an Hals und Gesicht bewegte. So hatte sie also begonnen, die Zuckungen in das Kieksen umzuwandeln, und erntete jetzt keine befremdeten Blicke mehr, sondern oft ein Schmunzeln. Wie bei einem Zaubertrick wurde die Aufmerksamkeit nur noch auf den Ton gelenkt und die angespannten Hals- und Gesichtsmuskeln, die ihn erzeugten, fielen nicht mehr auf.

Manchmal konnte sie sogar eine kleine, summende Kieksermelodie fabrizieren, um die Halsmuskeln noch länger angespannt zu halten. Wenn sie anschließend fröhlich lächelte, lächelten auch die anderen um sie herum.

»Tinkapur, du musst jetzt kurz warten. Ich bin gleich wieder da.«

Mascha bindet Tinkapur am Treppengeländer an und öffnet die Kellertür, um die Leiter zu holen. Wie immer versucht sie, keinen Krach zu machen, doch sie stößt auch dieses Mal irgendwo mit ihr dagegen und es scheppert laut.

Sie lauscht angespannt, aber alles bleibt still. Dafür schafft sie es inzwischen, die Leiter fast geräuschlos aufzustellen.

Flink klettert sie dann nach oben und fährt mit der Hand über die Namensschilder, die ihre Geheimnisse bergen. Hinter jedes Schild passt ein kleiner Zettel, mehr nicht. Sie könnte es sonst nicht mehr zurück in die Schiene schieben, und es würde sich auch auffällig nach vorn wölben.

Gerade hält Mascha das Namensschild des Ehepaars Kunze in der Hand, um Michaels Zettel darunter zu schieben, als sich hinter ihr die Haustür öffnet. Heiß durchfährt sie ein Schreck bis ins Mark. Sie verharrt, ohne sich umzudrehen, bis eine tiefe Stimme erklingt, die sie barsch fragt: »Sag mal, was machst du denn da?!«

Angstvoll wendet sie sich ganz vorsichtig um und sieht ausgerechnet Herrn Kunze und seine Frau vor sich. Das Namensschild in ihrer Hand beginnt zu glühen, und sie wird rot. »Zeig mal.« Herr Kunze setzt einen Fuß auf die erste Sprosse der Leiter und nimmt Mascha das Schild aus der Hand. Als er darauf blickt, wird er kreidebleich, wendet sich wortlos zu seiner Frau um und streckt es ihr mit zwei Fingern entgegen.

»Hää?«, die Stimme von Frau Kunze klingt verdattert, und sie verzieht verwirrt das Gesicht. »Komm mal runter da.« Der Befehlston von Herrn Kunze ist leise.

Mascha steigt furchtsam die Leiter herunter, und das Herz schlägt ihr bis zum Hals.

»Warum hast du denn unser Schild da rausgezogen?« Herr Kunze hat ihr Ohr gegriffen und zieht daran. Mascha schluckt und sucht verzweifelt nach einer Ausrede. Vielleicht könnte sie die bereits versteckten Zettel ja weiter verbergen, doch ihr fällt nichts ein, was erklären könnte, warum sie das Schild der Kunzes herausgezogen hat.

»Und das am Weihnachtsabend. Das ist ja eine schöne Bescherung«, ergänzt in klagendem Ton Frau Kunze den Blick ihres Mannes, der Mascha streng ansieht. »Gut, dann müssen wir das jetzt eben mit deinen Eltern klären. Die werden sich freuen am Heiligen Abend.«

Herr Kunze sieht seine Frau an. »Lauf doch mal zu den Schaumbergs hoch, Clara. Ich passe hier auf das Früchtchen auf.«

Maschas Augen weiten sich bei dieser Vorstellung, und sie flüstert panisch: »Bitte nicht. Ich sage es ja.«

In diesem Moment sind Schritte auf der Treppe zu hören, und alle sehen gebannt nach oben. Als die Mutter mit verweintem Gesicht auf dem ersten Absatz erscheint, tritt für einen Moment Schweigen ein.

»Äh, frohe Weihnachten, Frau Schaumberg«, fängt sich zuerst Frau Kunze, während die Mutter ratlos den Mund öffnet und auf das Ehepaar, ihre Tochter, die Leiter und den angebundenen Hund sieht. »Also, wir haben hier ein Problem. Ihre Tochter hat unser Namensschild herausgezogen und sogar die Leiter dafür aus dem Keller geholt.« Herr Schaumberg weist zur Mietertafel und hält der Mutter das Schild entgegen.

Die Mutter verzieht das Gesicht, als hätte sie in eine Zitrone gebissen, und sagt: »*Was* hat sie? Wie kommen Sie denn darauf? Was soll sie denn damit?«

»Fragen Sie bitte Ihre Tochter. Wir wüssten es selbst gern«, antwortet Frau Kunze spitz.

Mascha sieht betreten und angespannt nach unten, als die Mutter herantritt und alarmiert fragt: »Was ist hier los?!« Mascha beginnt zu weinen, und ihr Gesicht zuckt heftig. »Rede!« Die Stimme der Mutter ist kalt und unerbittlich.

»Ich, ich wollte etwas verstecken.«

»Verstecken?«, sagt Herr Kunze jetzt ärgerlich. »Hinter unserem Namensschild? So eine dumme Ausrede habe ich ja noch nie gehört.«

Mascha wird klar, dass sie die Lage nur aufklären kann, wenn sie ein anderes Versteck offenbart. Schluchzend steigt sie auf die Leiter zurück und zieht das eigene Namensschild heraus, um zu zeigen, das dort bereits etwas dahinter ist.

»Zeig her!« Die Mutter winkt Mascha herunter und reißt ihr den Zettel aus der Hand. Während sie ihn auseinanderfaltet, schieben sich die Kunzes neben sie, um zu sehen, was darauf steht. Willst du mit mir gehen? Ich will dein Freund sein. Michael.

Überrascht blicken die Erwachsenen fast gleichzeitig auf.

»Ist das von deinem Freund?«, sagt die Mutter langsam und ahnungsvoll.

Mascha weint noch immer und nickt stumm.

»Und warum versteckst du so etwas hier unten?«, fragt die Mutter. »Das ist doch vollkommen verrückt!« Das Ehepaar tritt einen Schritt zurück und sieht leicht befremdet zwischen Mutter und Tochter hin und her.

»Ich möchte auch einmal ein Geheimnis haben vor dir!«, ruft Mascha erregt, und der Mutter entfährt eine Ohrfeige.

»Also, Frau Schaumberg, wenn es hier nur um so etwas ging, ist es doch nicht weiter schlimm. Ihr Kind hat offenbar nur eine seltsam blühende Fantasie«, versucht Herr Kunze die Lage zu beruhigen.

»Und es ist Weihnachten, da wollen wir doch auch nicht streiten«, besänftigt seine Frau.

Während ihr Mann auf die Leiter steigt und sein Namensschild wieder in das leere Abteil schiebt, ballt die Mutter die Fäuste und starrt ihre Tochter nur schweigend an.

Sie kann einfach nicht fassen, wie sie überall vorgeführt wird. Ihr Mann betrügt sie und die Tochter ebenso. Was soll sie sich eigentlich noch alles bieten lassen und aushalten?

Kaum hat sie die Wohnungstür hinter sich geschlossen, entlädt sich ihre Wut. »Ich habe dir gesagt, du kannst mir alles erzählen von deinem Freund! Ich habe dir sogar die Schokolade gegeben damals, und der Dank dafür ist, dass du mir alles verheimlichst, so einen Schwachsinn machst und mich vor allen bloßstellst. Was sollen die denn jetzt denken von mir? Dass ich eine schlechte Mutter bin, vor der man auf diese Weise etwas verstecken muss?« Sie schlägt Mascha auf den Kopf. »Du weißt, dass ich deine Heimlichkeiten hasse. Du hintergehst mich nicht mehr! Das werde ich dir noch beibringen!«

»Mama, bitte nicht hauen!« Mascha hält sich die Arme schützend über den Kopf.

»Wenn ich dich verdresche, dann mache ich das aus Liebe, hast du verstanden? Aus Liebe, damit du etwas lernst. Du bist ja vollkommen verrückt!«

Mascha sieht unter der Deckung hervor und ruft jetzt aufgebracht und empört: »Das ist nicht wahr! Du liebst mich gar nicht. Du bist böse! Ja, böse bist du!«

Der Mutter bleibt für einen Moment die Luft weg. Dann sagt sie verletzt, mit kalter Stimme: »Du wirst hier nicht machen, was du willst. Über dich bestimme immer noch ich. Und damit du das verstehst, sage ich dir jetzt, dass du nicht zu Frau Becker fährst. Weder im Februar noch später.«

Sie dreht sich auf dem Absatz um und lässt Mascha stehen.

19

Verlassen

Mascha zieht Anorak, Mütze, Handschuhe und Winterstiefel an. Vorsichtig schiebt sie die Küchentür auf und sieht die Mutter den Herd putzen. Sie hat ihr den Rücken zugewandt und singt ein Lied im Radio mit: »Süßer die Glocken nie klingen als zu der Weihnachtszeit. S'ist, als ob Engelein singen wieder von Frieden und Freud'.«

Mascha schiebt unschlüssig die Unterlippe nach vorn und überlegt, ob sie jetzt stören soll oder nicht. »Segnet den Vater, die Mutter, das Kind, Glocken mit heiligem Klang. Klinget …«, die Mutter hält inne und dreht sich um. Als sie Mascha im Türrahmen erblickt, verwandelt sich ihr Gesicht in eine stumme Anklage, und sie wendet sich wortlos ab, um sich erneut dem Herd zu widmen.

»Ich gehe mit Tinkapur raus, sie muss mal«, presst Mascha mühsam hervor.

Tränen steigen ihr in die Augen, weil die Mutter seit dem gestrigen Abend wieder einmal so tut, als wäre sie nicht mehr vorhanden. Lieber würde sie von ihr angeschrien werden, denn vielleicht ginge dadurch der Geist in ihrem Kopf wieder weg, der sie heute Morgen mit den Worten weckte: »Was bist du nur für ein Kind? Wie kannst du deiner Mutter nur so etwas antun? Dir gehört der Hintern versohlt! Du bist wirklich furchtbar. Es ist hoffnungslos mit dir. Warum kannst du nicht normal sein wie die anderen Kinder? Es ist wirklich schwer, dich lieb zu haben.«

Wenn Mama schweigt, ist der Kopfgeist am lautesten. Sie weiß nicht, wann er zu ihr gekommen ist und warum, doch er ist da, seit sie sich erinnern kann. Neulich im Deutschunterricht hatten sie die Sage von Sisyphus durchgenommen, der zur Strafe auf ewig einen Felsblock den Berg hinaufwälzen muss, der dann, fast am Gipfel angekommen, jedes Mal wieder ins Tal hinabrollt.

Mascha schließt die Wohnungstür hinter sich, und sie fühlt ein brennendes Ziehen in ihrer Brust, wenn sie jetzt daran denkt. Auch ihre Schwierigkeiten fühlen sich an wie ein riesiger Berg, und fast jedes ihrer Vorhaben wird zu einem Stein, der an diesem Berg wieder hinabrollt.

Hastig eilt sie die Treppen hinunter, rennt mit Tinkapur über die Brücke und den Wiesenstreifen am Fluss, dann bricht sie an ihrem Lieblingsbaum schluchzend zusammen. Das Gesicht an die Rinde der Trauerweide gedrückt, atmet sie den vertrauten Geruch ihres Baumes ein. Im Winter, wenn er zu schlafen scheint, ist sein Duft etwas schwächer, doch sie erinnert sich so stark an ihn, dass sie den Unterschied kaum bemerkt.

»Ich brauche einen Menschen, der mich wirklich liebhat, verstehst du das, Baum?« Maschas Tränen tropfen in eine der tiefen Furchen seiner Rinde und verschwinden dort.

Jetzt ist alles weg, worauf ich mich gefreut habe, denkt sie.

Gestern noch hatte sie versucht, sich zu entschuldigen, doch die Mutter hatte nur anklagend und vorwurfsvoll an ihr vorbeigesehen und geschwiegen.

Mascha weiß, wie aussichtslos es ist, Mama umzustimmen, wenn sie einmal mit dem Schweigen begonnen hatte.

Ich werde es niemals schaffen, Mama nicht mehr zu verärgern. Es wird immer wieder passieren. Diese Erkenntnis stimmt Mascha hoffnungslos, und sie drückt sich noch enger an die Trauerweide.

Ein unangenehmes, aber vertrautes Pfeifen ertönt leise in ihren Ohren. Instinktiv steckt sie die Zeigefinger hinein und zieht sie dann abrupt wieder heraus. Das Pfeifen bleibt. Plötzlich steigt

Tinkapur an ihr auf und leckt ihr das Gesicht ab. Der Trost und die Berührung des Hundes lösen eine so überwältigende Trauer in ihr aus, dass ihr ganzer Körper zu schmerzen beginnt.

»Frau Becker«, schluchzt sie, und es klingt wie ein Flehen. Sie leckt die Tränen ab, die ihr über die Lippen fließen, und denkt: *Ich weiß nicht, wie ich noch artiger werden könnte.* Ratlos hebt sie die Schultern und schüttelt selbstversunken den Kopf. *Wie soll ich das machen?*

In ihrem Kopf sieht sie plötzlich eine kleine rote Blume auf einer Wiese. Sie ist zerzaust, und ihr Stengel ist in der Mitte abgeknickt. Ihre Blüte berührt fast den Boden. Mascha zieht bei diesem Bild die Schultern hoch, und ihre Lippen zittern.

Da erscheint eine Frauenhand und richtet die Blume mit einer sanften, stützenden Bewegung wieder auf.

Mascha laufen jäh Tränen übers Gesicht. *Wenn ich Frau Becker jetzt nicht mehr habe, sterbe ich.* Diese Gewissheit erfüllt sie mit einer solchen Wucht, dass sie einen Moment lang alles andere vergisst. *Ich gehe weg. Ich werde bei Frau Becker leben.*

Sie setzt sich mit dem Rücken an den Baum, und ihr Gesicht bekommt wieder Farbe. Es wird seltsam ruhig in ihr. *Außerdem bereite ich Mama sowieso immer nur Kummer, und sie ist sicher erleichtert, wenn ich weggehe,* denkt sie hoffnungsvoll.

Zugleich weiß sie, dass es nicht so ist, denn sie erinnert sich daran, wie sie ins Waisenhaus gehen wollte und alles nur noch schlimmer geworden war, als sie es der Mutter sagte. Ihre ganzen Sachen und Anziehsachen hatten danach noch häufiger auf dem Boden auf einem Haufen gelegen, wenn sie aus der Schule nach Hause gekommen war. Die Mutter hatte behauptet, Mascha hätte sie nicht sorgsam verstaut und sie sollte auf diese Weise lernen, aufzuräumen. Doch Mascha war den Verdacht nicht losgeworden, dass alles, was auf dem Boden lag, von der Mutter untersucht worden war. Auch hatte sie durch noch genauere Beschreibungen belegen müssen, wo sie hinging und mit wem sie sich traf.

Ich werde einfach ausreißen wie Huckleberry Finn, denkt sie und fühlt augenblicklich eine tiefe Erleichterung. »Tinkapur, wir gehen weg«, flüstert sie zuversichtlich.

Sie stellt sich vor, wie Frau Becker sie in den Arm nimmt und sich freut, von nun an eine Tochter zu haben. Auch einen großen Bruder hätte Mascha dann, den Sohn von Frau Becker. Und mit dessen Baby könnte sie spielen und ihm wie eine große Schwester sein. Sie zuckt zusammen, und ihr sehnsüchtiges Lächeln erlischt, als der Geist in ihrem Kopf scharf entgegnet: »Du wirst deine Mutter totunglücklich machen. Bist du blöd?! Du zerstörst ihr Leben, wenn du ausreißt. Was soll sie denn den anderen Leuten sagen? Hast du da mal drüber nachgedacht? Du bist vollkommen rücksichtslos. Sie kann nie wieder glücklich sein. Du bist schuld, wenn sie daran stirbt!«

Bestürzt und verunsichert zieht sie die Schultern zusammen und duckt sich, doch die Stimme redet weiter: »Frau Becker wird dich sofort wieder wegschicken, weil du schon Eltern hast. Du bist wirklich naiv, wenn du das vergessen hast!«

Tinkapur krabbelt plötzlich auf ihre Oberschenkel und kuschelt sich eng an ihren Bauch. Mascha sieht betroffen auf den zusammengerollten Körper in ihrem Schoß, streift sich die Handschuhe ab und berührt Tinkapurs weißes Fell.

Das tiefe Vertrauen des Hundes erzeugt in ihr ein zuversichtliches Gefühl, und ihre Benommenheit und ihre Verwirrung schwinden. Sie fühlt neuen Mut, und mit jäher Entschlossenheit richtet sie ihren Oberkörper auf. Sie muss eine Begründung finden. Eine Erlaubnis für Frau Becker, ihre Mutter zu werden. Angestrengt senkt sie den Blick auf die Wurzeln des Baumes und denkt nach.

Plötzlich fährt sie wie elektrisiert hoch und kaut an einer Fingerkuppe, um sich zu konzentrieren. Da war ein Film gewesen, und ein junger Mann hatte herausgefunden, dass er adoptiert war und seine Eltern gar nicht seine Eltern waren.

Durch Zufall hatte er die Dokumente dazu entdeckt und war dann seine Familie suchen gegangen.

Ihr wird heiß bei dieser Erinnerung, und sie spürt eine freudige Aufregung. Das war ein unwiderlegbarer Grund. Sie würde Frau Becker sagen, dass sie gar keine echten Eltern hatte und ebensolche Papiere gefunden hätte. »Du wirst erst gar nicht dort ankommen, weil deine Mutter dich suchen lässt!«, unterbricht sie der Kopfgeist in hämischem Tonfall.

Obwohl sie ihn nicht mit den Ohren hören kann, versteht sie ihn mit dem ganzen Körper. Sie will abwehren, was er sagt, und verschränkt instinktiv die Arme vor der Brust.

»Vergisst du eigentlich alles? Als du einmal länger im Wald warst, hat die Mutter die Polizei gerufen. Weißt du nicht mehr, wie du die Wohnungstür geöffnet hast und sie dich gerade am Telefon beschrieben hat? *Blaue Jacke, schwarze Hose, Turnschuhe,* erinnerst du dich? Sie finden dich doch sofort, was denkst du denn?!«

Mascha nimmt Tinkapur fest in ihre Arme und erhebt sich. Sie stampft mit dem Fuß auf und sagt aufbegehrend und trotzig: »Nein, ich werde es schaffen! Das beweise ich!«

Wieder zurück in der Wohnung ist Mascha zum ersten Mal froh, dass die Mutter sie noch immer mit Schweigen straft und ignoriert. So kann sie unbemerkt auf den Dachboden gehen und zwischen all dem abgestellten Mietergerümpel nach einer Tasche für Tinkapur suchen. Falls Mama sie suchen ließe, würde man sie an Tinkapur sofort erkennen. Sie entscheidet sich für eine dicke, dunkelblaue Stofftasche mit einem festen Boden und langen Henkeln. Diese kann sie über der Schulter tragen.

Am schwierigsten ist es, etwas zum Anziehen zu finden, auf das die Mutter nicht kommt. In ihrem Zimmer bleibt ihr Blick schließlich an den neuen Sachen hängen, die sie von Mama bekommen hat. Für einen kurzen Augenblick erfüllen sie erneut Zweifel, und sie streicht mit der Hand bedrückt über ihre Geschenke. Mama hatte ihr eine Freude machen wollen, und es war ihr gelungen. Wie konnte sie von jemandem weggehen, der lieb zu ihr war?

»Sag ich doch, du bist ein undankbares Kind«, meldet sich die Stimme verächtlich zurück. »Du willst sie verraten. So etwas tut man nicht. Kein Kind darf seiner Mutter so etwas antun!« Einen Moment lang taumelt Mascha und hält sich an der offenen Tür ihres Kleiderschranks fest. Glich es nicht wirklich einem Verbrechen, seine Mutter im Stich zu lassen? Wer sollte sie trösten, wenn sie sich mit Vater stritt? Wer sollte sie erfreuen, wenn sie traurig war? Wer sollte sie mit etwas Schönem überraschen? Mutter hatte doch nur sie.

Mascha räuspert sich und schüttelt energisch den Kopf. Nein, es ist sinnlos. Mama freut sich doch nie, wenn ich etwas für sie mache. Sie verzieht dann zwar den Mund zu einem Lächeln, aber ihre Augen bleiben dabei immer kühl und traurig.

Mascha hatte, um Mama zu erfreuen, einmal die ganze Wohnung sauber gemacht und ein Bild gemalt. Darunter hatte sie geschrieben:

Liebe Mama! Ich hab alles gebutzt,
damit du die freie Zeit für dich nutzt
und dich ausruhen kannst und schlafen,
bis du geweckt wirst von Mascha, der Braven.

Mutter hatte ihr das Gedicht zurück ins Zimmer gelegt und mit Rotstift daruntergeschrieben: *Putzen wird nicht mit b geschrieben, das müsstest du eigentlich wissen. Danke.* Dann hatte sie vieles von dem noch einmal gesäubert, was Mascha schon gereinigt hatte.

Mascha spürt die Kränkung, die sie damals empfunden hatte, erneut als Stich im Herzen. Frau Becker hingegen hatte damals sogar geweint, als sie auch für sie ein Gedicht geschrieben und es ihr vorgelesen hatte. Mascha sagt es noch einmal laut vor sich hin:

»Du bist meine Sonne und mein Mond,
weil die Liebe in dir wohnt.
Aber noch mehr bist du für mich die Erde,
weil ich durch dich wachsen werde.«

Frau Becker hatte sie mit Tränen in den Augen angesehen und leise gesagt: »So etwas Schönes hat mir ja noch nie jemand geschrieben. Wo nimmst du denn solche Worte her?« Sie hatte den Zettel mit Maschas Gedicht wie einen kostbaren Schatz auf dem Handteller gehalten und sie dabei verwundert angesehen.

Mascha war erstaunt und stolz gewesen, dass sie mit ihrer Begabung, wie Frau Weishaupt es nannte, jemanden so berühren konnte. Diese neue Erfahrung hatte sie unglaublich verblüfft, denn Mama sagte ihr zwar manchmal, wie schön sie etwas fand, aber Mascha konnte es ihr nie ansehen. Oder sie meinte: »Von wem du das wohl hast?«, und wurde traurig, weil sie dabei an ihre toten Eltern dachte, über die sie fast nichts wusste.

Auch die Siegerurkunden, die sie bei zwei Literaturwettbewerben gewonnen hatte, machten Mascha nicht so stolz wie die Reaktion von Frau Becker. Es war ein ganz neues Erlebnis, mit dem, was sie tat, auf ein so freudiges und fühlbares Echo zu stoßen.

Mascha atmet tief durch, denn die große Sehnsucht nach Frau Becker überwältigt sie jetzt fast. Mit fliegenden Händen und klopfendem Herzen packt sie die rote Wollmütze und den Poncho wieder in den Rucksack. Ihre Augen suchen nach einem Versteck, denn die Mutter soll denken, dass sie die neuen Sachen trägt. Ihr Blick bleibt an der Eisentür vom Kachelofen hängen.

Doch Mama hatte bereits Kohlen zum Heizen bereitgestellt, und sie verwirft den Gedanken. Hinter dem Ofen wäre es besser, dort ist etwas Platz bis zur Zimmerwand. Sie schiebt den Rucksack in die breite Ritze und verpasst ihm ein paar Bockhiebe, bis er nicht mehr zu sehen ist. Dann untersucht sie ihre Sachen nach der wirklichen Reisekleidung und entscheidet sich für einen Trainingsanzug, Turnschuhe und einen alten Pullover.

Ihr ist klar, dass sie draußen frieren wird, aber gerade weil die Sportsachen dünn sind, wird Mutter vielleicht nicht auf sie kommen. Handschuhe und Mütze könnte sie in die Tasche stecken und nur im Notfall tragen. Zudem wird sie die meiste Zeit über im Zug sein, wo es warm ist. Für Tinkapur legt sie ihre alte Babydecke auf den Boden der Tasche.

Jetzt braucht sie noch Geld für eine Fahrkarte.

Sie nimmt ihr Sparschwein in die Hand und wägt sein Gewicht ab. Da diese Begutachtung nichts bringt, überlegt sie, wie sie es geräuschlos zerschlagen kann. Ihr Blick fällt auf die Bettdecke, und sie schiebt das Sparschwein darunter.

Dann sieht sie sich nach einem harten Gegenstand um und entscheidet sich für einen ihrer Schlittschuhe.

Gleich beim ersten Schlag zerbricht die Keramik, und das Sparschwein fällt auseinander. Mascha zählt siebzehn Mark und dreißig Pfennig. Sie steckt das Geld in einen Handschuh und legt diesen mit dem zweiten in die blaue Reisetasche.

Unvermittelt kommt ihr noch eine Idee. Einmal hatte sie mit der Mutter auf dem Sofa gelegen und einen Film gesehen. Plötzlich hatte Mama ein Zweimarkstück hochgehalten und gesagt: »Kuck mal, das ist dem Papa aus der Hosentasche in die Ritze gerutscht. Davon können wir uns ein Eis kaufen.« Sie könnte nachschauen, ob auch heute Geld dort war.

Verwundert registriert sie, dass sie den Vater ganz vergessen hat. Sie ist so daran gewöhnt, Abstand von ihm zu halten, dass sie tatsächlich auch bei dieser wichtigen Entscheidung nicht an ihn gedacht hatte. Was würde er tun, wenn sie weg war? Sie starrt auf eine Stelle auf dem Teppich und denkt angestrengt nach, doch ihr kommt kein Einfall. Ernüchtert blickt sie auf.

Dafür erinnert sie sich, wie der Vater sie vor ein paar Tagen mit auf Arbeit nehmen musste, weil die Mutter auf einer Tagesreise mit der Kindergartengruppe war.

Am Nachmittag war der Vater nach Hause gefahren und hatte vergessen, sie mitzunehmen.

Fast wäre Mascha von einem Schließwart in der Kraftsporthalle eingeschlossen worden, weil sie in der Trainerkabine noch immer auf ihren Vater wartete. Als der Wärter sie entdeckte, hatte er bei ihr zu Hause angerufen, und der Vater hatte sie mit mürrischem Gesicht abgeholt. Sie hatte an diesem Tag ein Gedicht für ihn geschrieben und es ihm am Abendbrottisch gegeben:

Du bist ein ferner Stern, den ich umkreise,
und meine Hand, die ich dir aus der Ferne reiche,
kannst du nicht halten, wenn du mich nicht siehst.
Du bist mein Papa, und ich hab dich lieb.

Gespannt hatte sie den Vater beim Lesen beobachtet, denn irgendwie hatte sie gehofft, dass ihr Geständnis ihn vielleicht rühren könnte. In Märchen war es doch so, dass jemand durch genügend Liebe, die man ihm zeigt, Erlösung findet. Bei ihrem Vater war es allerdings genau umgekehrt. Je mehr Gefühle sie ihm entgegenbrachte, umso gereizter reagierte er.

Er hatte das Gedicht auf den Tisch zurückgeworfen, als hätte er sich daran die Finger verbrannt, und sie befremdet und ablehnend angesehen, ehe er sich abwandte und aus der Küche ging.

Leise schleicht Mascha jetzt zur Wohnstube, während die Mutter in der Küche mit Geschirr hantiert und der Vater im Wald joggt. Sie kniet sich auf das Sofa und schiebt ihre Hand in die Ritze zwischen Lehne und Liegefläche. Sie ertastet etwas Hartes und zieht eine Mark hervor. Überrascht lächelnd sucht sie weiter und findet noch einen Groschen, zwei Fünfziger und einen Pfennig. Das macht zusammen neunzehn Mark und einundvierzig Pfennige.

Betroffen hält sie plötzlich inne und setzt sich auf das Sofa. Sie umfasst ihre angewinkelten Beine und denkt nach. Daran hatte sie heute nicht gedacht. Die erste Strecke kostete bereits sechzehn Mark. Sie hatte sich genau danach erkundigt und auch den Zugfahrplan bereits in der ersten Woche, nachdem Frau Becker weggezogen war, in Erfahrung gebracht.

Alle drei Verbindungen hatte sie fein säuberlich in ein Heft geschrieben und kannte sie inzwischen auswendig.

Wenn sie den Zug heute um 19:13 Uhr nehmen würde, wäre sie um 21:46 Uhr in der Hauptstadt. Dort hätte sie einundzwanzig Minuten Zeit, um den Bahnsteig zu wechseln und umzusteigen. Eine Stunde nach Mitternacht würde sie in der nächsten Stadt ankommen. Wie sie dann weiter zum Dorf von Frau Becker gelangen könnte, weiß sie noch nicht, denn Frau Becker hatte sie im Februar von dort abholen wollen. Vielleicht führe ja ein Bus oder sie könnte laufen, das müsste sie abwarten.

Viel schwieriger erscheint Mascha, dass sie die Weiterfahrt nach dem Umstieg nicht mehr wird bezahlen können. Sie weiß, dass diese Fahrkarte noch einmal sechzehn Mark zwanzig kostet. Vor dem Streit hätte Mutter ihr das Geld für die Fahrt im Februar gegeben, aber jetzt, wo sie nicht fahren durfte, musste sie sehen, wie sie, ohne erwischt zu werden, weiterfahren kann.

Sie spürt ein mulmiges und ängstliches Gefühl im Bauch. Kurz schüttelt sie sich und reibt sich mit der Hand übers Kinn. So sehr sie auch nachdenkt, sie hat keine Idee, wo sie noch Geld herbekommen könnte. Ob sie Michael fragt?

Aber er mochte ihre Freundschaft zu Frau Becker nicht, warum sollte er ihr helfen? Sie fühlt, wie ihr Herz schwer wird bei der Vorstellung, Michael nicht noch einmal zu sehen.

Laut aufseufzend denkt sie: *Ich schreibe ihm gleich, wenn ich angekommen bin, und besuche ihn, wenn Frau Becker wieder zu Frau Lorenz fährt.* Diese Idee tröstet sie ein wenig.

Erschrocken fährt sie zusammen und sieht auf ihre Armbanduhr. Es ist 17:32 Uhr und nicht mehr viel Zeit bis zur Abfahrt des Zuges. Gleich würde es Abendbrot geben. Sie geht zurück in ihr Zimmer und schiebt die Reisetasche tief unter ihr Bett. Plötzlich schlägt sie sich vor die Stirn und verharrt für einen Moment betroffen in dieser Bewegung. Sie hatte das Wichtigste vergessen. Das, woran man sie zuerst erkennen würde, ihre Brille!

Sie schluckt und verdeckt mit beiden Händen das Gesicht, um sich zu konzentrieren. *Ich sehe ungefähr einen Meter scharf. Bis zum*

Bahnhof könnte ich die Brille noch tragen und zum Zug finden. Im Zug müsste ich sie absetzen, doch da muss ich auch nichts mehr erkennen, außer einen freien Sitzplatz und den Schaffner. Wenn ich also nur den Rest verschwommen sehe, müsste es trotzdem gehen. Steige ich um, kann ich die Brille wieder aufsetzen. Falls ich unterwegs Polizei bemerke, setze ich sie auch ab.

Mascha fasst sich an ihre Lippe und betrachtet einen Tropfen Blut auf dem Zeigefinger. Sie hat während ihrer Überlegungen mit den Zähnen etwas Haut von der Lippe abgezogen und stupst nun instinktiv mehrmals mit dem Handrücken gegen die Wunde. Dabei sieht sie sich um, und ihr Blick fällt auf die zweiundsiebzig Spielzeugindianer, die sie auf dem Zimmerboden zu einem Stamm versammelt hat. Wehmütig betrachtet sie die gebastelten Unterkünfte aus Holz und Pappe und das grüne Papier, das eine Wiese ist. Jedem Indianer und jeder Indianerin hat sie einen Namen und einen Charakter gegeben. So hatte sie für jede Situation in ihrem Leben Figuren gehabt, die ihre Probleme lösen konnten.

Als sie einmal wütend wegen Torsten aus der Schule gekommen war, hatte sie einen Cowboy für ihn genommen, und der Indianer Wilder Tiger hatte ihn mit einem einzigen Hieb niedergestreckt. Häuptling Mächtiger Panther hatte Torsten danach in den Kerker einer verrosteten Dose geworfen. Obwohl es in Filmen immer nur einen Häuptling gab, hatte Mascha zwei und eine Häuptlingsfrau. Häuptling Weites Auge traf Entscheidungen, Häuptlingsfrau Weiße Feder konnte Liebe zaubern, und Häuptling Mächtiger Panther konnte jeden Feind überwältigen.

Sie bückte sich auf den Boden und nahm die drei Figuren in die Hand. Es fühlte sich nicht gut an, den restlichen Stamm zurückzulassen, doch Tinkapur hätte keinen Platz in der Tasche, wenn sie ihn einpackte. »Habt keine Angst. Ich hole euch nach. Ihr wartet hier brav auf mich.« Sie verbeugt sich mit einem kleinen Kopfnicken und einer Hand auf der Brust, wie sie es oft bei Gojko Mitić, ihrem Lieblingsindianer im Kino, gesehen hat. Dann wendet sie sich ab und zieht die Reisetasche noch einmal unter dem Bett hervor, um die Häuptlinge hineinzutun.

Da wird die Tür aufgerissen. Maschas Hand liegt auf der großen Tasche, und sie blickt mit angstvoll geweiteten Augen auf. Doch sie hat Glück. Die Mutter hat offenbar nur das Zeichen zum Abendbrotessen gegeben und sich gleich wieder abgewendet.

Mascha atmet tief aus vor Erleichterung. Sie schiebt die Tasche zurück und eilt in die Küche.

Mutter spricht mit dem Vater über die verbotene Antenne für das Westfernsehen, die ein Stockwerk über ihnen auf dem Dachboden angebracht ist.

»Man kann das Erste im Westen nur noch wie Gries erkennen«, sagt sie. »Kannst du nachher mal hochgehen und eine andere Stelle suchen? Ich mache hier das Fenster auf und rufe dir zu, wann das Bild gut ist.« Der Vater brummt so etwas wie ein Einverständnis und nimmt sich Schabefleisch aus einer Schüssel vom Tisch. »Die Lorenzens haben ihre Antenne sogar auf dem Dach«, ergänzt die Mutter und sieht den Vater erwartungsvoll an. Er lässt die Gabel sinken und sagt: »Bist du blöde! Wir verlieren beide unsere Arbeit, wenn man unsere Antenne von der Straße aus sieht.« Resigniert aufstöhnend nickt die Mutter und legt sich Salat auf ihren Teller.

»Isst sie heute nichts?« Der Vater weist mit einem Nicken auf Mascha, die am Tisch Platz genommen hat, und sieht zurück zur Mutter. Diese antwortet pikiert und kühl: »Das ist ihr überlassen. Ich habe die Nase voll, mich darum zu kümmern, wenn ich so wenig Dank dafür erhalte.« Der Vater brummt erneut, doch dieses Mal klingt es ablehnend, als würde er damit nichts zu tun haben wollen.

Mascha schluckt Tränen hinunter, und sie spürt einen heißen Kloß im Hals.

»Wenn du jetzt heulen willst, geh bitte auf dein Zimmer, ja?« Der Vater sieht sie genervt an. Mascha springt hoch, und ihre Lippen zittern, als sie mühsam hervorpresst: »Ich möchte jetzt schon ins Bett gehen und schlafen.«

Die Mutter schaut sie für einen Moment überrascht und misstrauisch an. Als sie jedoch Maschas zorniges und von Verzweiflung überwältigtes Gesicht sieht, wendet sie sich abrupt ab und wedelt flüchtig mit der Hand in Richtung Küchentür.

Im Rausgehen greift Mascha nach dem Napf mit den Resten für Tinkapur und verlässt ihre Eltern.

20

Kälte

Sie hatte es sich nicht so leicht vorgestellt, unbemerkt zu fliehen. Aber es war ganz einfach gewesen. Mascha hatte den Moment genutzt, als die Mutter am Fenster der Wohnstube dem Vater auf dem Dachboden die Qualität des Fernsehbildes zugerufen hatte. Bevor sie die Wohnungstür hinter sich schloss, war das Letzte, was sie hörte: »Das bringt doch nichts, du musst woanders hingehen, das Bild wird sonst noch schlechter.«

Dieser Satz schenkt ihr auf seltsame Weise Mut und Kraft für den Weg.

Die Straßenbahn nimmt gerade kreischend eine Kurve, und sie versucht, sich an einer Stange festzuhalten. »Hoppla«, sagt ein Mann hinter ihr und hält sie an den Schultern fest, als sie mit der Tasche in der Hand fast das Gleichgewicht verliert. »Danke«, murmelt sie verlegen und fängt sich wieder.

Dann ist sie an der Reihe, fünfzehn Pfennig für eine Schülerfahrkarte in die Zahlbox zu werfen und den Fahrschein zu ziehen. Durch die Glasfront der Zahlbox sieht sie in einer gefächerten Drehscheibe einen Knopf liegen. Die Frau vor ihr hatte wohl damit »bezahlt«. Irritiert schaut Mascha den Knopf an.

»So etwas brauchst du nicht zu lernen«, spricht der Mann sie erneut an, und Mascha schüttelt hastig den Kopf. Dann geht sie zu einem leeren Einzelplatz am Fenster und hebt die Reisetasche vorsichtig auf ihren Schoß. Als sie den Reißverschluss ein wenig öffnet, liegt Tinkapur zu ihrer Überraschung ganz ruhig und sieht sie aufmerksam an.

Ein dankbares Lächeln huscht über Maschas Gesicht, denn sie hatte befürchtet, dass sie fiepen oder sich heftig in der dunklen Taschenhöhle wehren könnte. Sie greift in die Öffnung und legt Tinkapur ihre Hand an die Brust. Merkwürdigerweise empfindet sie nichts, jetzt wo sie sich immer mehr von zu Hause entfernt. Sie spürt nur ein inneres Sirren wie bei einem Trafohäuschen und ein leises Pfeifen in ihren Ohren.

Hoffentlich entdecken sie nicht, dass ich weg bin, bevor ich im Zug sitze, denkt Mascha und spürt jetzt doch, wie ihr Herz laut zu klopfen beginnt. *Aber wenn Mama nicht mit mir spricht, kommt sie auch nicht gute Nacht sagen,* versucht sie sich zu beruhigen. *Was aber, wenn Mama sich ausgerechnet heute Abend wieder mit mir versöhnen will?*

Mascha sieht vor ihrem inneren Auge die Mutter in ihr Zimmer kommen und wie sie auf den vermeintlichen Körper unter der Decke blickt und sagt: »Hast du mir etwas zu sagen, damit wir wieder gut sein können?« Würde Mascha nicht reagieren, gab es zwei Möglichkeiten. Entweder wäre die Mutter erneut verärgert und würde die Tür gleich wieder schließen, oder sie würde zum Bett gehen und sie berühren.

Mascha hat das Gefühl, ihr Herz bleibt stehen, als sie in ihrer Vorstellung die Mutter irritiert aufmerken und die Bettdecke zurückschlagen sieht. Mamas Blick würde auf lauter Anziehsachen fallen, mit denen Mascha ihren Körper nachgeformt hat.

Mit rasendem Puls legt sie sich eine Hand vor den Mund und schaut, ohne wirklich hinzusehen, aus dem Fenster auf die ersten Häuser der Innenstadt. »Was hast du nur angerichtet? Deine Mutter wird vor Angst sterben! Du bist ein entsetzliches, undankbares Kind!«, mahnt der Kopfgeist erneut, und der Druck auf ihre Ohren nimmt immer mehr zu.

Erst als der Hauptbahnhof in Sicht kommt, wagt es Mascha, erleichtert aufzuatmen. Sie steht auf, um auszusteigen. Die riesige Uhr über dem Eingang zeigt 18:38 Uhr, und Mascha wird vom Strom der Reisenden mitgerissen, als sie den Bahnhof betritt. Besorgt und aufgeregt sieht sie sich nach dem Fahrkartenschalter um und versucht aus dem Pulk auszubrechen. Sie wird dabei immer wieder angestoßen und schlingt die Arme schützend um die Tasche vor ihrem Bauch. Als sie den Fahrkartenschalter erreicht, fürchtet sie, jeden Moment angesprochen oder aufgehalten zu werden, doch nichts geschieht.

Die Schalterbeamtin reicht ihr lächelnd die Karte und sagt: »Na, so spät noch zur Oma?«

Mascha weiß nicht, wie die Frau darauf kommt, aber sie nickt zustimmend und erleichtert. Offenbar war es gar nicht so schwer, allein zu reisen. Sie atmet tief durch und fühlt ein wenig Entspannung. Sie studiert die Abfahrtstafel. Wenn sie mit den Eltern an die Ostsee fuhr, hatte sie sich jedes Mal gefreut, wenn sie den Bahnsteig zu ihrem Zug vor ihnen entdecken konnte. Auch heute findet sie ihn, doch in ihrer Aufregung verrutscht ihr Blick immer wieder in der Zeile, und sie schüttelt kurz den Kopf, um ruhiger zu werden. Als sie sich sicher ist, läuft sie hastig die große Steintreppe zu den Zügen hinauf.

Die Uhr darüber zeigt jetzt 18:52 Uhr, und sie muss sich sputen. An ihrem Zug angekommen ist es 19:00 Uhr, und sie hat noch dreizehn Minuten Zeit. Sie setzt die Tasche ab und fährt sich mit dem Handrücken über die Stirn. Erst jetzt registriert Mascha, dass sie ganz nassgeschwitzt zu sein scheint, obwohl ihr gleichzeitig kalt ist. In der Ferne bemerkt sie einen Schaffner, der gerade einem alten Mann beim Einsteigen behilflich ist.

Hastig setzt sie die Brille ab. Ob die Mutter ihre Abwesenheit schon entdeckt hat? Mascha spürt ihr Herz bis zum Hals klopfen und verstaut die Brille schnell in der Tasche ihrer Trainingsjacke. »Tinkapur, du musst jetzt ganz leise sein«, flüstert sie, obwohl es in der Reisetasche ganz ruhig ist. Sie bückt sich, um sie aufzuheben, als eine freundliche Männerstimme neben ihr fragt: »Bist du denn ganz allein unterwegs, wie heißt du denn?«

Alarmiert blickt Mascha auf die blaue Uniform des Schaffners und sieht in sein leicht verschwommenes Gesicht. »Petra heiße ich, und meine Mama hat mich gerade hergebracht. In Berlin holt mich dann die Oma ab«, sprudelt sie zu ihrer eigenen Überraschung hervor.

»Ach, ein Mädel biste. Na, sie hätte dir auch noch einen Sitzplatz suchen können.« Der Mann brabbelt mehr vor sich hin als wirklich zu schimpfen. »Kommst du etwa gerade vom Sport? Warum bist du denn so dünn angezogen?«, fragt er weiter nach.

Mascha fühlt sich immer unbehaglicher. Sie schluckt, und ihre Augenlider beginnen leicht zu flattern. »Äh, ja. Ich war bei einem Wettkampf. Mir ist aber so warm vom schnellen Laufen hierher geworden, und deshalb habe ich meinen Anorak schon in die Tasche getan.« Mit angehaltenem Atem wartet Mascha, ob der Mann ihre zurechtgebogene Geschichte glaubt. »Na, dann steig mal schnell ein, damit du dich jetzt nicht erkältest.«

Erleichtert registriert Mascha seine freundliche Einladung und will gerade tief ausatmen, da bückt er sich, um nach ihrer Tasche zu greifen. Tief erschrocken ruft sie laut: »Nein, bitte nicht!«

Immer noch leicht gebückt, wendet sich der Schaffer ihr zu, und sie kann sein überraschtes Gesicht auf Augenhöhe gut erkennen. Seine Augen sind leicht zusammengekniffen, als er sie mit einem forschenden Blick betrachtet.

Ihren Ausruf rechtfertigend, ergänzt sie: »Ich habe mit jemandem gewettet, dass ich die Reise ganz allein schaffe!«

Mascha kann dabei lächeln, weil es die Wahrheit ist.

»Na, du bist ja superehrlich beim Wette einhalten! Nicht mal die Tasche darf ein anderer nehmen«, brummt der Mann gutmütig anerkennend, und Mascha ist froh, dass sie ihn gerade nicht anzulügen brauchte, denn es ist ihr unangenehm, den freundlichen

Schaffner zu beschwindeln. Sie hat gelernt, dass Lügen ihr Leben schützen können, weil sie es verbergen. Wenn sie jedoch einen Menschen anlügt, der es gut mit ihr meint, ist das, als laufe sie vor der Freundlichkeit davon.

»Kann ich dir wenigstens einen schönen Sitzplatz aussuchen, oder ist das auch gegen die Regeln? Du musst nämlich jetzt rein, sonst fährt der Zug ohne dich ab.«

Mascha nickt erfreut, nimmt die Tasche und folgt dem Schaffner.

Der tippt im Vorbeigehen auf eine Tür und sagt: »Hier findest du mich, wenn ich nicht gerade Fahrscheine kontrolliere.« Prüfend sieht er in jedes Abteil, während sie den Gang abschreiten, und hält plötzlich inne. Er zieht eine Tür auf und fragt: »Darf ich ihnen eine junge Dame anvertrauen, die schon ganz allein reisen kann?«

Mascha reckt sich bei dieser Vorstellung in die Höhe und vergisst für einen Moment den Anlass ihrer Fahrt. Verschwommen sieht sie eine kleine Gestalt in grauer Kleidung am Fensterplatz sitzen und hört sie mit dünner, weiblicher Stimme erwidern: »Aber gern. Dann habe ich heute auch einmal ein Enkelkind dabei. Das ist doch schön!«

Der Schaffner schiebt Mascha in das Abteil hinein. »Gute Reise, junge Dame«, raunt er. »Wir sehen uns nachher zur Fahrkartenkontrolle.«

Mascha steht für einen Moment unschlüssig da und sagt höflich: »Guten Abend.«

»Guten Abend, mein Kind. Wo willst du dich denn hinsetzen? Wie du siehst, ist hier noch viel Platz frei. Soll ich dir deine Tasche nach oben stellen?«

Mascha schüttelt abwehrend den Kopf und achtet darauf, diesmal nicht zu viel Panik zum Ausdruck zu bringen.

Entschlossen schiebt sie die Tasche unter einen Sitz an der Tür und nimmt auf ihm Platz.

»So spät darfst du ganz allein mit dem Zug fahren?« In der Stimme der Frau schwingt Neugier mit.

Mascha wird rot und räuspert sich, ehe sie antwortet: »Meine Oma wartet auf mich in Berlin, und Mama kann nicht mitfahren.«

»Ach, zur Oma geht's. Die wird sich aber freuen, wenn du sie am Weihnachtsfeiertag besuchen kommst. Ich hätte auch gern Enkelkinder, aber mein Sohn ist ein Offizier bei der Nationalen Volksarmee …« Sie macht eine bedeutungsvolle Pause und lässt offen, was sie damit meint. Mascha gibt sich den Anschein, den Hinweis zu verstehen und nickt. »Wo wohnt denn deine Oma in Berlin?«

Mascha wird erneut rot und sucht nach einer Antwort. »Nicht weit vom Bahnhof«, stammelt sie verlegen.

»Da habt ihr ja Glück und müsst nicht mehr weit.«

Das Gespräch kommt ins Stocken, und Mascha lehnt den Kopf an die Rücklehne ihres Sitzes, um anzudeuten, dass sie gern etwas Ruhe hätte. Mit einem lauten Aufheulen der Lok setzt sich der Zug in Bewegung.

Sie spürt eine heiße Freude in sich aufsteigen. Fast ungläubig denkt sie: *Ich habe es tatsächlich geschafft, meine Reise beginnt.* Sie blickt mit einem Anflug von Stolz durch das Fenster auf die weißverschneite Winterlandschaft, die verschwommen an ihr vorbeizieht, und möchte am liebsten weinen vor Erleichterung und Erschöpfung.

Ein Knistern stört sie. »Möchtest du einen Keks?«

Mascha sieht verwirrt zu der Frau. »Ja, bitte.«

Jetzt erst spürt sie ihren Hunger nach dem verpassten Abendbrot. Die Hand, die ihr über den freien Sitz die Kekspackung hinhält, ist von Runzeln und Leberflecken übersät. »Dankeschön«, bedankt sie sich zaghaft lächelnd. Sie beginnt, zuerst die Kekszähne am Rand abzunagen und dann das restliche Stück zu essen.

»Du kannst gern weiter zugreifen«, kommentiert die Frau Maschas Appetit.

Ein laut jammerndes Fiepen ertönt aus der Tasche. »Nanu, hast du das auch gehört? Hat hier etwas gequietscht? Ich höre nicht mehr so gut, weißt du?«, fragt die Frau.

Mascha hebt unentschieden die Schultern, um ihren Schreck zu verbergen, und steht auf. »Gern nehme ich noch einen Keks«, sagt sie laut, um von Tinkapurs Geräuschen abzulenken.

»Aber Kindchen, da brauchst du doch nicht aufzustehen. Ich reiche sie dir doch rüber. Mascha findet keine Entgegnung und sieht die Frau hilflos und stumm an. »Na, dann komm mal her.« Die Frau greift ihr unter das Kinn und fragt: »Wie heißt du denn?«

»Petra«, antwortet Mascha ohne Zögern. Sie hatte bereits als Kleinkind im Sportkinderwagen ihre Mutter gefragt, ob sie Petra heißen könne. Die Mutter hatte sie verständnislos angesehen und ausgerufen: »Aber ich habe dir doch einen viel schöneren Namen gegeben. Wieso willst du denn Petra heißen?« Sie war sehr verärgert gewesen, als Mascha es nicht erklären konnte.

Jetzt aber darf Mascha sich nennen, wie sie will, und diese neue Freiheit beflügelt sie.

Während sie so nah vor der Frau steht, studiert sie deren Gesicht, und es sieht ganz anders als, als sie es sich vorgestellt hat. Die schmalen Lippen gleichen einem Strich, und die Augen wirken wie dunkle Kohlestücke über einer kleinen, dünnen Nase. Sie sieht eher aus wie ein strenger Kobold als eine nette Oma.

Mascha weicht unwillkürlich einen kleinen Schritt zurück, als die Frau ihr erneut einen Keks hinhält.

Wieder fiept es, und Mascha sagt rasch und laut: »Dankeschön, Hansakekse esse ich am liebsten!« Doch die Frau scheint nichts wahrgenommen zu haben und antwortet: »Dann nimm doch die restliche Packung auch noch, meine Kleine. Ich mag jetzt ohnehin nicht mehr, und morgen schmecken sie wie Pappe.«

Mascha deutet mit dem Kopf eine kleine Verbeugung an und setzt sich wieder auf ihren Platz. Sie nimmt sich noch drei Kekse aus der Packung und schiebt einen kleinen Rest von zwei Keksen unter den Sitz in die Tasche, deren Reißverschluss sie gerade so weit aufzieht, dass sie hineingehen. Tinkapur zupft ihr mit den Zähnen die Kekse aus der Hand, und Mascha beginnt eifrig zu kauen, um das Knirschen zu rechtfertigen, das nun lautstark zu hören ist. Die alte Dame jedoch scheint nichts zu bemerken.

Als unter dem Sitz wieder Ruhe eintritt, spürt Mascha, wie müde sie ist. Als hätte die Frau ihre Gedanken erraten, sagt sie: »Wollen wir das Licht ausmachen? Du musst ja sicher schlafen, und ich bin heute auch sehr müde.« Mascha hört ihr Gähnen und nickt zustimmend, und sobald es dunkel wird im Abteil, sieht Mascha ein weißes Haus vor sich, mit hellblauen Fensterrahmen, und Frau Becker steht in der Tür und winkt ... Neben dem Haus steht Maschas Trauerweide, und hinter ihr ist ein großer Wald, der ...

»Kleine, du musst raus!«

Mascha fährt erschrocken auf und braucht eine Weile, um sich zu orientieren.

»Wir sind da. Endstation«, hilft ihr der Schaffner.

Sie blinzelt ihn verschlafen an und versucht zu begreifen, dass sie schon in der Hauptstadt sind, obwohl sie das Gefühl hat, gerade erst eingeschlafen zu sein. »Ich habe hier extra nicht gestört. Die Fahrkarten werden ja wohl vorhanden sein, oder?«

Mascha zieht ihre Fahrkarte aus der Hosentasche, doch der Schaffner winkt erst in ihre und dann in Richtung der Frau dankend ab. Mascha zieht die Tasche unter dem Sitz hervor und zögert, denn der Schaffner würde sich sicher wundern, wenn sie jetzt wieder keinen Anorak anzöge. Aber sie hat Glück. Ein Mann ruft ungeduldig und ärgerlich: »Die Tür klemmt, wie geht die denn auf?« Als der Schaffner davoneilt, nimmt Mascha hastig die Tasche und ruft, das Abteil verlassend, ein hastiges »Auf Wiedersehen«. Dann stürmt sie in die Gegenrichtung des Schaffners den Gang entlang, um einen Ausgang zu suchen.

»Grüß mir deine Oma!«, ruft die Frau ihr hinterher. Doch Mascha hört es nicht mehr.

Auf dem Bahnsteig weht ein zugiger, eiskalter Wind. Die Geräusche in der Fremde haben etwas Verstörendes. Mascha erschrickt vor dem betrunkenen Gegröle einiger Männer. Die Lok wirkt plötzlich wie ein lauerndes, eisernes Ungeheuer. Dampf kommt aus ihren Nüstern, und Mascha macht einen kleinen Bogen um sie, als sie den Bahnsteig verlässt.

Eine plärrende Zugansage klingt verzerrt und unwirklich an ihr Ohr. Sie hat Mühe, die Tasche zu halten, denn Tinkapur rumpelt darin heftig hin und her.

»Gleich kannst du Pippi machen, gleich. Sei lieb. Gleich«, ruft sie einer Ahnung folgend nach unten. Doch Tinkapur fiept und kratzt jetzt ohne Unterlass von innen gegen die Tasche.

Mascha beginnt so schnell zu laufen, wie sie kann, und folgt einem Ausgangsschild. Der kalte Wind auf dem Platz vor dem Bahnhof fährt ihr mit einem Schlag in die Glieder. Sie spürt, wie sich die Haut an ihrem ganzen Körper aufstellt.

Während Tinkapur aus der Tasche springt, holt Mascha Mütze und Handschuhe aus einem Seitenfach und zieht sie an. Ihre Zehen in den Sportschuhen schmerzen vor Kälte, und sie rollt sie instinktiv immer wieder kurz zusammen. *Gut, dass ich unter den Trainingshosen noch Wollstrumpfhosen angezogen habe,* denkt sie, während Tinkapur ein Pfützchen macht. Ihr ist klar, dass sie sich sonst bereits kaum noch rühren könnte vor Kälte.

Tinkapur beginnt den Boden abzuschnüffeln, und Mascha erkennt an ihrem hektischen Zickzackgang, dass ein weiteres Geschäft offenbar folgen wird. Sie hüpft beim Hinterherlaufen und reibt sich die kalte Nase. Erleichtert registriert Mascha, dass Tinkapur ein großes Geschäft setzt. Ihr ist offenbar ebenfalls kalt, denn sie springt danach sofort wieder freiwillig in die Tasche zurück. Bevor Mascha den Reißverschluss zuzieht, schlägt sie die Decke am Boden so gut es geht um Tinkapur herum.

Dann eilt sie rasch auf einen Eingang mit der Beschriftung *Mitropa* zu. Obwohl sie eigentlich vorher prüfen wollte, wieviel Zeit sie nachher zum Bahnsteig braucht, treibt sie das Verlangen nach Wärme zu dem hell beleuchteten Raum.

Neben dem Eingang hängt eine Zugabfahrtstafel, und sie zwingt sich zähneklappernd, zumindest noch den Bahnsteig ihres nächsten Zuges herauszufinden. Ein Mann, der wie sie auf die Tafel sieht, schaut zu ihr hinunter, und für einen kurzen Moment treffen sich ihre Blicke. Mascha bemerkt, wie er stutzt, die Augen zusammenkneift und ein wenig zu überlegen scheint.

Sie hält die Luft an und denkt sich aufgeregt Antworten auf die Fragen aus, die sie erwartet. Doch der Mann lächelt sie nur seltsam doppeldeutig an und leckt sich mit der Zunge über die Lippen. Dann wendet er sich abrupt ab und geht weg.

Mascha läuft ein Schauer über den Rücken, und sie kann nicht sagen weshalb. Eilig und erleichtert stößt sie die Tür zur *Mitropa* auf, und ihre Brille beschlägt. Sie hat beschlossen, sie aufzulassen, um sich zu orientieren, und reibt mit dem Handschuhfinger über die Gläser. Nur wenige Reisende warten auf die letzten Züge, und sie setzt sich an einen der freien Tische.

»Was willste?« Eine dunkelhaarige Kellnerin steht wie aus dem Boden gewachsen neben ihr. Ihr Tonfall wirkt schroff, und mit den Augen weist sie auf ein volles Tablett in ihren Händen, wohl um anzudeuten, dass Mascha schnell machen soll.

»Einen Kakao«, sagt Mascha gleichwohl eingeschüchtert wie bittend, doch der Blick der Kellnerin bleibt kalt. Kurze Zeit später stellt sie scheppernd eine gefüllte Tasse mit Untertasse auf den Tisch und verlangt: »Sechzig Pfennig!« Mascha gibt ihr einen Fünfziger und einen Groschen. Die Kellnerin wiegt das Geld mit einem verächtlichen Blick in ihrem Handteller und sagt: »Klar«, ohne zu ergänzen, was sie damit meint. Mascha verzieht unbehaglich das Gesicht, weil sie nicht weiß, womit sie die Kellnerin verärgert hat.

Als diese gegangen ist, greift sie schnell nach der Tasse mit der Aufschrift *Mitropa*, damit der Kakao nicht abkühlt, und nippt vorsichtig daran. Überrascht lässt sie die Tasse sinken und sieht enttäuscht auf die braune, fad schmeckende Flüssigkeit, die nicht einmal lauwarm ist. Geknickt trinkt sie den Kakao dann und schaut dabei immer wieder unruhig zur Uhr über dem Eingang. Sie hat jetzt noch zweiunddreißig Minuten Zeit und weiß nicht, wie lange sie benötigt, den Bahnsteig zu finden. *Dumm, dass ich das vorher nicht ausgetestet habe,* denkt sie, denn sie möchte keine Minute zu früh die Wärme verlassen.

Plötzlich sieht sie aus den Augenwinkeln zwei grüne Uniformen auftauchen. Mit einem erschrockenen Blick in deren Richtung erfasst sie, wie zwei Volkspolizisten sich suchend umsehen. Blitzschnell setzt sie die Brille ab und versteckt sie in der Tasche ihrer Trainingsjacke. Sie zwingt sich, ruhig auf den Tisch zu schauen, und fühlt ihr Herz dabei heftig bis in den Bauch schlagen. Ihre Gedanken arbeiten fieberhaft.

Obwohl sie damit gerechnet hat, schrickt sie zusammen, als eine tiefe männliche Stimme fragt: »Wie heißt du denn? Und wo willst du hin?«

Mascha sieht mit klopfendem Herzen auf und registriert, wie der eine Polizist auf ein Blatt Papier schaut, bevor er sie mustert, während der andere sie unverwandt anstarrt. »Petra Becker heiße ich, und ich fahre zu meiner Oma.« Mascha atmet ganz flach, um gefasst zu wirken, denn innerlich hat sie das Gefühl, vor Angst zu zerspringen.

Die Polizisten sehen sich kurz an, und der mit dem Zettel raunt leise: »Sieht nicht so aus. Keine Brille und vollkommen andere Sachen.« Als Mascha die Bedeutung seiner Aussage erfasst, spürt sie auf einmal nichts mehr und fühlt sich nun tatsächlich schlagartig ruhig. Sie nimmt wie unter einer Glocke wahr, dass der Polizist mit dem Zettel sich bereits abwenden will, als der zweite Polizist ihn am Unterarm zurückhält. »Warte doch mal.« Dann wendet er sich wieder Mascha zu. »Wieso bist du um diese Uhrzeit denn ganz allein unterwegs?«

Mascha hat das Gefühl, ins Bodenlose zu fallen, und hört sich dennoch überraschend sagen: »Ich bin doch gar nicht allein. Meine Mama ist nur auf der Toilette. Sie kommt gleich wieder.«

Ihr teilnahmsloser Blick scheint die Polizisten davon zu überzeugen, dass sie nicht versteht, was sie von ihr wollen. »Sag ich doch, ist sie nicht.« Der zweite Polizist nickt dem ersten zustimmend zu und meint an Mascha gewandt: »Na dann. Gute Weiterreise wünschen wir dir und deiner Mama.« Sie verlassen die *Mitropa*, und Mascha hält sich betroffen die Hand vor den Mund. Sie meint, vor Anspannung zu platzen, und atmet hinter der Hand mehrfach tief aus, um wieder richtig Luft zu bekommen.

Mama hatte ihre Flucht offenbar doch schon bemerkt und die Polizei gerufen, weil sie ahnt, wohin sie unterwegs ist.

Es gibt wirklich nichts, was Mama entgeht, denkt sie resigniert.

Plötzlich hebt sie überrascht den Kopf.

Ihr wird bewusst, dass sie ihr Geheimnis dennoch wahren konnte, und das erfüllt sie mit einem ungewohnten Stolz.

Gerade noch rechtzeitig erreicht sie den Zug und bleibt abwartend und unschlüssig im Gang stehen. Hätte sie gewusst, dass der Schaffner im ersten Zug ihre Karte nicht kontrolliert, hätte sie eine für diesen Zug kaufen können von dem Geld, das sie hatte. Nun ist es fast alle, und sie muss schwarzfahren. Besorgt stöhnt sie auf und stellt die Tasche ab.

Etwas weiter weg steht der neue Schaffner bereits mit der Kelle in der Hand auf dem Bahnsteig und schaut sich suchend um. Mascha duckt sich kurz weg. Ihr wird bewusst, dass sie die Brille noch aufhat, aber sie möchte unbedingt sehen, ob der Mann ein freundliches Gesicht hat. Vorsichtig lugt sie mit einem Auge um die Verschalung neben dem Fenster herum.

»Na los! Wir können nicht auf jeden Bummler warten«, ruft der Schaffner in diesem Moment und blickt zum Anfang des Bahnsteiges. Dann nimmt er die Pfeife an den Mund und wippt ungeduldig mit der Fußspitze.

Mascha hört, wie jemand ganz vorne die Tür an ihrem Waggon zu öffnen sucht. Der Schaffner verfolgt es mit mürrisch zusammengezogenen Brauen. Dann ertönt das Aufschnappen der Tür, und eine junge Frau mit Rucksack taucht am Ende des Ganges auf. Keuchend und mit erleichtertem Blick lässt sie ihr Gepäck auf den Boden fallen.

»Zumachen!«, brüllt der Schaffner, der jetzt fast genau vor der Tür steht, und die junge Frau beugt sich noch einmal nach vorn, um sie heranzuziehen. »Mann, ist der unfreundlich«, entfährt es ihr. Dann nimmt sie ihren Rucksack und geht in ein Abteil.

Mascha blickt sich suchend um, als ihr klar wird, dass die Frau Recht hat. Wenn dieser Schaffner sie erwischt, ist ihre Reise beendet. *Die Toilette*, denkt sie. *Die Toilette ist der einzige Ort, den sie abschließen kann.* Schnell geht sie vom Schaffner weg in Richtung Zugtoilette. Beim Pfiff seiner Trillerpfeife ist sie im Schutz der Kabine verschwunden.

Der Zug setzt sich ruckartig in Bewegung, und Mascha setzt die Tasche mit Tinkapur ab. Sie erleichtert ihre Blase, betätigt die Spülung und klappt den Klodeckel herunter. Jetzt, nachdem sie endlich einmal allein ist, zieht sie mit bangem Blick den Reißverschluss der Tasche auf. *Woher soll Tinkapur wissen, warum wir das alles machen,* denkt sie besorgt und erwartet, dass der Hund inzwischen vielleicht auch friert oder verängstigt ist. Doch Tinkapur leckt ihr die Hand und sieht sie nur verschlafen an. In ihren Augen ist keine Angst, und Mascha ist wie immer erstaunt über das vertrauensvolle Einverständnis, mit dem Tinkapur alles lebt. Es gibt ihr Zuversicht und Hoffnung, und sie fasst sich an die Brust, weil sie dort ein Ziehen spürt.

Als Tinkapur aus der Tasche steigt, holt Mascha die Decke heraus, schlägt sie um sich wie einen Mantel und nimmt Tinkapur auf den Arm. Sich auf den Klodeckel setzend, zupft sie mit der freien Hand die Decke um sie beide herum. Die Toilette hat keine Heizung, und es ist kalt. Tinkapurs warmer Körper wärmt Mascha langsam die Brust, den Bauch und die Oberschenkel. Nur in ihre Finger und Zehen beißt der Frost inzwischen wie mit spitzen

Zähnen hinein. Auch ihr Gesicht fühlt sich eiskalt an, und ihre Nase ist ein Eisklumpen.

Sie zieht die Füße auf die Klobrille hoch, rutscht etwas zurück und lehnt sich an die weiße Verschalung der Wand. Müde und zerschlagen versucht sie einzuschlafen, doch die Kälte und die Angst, erwischt zu werden, lassen sie nur in einen unruhigen Halbschlaf fallen. Und es strengt sie auch zu sehr an, das Schlingern des Zuges immer wieder mit ihren Körperbewegungen auszugleichen, um nicht vom Klositz zu fallen.

Noch einmal steht sie auf, schiebt die Tasche mit dem Fuß in eine Ecke neben dem Klo und setzt sich darauf. Nachdem sie sich angelehnt und die Decke zitternd wieder um sich und Tinkapur herum gezupft hat, fällt sie erneut in einen leichten Schlaf. Traumbilder fliegen vorbei und reißen ab, wenn das Rattern des Zuges wieder in ihr Bewusstsein dringt. Eine Fernsehantenne fliegt auf sie zu, und sie muss ihr ausweichen, um nicht getroffen zu werden ... Mutter zieht sie zu sich in einen riesigen, dunklen Schrank und verriegelt von innen die Tür ... Ein Polizist nimmt Tinkapur aus der Tasche und wirft sie ins Meer ...

Mascha schreckt auf, denn die Türklinke wird mehrfach nach unten gedrückt. »Hallo, wollen sie noch lange drinbleiben? Andere müssen auch mal auf die Toilette.« Sie hält die Luft an. »Hallo, ist da jemand?« Mascha sieht angstvoll auf die Tür. »Ich hole jetzt den Schaffner, dann werden wir ja sehen ...«

Mascha springt kopflos auf. Für einen Moment steht sie verwirrt und benommen da. Dann wirft sie kurzerhand die Decke in die Tasche, legt die schlaftrunkene Tinkapur hinein und entriegelt vorsichtig die Tür. Glücklicherweise ist dort niemand mehr, und sie entfernt sich rasch in Richtung Zugende. Bevor sie den Waggon wechselt, dreht sie sich noch einmal um und sieht, wie sich ein Mann eilig mit dem Schaffner nähert. Ohne nachzudenken läuft sie durch mehrere Waggons und ist plötzlich in einem Erste-Klasse-Wagen. Beim Weiterlaufen entdeckt sie nur einen einzigen Mann, der einen Mantel über sich gelegt hat und schläft. Die Toilette hier wirkt sauberer als die andere, ist aber genauso kalt. Als sie auf ihre Uhr sieht, ist es erst 21:28 Uhr. Enttäuscht und frustriert stöhnt Mascha auf.

Noch dreieinhalb Stunden Fahrt.

»Tinkapur, wenn wir das geschafft haben, sind wir fast schon in unserem neuen Zuhause«, versucht sie sich zu trösten.

Tinkapur beginnt in der Tasche zu rappeln, und Mascha holt sie wieder heraus. Diesmal dehnt sie den Bund ihrer Trainingsjacke so weit es geht von sich weg und steckt Tinkapur darunter. Ein wenig hopsend schiebt sie das noch vorstehende Hinterteil nach, bis der Bund ihrer Jacke fast wieder schließt. Dann schwingt sie erneut die Decke um sich herum, setzt sich in einer Ecke auf die Tasche und schließt die Augen.

Ihr ganzer Körper zittert vor Kälte. Sie denkt an das Haus, das sie sich immer vorstellt, wenn sie an das Heim von Frau Becker denkt. Ein warmes Licht leuchtet ihr durch die Nacht aus den Fenstern entgegen. Frau Becker sitzt vor einem warmen Ofen und strickt Mascha lächelnd einen bunten Pullover. Kuchen steht auf dem Tisch und ein riesiges Glas mit Limonade.

Mascha öffnet die Augen und spürt, dass ihr Mund trocken ist vor Durst. Doch um aus dem Wasserhahn zu trinken, müsste sie aufstehen. Die Decke würde sich vorn öffnen, und sie würde die wenige Wärme verlieren, die sie in ihrer zusammengekauerten Stellung gewonnen hat. Sie beschließt, kurz bevor sie aussteigt zu trinken.

Ihre Uhr zeigt jetzt 23:53 Uhr. Sie hat viel länger geschlafen, als sie dachte.

»Wir sind bald da!«, flüstert sie überrascht und hoffnungsvoll. »Nur noch eine Stunde, Tinkapur.« Sie stellt sich die warme Wartehalle vor, die es auf dem Bahnhof der Stadt sicher gäbe. *Wie schön es wird, sich dort aufzuwärmen …*

Plötzlich wird sie vom Abbremsen des Zuges geweckt und merkt, dass sie wieder eingeschlafen war. Erschrocken sieht sie auf die Uhr.

Es ist noch nicht ganz Zwei, aber warum hält der Zug? Sie schnellt hoch und klappt das Oberlicht herunter, um hinauszuschauen. Durch den Spalt sieht sie von weitem ein Bahnhofsschild, kann den Schriftzug jedoch nicht erkennen, weil es seitlich von ihr steht.

Das muss die Stadt sein, wir sind zehn Minuten eher da.

ICH MUSS RAUS!

Panisch greift sie nach der Tasche und läuft mit der Decke um die Schultern und Tinkapur unter der Jacke haltend zum nächsten Ausgang. Sie bekommt die schwere Tür nicht gleich auf und stemmt sich immer wieder mit der Schulter dagegen. Fast wäre sie auf den Bahnsteig gefallen, als sich die Tür plötzlich mit Schwung öffnet. Die leere Tasche rauscht auf den Boden, und Mascha hält Tinkapur vor ihrer Brust fest, während sie nach unten springt. Sie schlägt die Tür von außen zu, und die Zugpfeife des Schaffners ertönt aus der Ferne. Dann klappt eine letzte Tür zu, und der Zug setzt sich schnaufend wieder in Bewegung.

Mascha verdaut für einen Moment den Schreck, fast zu weit gefahren zu sein. Instinktiv wiegt sie dabei Tinkapur wie ein Baby, um sich zu beruhigen. »Mannomann«, sagt sie und schaut sich, von einem Bein aufs andere springend, nach der Wartehalle um. Doch nur Dunkelheit und Leere umgeben sie. Im schwachen Licht einer entfernten Straßenlaterne sieht sie leichte Schneeflocken rieseln. Sie läuft näher an das Bahnhofsschild heran und liest die Aufschrift.

Ein jähes, furchtbares Begreifen lässt sie immer wieder den Kopf schütteln, um die Erkenntnis abzuwehren: Sie ist zu früh ausgestiegen!

Mit rasendem Herzklopfen läuft sie zur einzigen Abfahrtstafel. Der nächste Zug ginge erst in mehr als fünf Stunden. Mascha klopft sich mehrfach mit der Faust an den Kopf, um sich zu konzentrieren. *Das ist der letzte Ort vor der richtigen Stadt*, denkt sie. *Ich bin zehn Minuten zu früh ausgestiegen. Wenn ich jetzt also loslaufe, bin ich schon lange da, bevor der nächste Zug hier eintrifft, und mir wird auch warm dabei.*

Tinkapur bewegt sich an ihrem Bauch und versucht, ins Freie zu gelangen. Mascha geht in die Hocke, zieht den Bund der Trainingsjacke kurz von sich weg und lässt Tinkapur runter. Als sie hervorspringt, fährt Mascha eisige Kälte unter die Jacke.

Ihre Zähne beginnen aufeinander zu schlagen, und ihr ganzer Körper zittert. »Komm, Tinkapur! Wir laufen uns warm«, sagt Mascha. »Es kann nicht so weit sein.«

Sie verlässt den Bahnsteig und läuft auf einer Straße dahinter in Fahrtrichtung des Zuges los. Die Decke hat sie vor der Brust zugeknotet und die Henkel der Tasche über die Schulter geschlagen. Ihre Füße brennen und schmerzen vor Kälte, und wenn die kalte Luft beim Atmen ihren Kehlkopf berührt, scheint er zu vereisen. Atmet sie durch die Nase, tut es noch mehr weh. Auch ihre Ohren schmerzen, obwohl sie eine Mütze aufhat, und ihre Finger sind trotz der Handschuhe eisig klamm.

Ein Schild taucht vor ihr auf. Noch sieben Kilometer.

»Das schaffen wir, Tinkapur«, verspricht Mascha sich selbst und dem Hund.

Tinkapur beißt beim Rennen ab und zu übermütig in die leichte Schneedecke, und obwohl Mascha einen Moment lang Freude spürt, ist ihr Gesicht von der Kälte so starr, dass sie nicht lächeln kann. Ihre Turnschuhe werden nass vom Schnee, und sie zittert jetzt dermaßen, dass sie beim Rennen leicht zu schlingern beginnt.

Ich muss nur lange genug laufen, denkt sie, *dann wird mir warm.*

In der Ferne vor ihr tauchen die Lichter eines Autos auf. Mascha nimmt Tinkapur an die Leine und läuft weiter. Das Auto wird langsamer. Mascha spürt ein vages Gefühl von Bedrohung in sich aufsteigen und bleibt instinktiv stehen.

Angespannt wie eine Feder zum Sprung wartet sie. Noch hat sie die Hoffnung, das Auto würde einfach weiterfahren. Doch je näher es kommt, desto unbehaglicher fühlt sie sich. Sie erkennt in der Straßenbeleuchtung, dass es ein Kleinbus ist. Eine Aufschrift der Polizei hat er nicht.

Plötzlich bremst das Auto scharf ab. Heiß schießt die Angst in Mascha auf, und sie rennt fluchtartig in den Wald, der die Straße säumt. Sie hört hinter sich Autotüren klappen und zwei Männerstimmen durcheinanderrufen. Im schützenden Unterholz klickt sie die Leine wieder ab und beginnt, so rasch sie kann, zu laufen. »Komm, Tinkapur, schnell.«

»Halt, bleib stehen!«, ruft ein Mann dicht hinter ihr, und Schritte krachen.

Zweige schlagen Mascha ins Gesicht. Sie versucht, sie mit ausgestreckten Armen abzuwehren. Mit der Schulter rammt sie gegen einen Baum und verliert dabei die Tasche. Sie möchte vorsichtiger laufen, ohne langsamer zu werden, und tastet hastig mit den Armen vor sich durch die Luft.

»Mann, das ist ja eine Scheiße hier ohne Licht!«, brüllt eine zweite Männerstimme etwas entfernter.

»Wo bist du denn, Siggi?«, fragt die erste Stimme zurück.

Mascha hört an ihnen, dass sie einen Vorsprung herausgeholt hat, und beginnt, langsamer zu laufen. Ihr wird auf einmal schwindlig. Sie hockt sich kurz auf den Boden, und erleichtert spürt sie, wie Tinkapur sich gegen ihre Beine drückt. »Wir warten hier«, flüstert sie kaum hörbar und setzt sich Tinkapur auf die Oberschenkel.

Über dem Hund zusammengekrümmt lauscht sie mit angehaltenem Atem. Ihr Herz klopft bis zum Hals, und sie zittert jetzt auch innerlich vor Angst und Aufregung.

Das Brechen von Holz und das Knacken von Schritten entfernt sich immer mehr. Sie will sich gerade erheben, um weiterzulaufen, da startet der Motor des Autos, und sie atmet unwillkürlich auf. Es fährt ein Stück im knirschenden Schnee, aber dann blendet der Fahrer unvermittelt das Fernlicht auf und strahlt in den Wald hinein.

Alarmiert springt Mascha erneut auf, während sie Tinkapur zu Boden lässt. Obwohl das Licht des Wagens kaum bis zu ihr reicht, kann sie den Wald vor sich doch nun schemenhaft erkennen. Sie läuft weiter, springt über einen umgestürzten Baumstamm und kommt nach wenigen Metern auf eine lichte Fläche mit wenigen großen Bäumen.

Erneut spürt sie einen Schwindel und hält sich taumelnd an einem Baum fest.

Weiter, Mascha, weiter!, hämmert es in ihrem Kopf.

Unvermittelt kracht es neben ihr so laut, dass der Schreck ihr bis ins Mark fährt und sie erstarrt. Ein riesiger Körper donnert an ihr vorbei, und vage erkennt sie die Umrisse eines Geweihes. Kurz darauf ertönt das aufgeregte, hohe Bellen von Tinkapur, das sich hinter den krachenden Geräuschen des Hirsches entfernt.

Benommen lauscht Mascha, und ihr wird trotz der Kälte heiß vor Angst.

Tinkapur war einmal einem Hasen hinterhergelaufen und hatte Mascha damit in helle Panik versetzt. Zwei Stunden lang hatte sie gedacht, sie würde Tinkapur nie mehr wiedersehen. Vor Entsetzen rudert sie jetzt mit den Armen und presst sich dann die Hände auf den Mund, um nicht laut zu schreien.

»Ich höre den Hund da hinten. Da müssen wir lang!«

Die Schritte der Männer entfernen sich immer weiter von ihr. Obwohl sie begreift, dass Tinkapur sie zufällig auf eine falsche Fährte lockt und Mascha damit rettet, schlägt die Verzweiflung über ihr zusammen. Lautlos beginnt sie zu weinen, und ihr ist, als würde etwas in ihr zerreißen, während ihr Körper bebt.

Sie drückt sich an einen Baum und denkt: *Jetzt bin ich vollkommen allein auf der Welt. Alles ist umsonst.*

Es wird nie etwas gut werden.

Unerwartet hört sie erneut den Motor des Autos aufheulen.

Das Licht verschwindet langsam aus dem Wald, und es wird stockdunkel.

Haben sie Tinkapur jetzt mitgenommen?

Ihre neue Befürchtung verhindert die Erleichterung darüber, dass die Männer weg sind. Sie spürt eine heftige Wut in sich aufsteigen. Wie konnte Tinkapur ihr das antun und sie allein zurücklassen, nur um jagen zu gehen? Ungläubig öffnet sie den Mund und ballt die Fäuste. Sie spürt ihr Herz bis zum Hals schlagen, und die Kälte, die sie auf der Flucht vor den Männern nicht mehr empfand, fährt wieder eisig in ihre steifen Glieder.

»Tinkapur, hierher! Tinkapur!« Ihre Stimme kippt über, und sie verstummt.

Tiefe Stille umgibt sie. Ihr Kopf beginnt seltsam hin und her zu wackeln. Sie hat das Gefühl, ihr Herz setze aus, und sie lässt sich in die Hocke sinken. Unbewusst schaukelt sie vor und zurück, bis ein Hecheln und leises Rascheln sie ein letztes Mal aufschrecken lässt. Sie spürt einen kleinen Stoß an ihren Knien und Tinkapurs weiches Fell in ihren Händen.

Erleichterung, Angst und Wut schlagen wie eine Welle über ihr zusammen. Ihre Hand hebt sich, und sie gibt Tinkapur einen Klaps auf den Po.

»Du bist ein böser Hund, Tinkapur!«

Mascha hört sie überrascht winseln und erstarrt. Ihre Hand bleibt in der Luft hängen, als wäre sie plötzlich etwas, was nicht zu ihr gehört. Obwohl ihre Hand taub vor Kälte ist, spürt Mascha darin noch immer das Zusammenzucken des Hundekörpers. Blitzartig erkennt sie ihr eigenes Entsetzen wieder, wenn sie geschlagen wird, und sackt auf die Knie.

»Bitte, bitte verzeih mir. Bitte, bitte. Es tut mir so leid!«, ruft sie immer wieder und streichelt Tinkapur schluchzend.

Obwohl der Hund ihr das Gesicht ableckt, fühlt sie sich untröstlich. Ihre Hand hat sich in die Hand eines anderen verwandelt. Von einem, den sie nicht kennenlernen möchte.

»*Tinkapur, ich bin auch böse*«, entfährt es ihr.

Das Entsetzen über diese Erkenntnis dringt noch tiefer in sie ein als die eisige Kälte. Sie spürt, wie sie aufhört zu zittern. Auch der beißende Kälteschmerz in ihren Beinen und Armen verschwindet. *Es fühlt sich gut an, nichts zu fühlen*, denkt sie erstaunt und lässt sich auf den Boden sinken.

Wie in einem Traumbild sieht sie einen riesigen Felsen vor sich auftauchen. Er wird von unten nach oben mit Reif überzogen, bis der Frost ihn vollständig umschließt.

Hinter dem Felsen steigt langsam eine weiße Sonne auf, doch als Mascha genau hinsieht, ist es das Gesicht der Schneekönigin, das sie ausdruckslos anblickt.

21

Die Umarmung

Obwohl es im Wald dunkel ist, erkennt Mascha jetzt alles ganz scharf. Überrascht sieht sie Tinkapur, die um sie herumspringt und laut bellt. Als ihr Körper nicht reagiert, rennt ihr Hund durch den Wald zur Straße und heult.

Mascha kann ihm mühelos mit dem Blick folgen, ohne sich dabei zu regen. Sie wird auf ein Auto aufmerksam, das sich nähert. Seine Scheibenwischer machen ein leises quietschendes Geräusch.

Seltsam, dass ich das alles hören und sehen kann, denkt sie erstaunt.

Fast sieht es so aus, als würde das Auto vorbeifahren, aber dann hält es unvermittelt an. Auf der Beifahrerseite lässt eine Frau die Scheibe herunter und sieht verblüfft den Hund.

»Was machst du denn …?«

Eilig drückt sie die Tür auf und läuft auf Tinkapur zu.

Auf der Fahrerseite ruft ein Mann ihr hinterher: »Der ist sicher nur ausgebüchst und findet wieder nach Hause. Ich bin müde, jetzt komm, wir müssen noch zwei Stunden fahren.«

Die Frau dreht sich zu ihm um und schüttelt energisch den Kopf. An den Hund gerichtet sagt sie sanft: »Ja, was machst du denn hier? Du bist ja ganz allein. Komm her, mein Kleiner.«

Sie will nach Tinkapur greifen, doch diese läuft in Richtung Wald davon und bleibt nach wenigen Metern stehen, um aufgeregt zu bellen. Dabei sieht sie immer wieder zu der Frau und dann in den Wald hinein.

»Roland, ich glaube, da ist was passiert, und der Hund will mir etwas zeigen. Egal, was du jetzt sagst, ich gehe ihm nach.«

Entschlossen folgt sie Tinkapur, und der Mann schaltet resigniert die Warnblinkanlage am Auto an.

Dann wird es um Mascha herum vollkommen dunkel und still. Ihr ist, als habe die Welt aufgehört zu atmen.

So sehr sie auch lauscht, da ist nichts mehr.

Orientierungslos irrt sie umher, bis sie ein Licht sieht in weiter Ferne. Sie hält es zunächst für die Scheinwerfer eines weiteren Autos, aber dann spürt sie, wie die gesamte Stimmung sich verändert hat. Je näher sie dem Licht kommt, umso stärker fühlt sie seine überwältigende Sanftheit und seinen unumstößlichen Frieden. Sie kann in dem Licht baden wie in einem Meer. Mit geschlossenen Augen gleitet sie dahin, bis ein Schauer sie streift und sie die Augen öffnet. Nicht weit vor sich sieht sie eine lange schwarze Kiste, und obwohl sie große Furcht hat, sich ihr zu nähern, fühlt sie sich magisch davon angezogen. Angstvoll schiebt sie den Deckel ein wenig zur Seite und sieht bang hinein.

Sie erkennt durch den Spalt ein Kind. Es schaut sie reglos und mit tiefer Trauer eindringlich an. Mascha spürt bei seinem Anblick einen solchen Schmerz, dass sie den Deckel rasch wieder schließen will. Aber sie vermag es nicht. Die Kraft im Blick des Kindes ist stärker und hält sie in ihrem Bann.

Mascha wagt es, seinen nackten Körper zu betrachten, und weicht erschrocken zurück. Seine Haut hat eine aschfahle Farbe und ist überzogen von nicht verheilten Narben.

Betroffen will Mascha ihren Blick abwenden, doch die Augen des Kindes sehen sie weiter mit einer Eindringlichkeit an, vor der sie nicht fliehen kann.

»Wie kann ich dir denn helfen?«, flüstert Mascha zaghaft.

Das Kind weist mit einer ruhigen Bewegung seiner Augen auf die kleine Öffnung und das Licht über ihm, von dem es durch die Kiste abgeschnitten ist. Maschas Augen weiten sich vor Entsetzen. Sie möchte das Kind nicht befreien und im Licht sehen, denn sie kann es ja kaum im Schatten ertragen. Verzweifelt stemmt sie sich mit der Schulter gegen den Deckel und will ihn wieder schließen. Es gelingt ihr nicht, ohne ihren Verrat in den Augen des Kindes zu sehen. Es weint.

Mascha hält inne. Tief entsetzt über das, was sie gerade tut, wuchtet sie den Deckel beiseite, so schnell sie kann, und hält die Luft an. Als das Kind mit dem Licht in Berührung kommt, überzieht sich seine Haut wie von Zauberhand mit Millionen kleiner Sterne. Ganz vorsichtig erhebt sich der Sternenkörper und schenkt Mascha einen langen, dankbaren Blick.

Mascha sieht sprachlos …

Ein seltsam monotones Piepen stört sie. Es kommt aus weiter Ferne. Sie möchte den Ton ausblenden, aber er wird kräftiger, und eine blechern klingende Stimme sagt: »… ungewiss … nach drei Tagen Koma … müssen abwarten … was passiert … Doktor …«

Maschas Freude über das Wunder, das sie gerade erlebt, schwindet. Sie sieht sich enttäuscht und hilfesuchend nach dem Sternenkörper um. Erleichtert findet sie ihn genau neben sich stehend. »Aber sie müssen doch etwas tun können für mein Kind!«

Wie durch dicke Watte dringt die Stimme von Maschas Mutter an ihr Ohr, und sie fühlt Panik in sich aufsteigen.

Abwehrend hebt sie die Hände und ruft: »Nein, bitte nicht! Ich will nicht zurück!« Sie greift nach der Hand des Sternenkörpers und sieht ihn flehentlich an.

Die Geräusche blenden sich langsam wieder aus, und der Sternenkörper sieht sie mit einem unendlich liebevollen Blick an. Sie kann sein Mitgefühl für ihre Angst deutlich spüren. Mascha fühlt sich in ungekannter Weise so angenommen und verbunden, dass ein tiefes Glücksgefühl sie durchströmt.

Angefüllt mit dieser Freude ruft sie: »Mama, Mama. Ich habe dich doch so lieb!«

Als hätte sie ihre Mutter damit in ihre Welt gerufen, taucht deren Gestalt vor ihr auf. Sie wirkt abwesend, und ihr Blick erscheint leer. *Ich muss sie auch berühren, wie das Kind in der Kiste,* denkt Mascha und geht entschlossen auf die Mutter zu. Sie hat jetzt keine Furcht mehr, nur Zuversicht, und streckt die Arme nach ihr aus.

Kurz bevor sie die Mutter erreicht, schüttelt diese mit Nachdruck den Kopf. In der stummen, abweisenden Geste liegt etwas so Unverrückbares, dass Mascha erschüttert innehält. Als sie dennoch ihre Hand ausstreckt, um die Mutter zu berühren, lässt diese sich auf den Boden sinken und zieht eine Decke über sich.

Mascha begreift mit jähem Entsetzen die Endgültigkeit der Entscheidung.

Mama kann mir nicht geben, was ich brauche. Niemals.

Die Enttäuschung fühlt sich so schmerzhaft an, dass Mascha meint, ihr Herz würde zerspringen.

Sie fasst sich an die Brust und sieht sich mit einem Ausdruck höchster Not hilfesuchend um.

Da erhebt sich ein gläserner Sternenkörper aus dem Leib der Mutter. Mit ungläubigem Staunen sieht Mascha ihn auf den Sternenkörper an ihrer Hand zugehen.

Als beide voreinander stehen, verneigen sie sich, und Mascha erlebt einen tiefen Frieden, während sie in einer langen Umarmung verschmelzen.

Darin erwacht sie.

Maike Maja Nowak, geboren in Leipzig, ist Autorin mehrerer SPIEGEL-Bestseller. Einem breiten Publikum ist sie auch durch die ZDF-Serie *Die Hundeflüsterin* bekannt. Sie ist staatlich anerkannte Heilpraktikerin für Psychotherapie und Therapeutin mit dem Schwerpunkt Traumaintegration und emotionale Kompetenz, hat eine Ausbildung zur Tiertherapeutin, gründete den Verbund der Unabhängigen Wegbereiter Mensch-Hund-Mensch und kann auf allen Ebenen mit Tieren kommunizieren. Mit ihrer Arbeit eröffnet sie eine neue Sicht auf Tiere und die tragende Rolle von Hunden für den Menschen. Neben zahlreichen Fachartikeln schrieb sie die Bücher »Wanja und die wilden Hunde«, »Abenteuer Vertrauen«, »Die mit dem Hund tanzt« und »Wieviel Mensch braucht ein Hund«. Sie lebt in der Prignitz und in Schweden und ist als Autorin, Seminarleiterin und Referentin international tätig.

www.youtube.com/channel/
UCPebPmtgLsvZC29nVKPoMTA
www.maike-maja-nowak.de